上海市人民政府
发展研究中心系列报告

周振华 肖林 权衡 等 / 著

风险防范与经济转型

中国经济分析
2016—2017

2016—2017
ANALYSIS
OF CHINA'S ECONOMY

格致出版社　上海人民出版社

前　言

　　中国经济体制改革与经济发展已经走过了近40个年头。回首凝眸，筚路蓝缕，逸态横生；抬首远瞻，椎轮大辂，大成有望。在中国经济创新驱动和转型发展的关键阶段，面对发展的实践和经验，面对全面深化改革的战略部署，也面对一系列新的矛盾和问题，我们经济理论工作者肩负着不可推卸的历史责任，即针对新的形势、新的问题，提供新的研究成果，作出我们的新贡献。其中最重要的任务，就是如何站在中国学者独特的地位上，对中国体制改革和经济发展的历程及其面临的各种问题作出全面、系统而客观的理论与经验实证的分析，揭示改革与发展的内要规律性要求，比较准确地把握经济发展趋势，为社会各界的经济决策及其科学发展提供有价值的参考意见。组织经济学界的同仁们共同撰写《中国经济分析》系列研究报告，就是我们在这种历史要求下尝试作出努力的一种方式。

　　《中国经济分析》系列研究报告至今已经出版了17册。从1992年始，我们已陆续出版了《走向市场》（1978—1993）、《企业改制》（1994）、《地区发展》（1995）、《增长转型》（1996）、《结构调整》（1997—1998）、《金融改造》（1999）、《挑战过剩》（2000）、《收入分配》（2001—2002）、《政府选择》（2004—2005）、《外部冲击与经济波动》（2008—2009）、《经济复苏与战略调整》（2009—2010）、《复苏调整中的双重压力：预防滞胀》（2010—2011）、《危机中的增长转型：新格局与新路径》（2011—2012）、《新机遇·新风险·新选择》（2012—2013）、《新改革·新开放·新红利》（2013—2014）、《走向新常态的战略布局：新增长、新结构、新动力》（2014—2015）、《供给侧结构性改革与宏观调控创新》(2015—2016)。2016—2017 年度《中国经济分析》主题为"风险防范与经济转型",深入分析在中国经济从高速增长转为中高速增长,以及世界经济存在逆全球化风险的背景下,中国如何防范潜在风险,实现持续稳定增长。其撰写仍按原有风格,保持这一系列研究报告的特点:

1. 着重对与整个国民经济有关的全局性、宏观性问题从各个角度进行分析。每一辑《中国经济分析》都有一个特定的主题,但对每一个主题都是从整个国民经济全局的角度加以考察;若集中论述某一部门或经济某一方面的发展,也是从它对宏观经济的影响以及整个经济与这一部门的关系方面加以分析。

2. 侧重于对经济发展过程的体制因素和体制变革问题的分析,并通过对此分析来进一步阐述经济发展中的技术进步和结构变化等。我们相信,即使在目前阶段,体制机制仍然是中国经济发展中更为基本的、决定技术进步和结构调整的因素。因此,我们希望自己的研究成果首先能为中国正在继续深化着的体制改革和经济发展服务。

3. 以对事实的实证分析为主,主要是向人们提供对引起经济问题的各种原因及其相互关系的科学解释,而不是以"政策建议"为取向。尽管我们也会中问题分析中引出一些"政策含义",并就一些问题提出对策建议,但基本上也只是一种"思路",而不是技术上的具体化的政策设计。我们认为,学者的主要任务是进行"分析"和提供"思路",为实际工作者(包括政府决策者和公司决策者)提供参考;后者利用这些"分析"和"思路",结合现实中的实际情况和当时各自面临的各种(利益)矛盾,才能最终作出具有现实可行性的具体对策。

4. 为社会各界提供客观而独立的分析,而不仅仅是一种现行政策的"解读"。由于政府是宏观经济政策的决策者和执行者,是中国经济体制改革的主要推动者之一,因此我们关于宏观经济问题、体制变革问题的分析,将首先可以为政府决策部门所利用。但是,第一,由于我们并不把"政府"本身看成理论上的那种超越一切利益矛盾、只是为最大化"社会福利"而工作的"社会计划者",因此我们把政府也作为一个特殊的、外在的分析对象,研究政府行为本身以及政府行为中所体现的各种社会矛盾,供社会各界参考。第二,由于我们是站在学者的角度观察和思考问题,可能较少考察更多的现实约束条件,一些对策思路和政策建议也许并不具有更多的可操作性。第三,本书只是学者的分析,而不代表政府及其机构的观点。

由于每一辑《中国经济分析》都有一个特定的主题,因此根据不同主题所涉及的专业要求,其撰写者时有变动,但每部书的基调和风格是一致的,整套丛书是前后连贯的。而且,每一部专著都会在以前研究的基础上有更深入的分析和新的发挥。最新奉献给读者的这本书,无论在分析方法还是研究深度上都会有一些进步。希望读者给予支持和帮助,我们会继续努力,把《中国经济分析》越搞越好。

目 录

0 导论 世界经济结构性困境与增长新趋势

2008 年金融轮危机以后，全球经济的复苏与以往最大的不同，在于危机后的复苏时间长达 8 年，至今仍未真正走出危机，复苏增长步履维艰，且危机后复苏的不确定性因素日益增多，不仅出现全球增长持续低迷，而且贸易增速出现下降，政策协调难度加大，全球经济增长表现"平庸不断"；不仅如此，各种"黑天鹅事件"不断上演，欧洲经济、美国经济、日本经济以及新兴市场经济体增长不确定性增多，金融市场、汇率波动等也不断加大，逆全球化思潮兴起，贸易保护主义抬头。

0.1 世界经济发展正在陷入增长"悖论"

危机发生以来，世界各国都采取了逆周期调整的宏观经济政策，试图运用货币政策和财政政策等积极应对危机，刺激经济增长，实现经济复苏。但是，总体而言，世界经济在漫长的复苏中，尽管存在许多不确定性，但是也出现了以下三个显著特点：

一是复苏增长出现明显分化，突出表现为发达经济和发展中经济体内部明显分化。在发达经济内部，除了美国等出现积极复苏的信号之外，欧洲、日本等经济增长总体仍然低迷，即使在欧洲内部，经济复苏也出现了分化，除了德国经济复苏较为积极，其他欧洲经济休内部复苏同样缓慢；发展中经济和新兴市场内部也出现明显分化，除了印度、中国等经济增长进入中高速和新常态以外，俄罗斯、巴西、土耳其以及东南亚国家等经济复苏依旧缓慢；由于全球经济复苏增长出现分化，全球性政策协调和集体行动的难度加大，美国等少数发达国家已经退出量化宽松政策，货币政策逐渐进入常规性轨道；但欧洲央行、日本等国家则继续实行量化宽松，甚至出现负利率货币政策。这样的背景下，全球宏观政策协调缺乏一致性和集体行动的动力，宏观政策的分化在客观上也不利于全球经济的整体复苏，反而加大了复苏增长的不确定性。二是全球经济复苏与增长似乎正在出现"低增长循环陷阱"的特征。即在复苏增长过程中，由于持续低迷增长，导致世界经济从危机刚刚发生以后的"三低一高"即"低增长—低物价—低收入"和"高失业"逐渐演变成为"危机—衰退"引致的"低增长—低利率—低物价—低回报—低投资—低增长—低收入—低消费"的恶性循环；在这样的循环机制下，世界经济普遍出现了"低贸易增长""低资本流动性"和"低物价"的"三低"现象。根据世界银行分析，世界经济除了2008年以后大规模刺激带来 V 字形的短期反弹，从2010年开始全球经济增长就进入持续低迷的状态，至今尚未恢复到2008年以前10年的平均4.5%的增长速度。目前维持在2.5%左右。世界银行预计2016年与2017年分别是2.9%和3.1%。但是在2016年的6月8日则进一步把世界经济增长下调到2.4%。英国经济学人智库则预测2016年全球经济增长约为2.2%，国际货币基金组织 (IMF) 也预测，全球经济增长将持续低迷不振，同时也下调了其年初对经济增长的预测。不仅如此，作为拉动世界经济增长引擎的贸易增速，也是连续四年出现下降，并低于全球经济平均增速，目前估计只有2%左右增速。与此同时，全球资本流动性趋缓，国际投资增长放慢，金融市场波动加大，美元加息预期进一步加剧了资本流动性的波动。三是地缘政治因素、大国选举及其政策变动深刻影响世界经济发展趋势乃至全球化新格局。恐怖主义、欧洲难民问题、俄罗斯的地缘政治问题、英国脱欧乃至特朗普新政等都对全球经济发展、资本流动的安全性、能源市场、欧洲一体化以及美国的内政和外交政策产生深刻冲击，世界经济也因为这些非经济因素和大国关系问题更是增加了很多不确定性和复杂性，世界经济发展和全球化趋势更加扑朔迷离，令各方感到纠结和焦虑。

更为深层次的问题则是，世界经济在缓慢复苏和低迷增长的过程中，似乎更加清晰地显示出了一些"悖论"：

一是量化宽松的货币政策与持续低增长的悖论。危机发生以后，世界各国纷纷采取反危机的调节和刺激政策，普遍采用量化宽松货币政策，包括像美国先后实施四轮量宽政策、日本安倍经济学大规模量化宽松、欧洲央行实行零利率等。从表 0.1 可以看出，世界主要经济体广义货币占 GDP 的比重都保持了上升态势，其中全球平均占比从 2007 年的 98.81％ 上升到 2015 年的 124.07％。但是与此同时，全球以及欧洲、日本等国家的 GDP 复苏与增长并与出现明显上升，除了 2009 年大投资带来较短的反弹以后，其余时间 GDP 增速基本上出现明显放慢，除了美国因为复苏较为强劲而退出量化宽松政策以外，其余主要经济体仍然保持量化宽松政策取向，有些国家甚至运用负利率手段刺激经济增长。从经济学分析来说，短期内经济衰退和萧条，应该采用逆周期的宽松的货币政策进行刺激，推动经济走出复苏和新的一个繁荣周期。但是，目前的世界经济增长与宽松货币政策正在出现背离，即一方面主要经济体实施量化宽松货币政策，另一方面 GDP 增长却仍然保持低迷和增速趋缓的态势，出现了"量化宽松货币政策与经济增长低速"的悖论（具体见表 0.1）。世界经济增长发生了与以往低利率引致高投资、货币刺激引致经济增长不同的新情况，利率水平不断降低，投资意愿却在不断下降，即传统的凯恩斯主义政策范式似乎正在失效，这是值得我们深入思考的问题。

二是全球高债务与低消费的悖论。全球经济增长出现的第二个悖论就是一方面危机以来全球债务水平不断高企，另一方面消费水平稳中趋缓、贸易增长出现下降。从 2008 年危机发生以来，全球债务水平，特别是发达国家从危机前的 72％ 上升到 104％，英国从 44％ 上升到 89％，美国从 64％ 上升到 105％，日本从 147％ 上升到 248％。需要指出的是，发达经济体的债务性质与发展中国家特别是中国债务性质不太一样，前者的债务水平更多用于养老等社会支出和促进消费水平上，因此一般来说发达国家主要是"高债务—高消费"模式。但是，危机发生以来，这种不断高企的债务水平并没有提升家庭消费水平；各国内需稳中有降，由此导致全球进口需求增长乏力。2012—2013 年全球贸易量增速连续两年低于经济增速，这与国际金融危机前 5 年贸易量快于 GDP 增速 1 倍形成强烈反差。因此，世界经济进入了低利率背景下的高债务和低需求、低贸易增长并存的悖论。过去几十年来，全球经济特别是发达经济体普遍是高债务、高消费，全球贸易高增长的确是世界经济的引擎。但目前的世界经济似乎在背离这个常态，进入了高债务和低消费、低贸易的"非常态"。这同样是值得我们思考的一个问题。

表 0.1 世界主要经济体的广义货币/GDP 及 GDP 增长率（%）

地区/国家		2007 年	2008 年	2009 年	2010 年	2011 年	2012 年	2013 年	2014 年	2015 年
全　球	广义货币/GDP	98.81	102.77	114.10	110.89	112.37	115.14	115.98	118.74	124.70
	GDP 增长速度	4.31	1.84	-1.68	4.35	3.13	2.48	2.40	2.63	2.47
中　国	广义货币/GDP	150.53	150.01	176.55	177.51	175.90	182.38	188.18	193.17	205.74
	GDP 增长速度	14.19	9.62	9.23	10.63	9.48	7.75	7.68	7.27	6.90
英　国	广义货币/GDP	144.69	166.49	170.17	169.02	155.17	152.07	149.03	138.67	137.82
	GDP 增长速度	2.59	-0.47	-4.19	1.54	1.97	1.18	2.16	2.85	2.33
印　度	广义货币/GDP	71.00	75.78	77.72	76.19	78.84	76.86	77.91	77.77	79.19
	GDP 增长速度	8.61	3.89	8.48	10.26	6.64	5.62	6.64	7.24	7.57
日　本	广义货币/GDP	202.81	209.08	227.02	225.46	237.43	240.70	247.18	250.48	251.92
	GDP 增长速度	2.19	-1.04	-5.53	4.71	-0.45	1.74	1.36	-0.03	0.47
俄罗斯	广义货币/GDP	42.82	39.43	49.21	51.38	48.17	48.15	52.48	55.21	63.76
	GDP 增长速度	8.54	5.25	-7.82	4.50	4.26	3.52	1.28	0.71	-3.73
美　国	广义货币/GDP	79.46	84.55	91.06	85.33	87.78	88.45	89.50	90.33	90.32
	GDP 增长速度	1.78	-0.29	-2.78	2.53	1.60	2.22	1.49	2.43	2.43

资料来源：世界银行数据库（http://data.worldbank.org.cn）。

三是科技、自动化创新与充分就业悖论。危机发生以后，全球经济增长期待科技创新和新产业革命。毫无疑问，科技创新和技术进步是新一轮世界经济增长的内在动力，尤其在当前世界经济持续低迷的背景下，各国都希望创新世界经济增长方式，提升全球经济增长的全要素生产率，降低生产成本。但是，目前的技术创新似乎更加强调智能化、自动化的新趋势，如德国提出的"智能制造""自动化""工业机器人"等；尤其是互联网时代确实正在改造传统的工业化流程和服务经济模式，全球技术进步出现了快速的"劳动节约型"的技术创新和发展方向。在这样的背景下，全球实体经济发展与就业增长的关系便成为一个十分突出的问题，即如何缓解危机以来实体经济下降、失业率上升和就业增长的压力和困难。传统宏观经济学研究表明，各类宏观政策调控的主要目标之一就是实现充分就业，这被视为政府制定政策、发展经济的主要目标之一。但是，自动化、智能化的技术创新正在深刻影响产业结构、经济增长模式和就业方式。世界经济似乎走在了一个充分就业与技术创新发展的十字路口。因为无论如何，技术创新尤其是劳动节约型技术创新客观上正在成为一种趋势，我们必须在自动化、智能制造与充分就业之间形成一个新的平衡。实际上，美国新当选的总统特朗普就是抓住"如何解决美国高失业率"这个问题，通过提出所谓让"制造业回归美国"等一系列主张而获得大胜。但实际上，美国的高失业率既有金融危机冲击因素，更多则是由于技术进步、互联网、自动化、智能化等结果造成的，并非完全是因为制造业转移所致。人们面对充分就业与技术创新的选择，能否找到一个具有"中性"的技术进步呢？这同样是今天世界经济增长面对的一个新问题。

　　四是实体经济"冷"与虚拟经济"热"的悖论。危机以来，全球经济发展进一步出现虚拟经济与实体经济脱离的趋势和问题。2008年以来危机发生的导火线就是虚拟经济过热，特别是金融创新脱离实体经济，金融领域发生危机并迅速扩大到全球，多年来世界经济增长中积累的最基本的问题就是实体经济与虚拟经济的关系没有处理好，最终因为高杠杆、高债务和高风险导致危机与衰退。危机发生以后，原本虚弱的实体经济更是雪上加霜，至今没有恢复到危机前的增长状态，实体经济投资成本上升，投资意愿进一步下降，全球性资本流动和跨国投资速度放慢，各国实体经济普遍不景气。与此同时，虚拟经济则进一步脱离实体经济，走向自我循环，各国杠杆化程度进一步加深，特别是旨在刺激实体经济增长的量化宽松的货币政策，不仅没有随着降准降息而刺激实体经济的投资，反而导致全球流动性过剩，使得虚拟经济更加过热，全球经济特别是发展中经济体一度出现短时期股市泡沫甚至股灾、房市过热和资产价格泡沫。经济学研究同样表明，金融是为实体经济服务的，宏观经济分析模型中的"IS-LM"模型总是相互交织、相互影响的，背后的逻辑则是通过利率—投资—需求—增长—就业—物价—收入等相互变量之间的作用机制。理论本身表明虚拟经济发展始终以实体经济发展为基础。但是目前的世界经济发展却出现了实体经济"过冷"与虚拟经济"过热"的悖论。人们不禁要思考，全球经济的金融化意味着什么？金融化与全球化交织发展，无疑增加了我们对全球经济分析的难度。

五是全球化与逆全球化悖论。金融危机发生以来，人们确实也在反思许多问题，其中最大的反思和争议莫过于对全球化机制的思考。特别是局部国家发生的金融危机因为全球化使得许多国家被卷入，遭受全球性金融危机的打击和影响。但是，人们也始终坚信，全球化作为全球范围内的市场化配置资源的机制，是发展大势所趋，是人心所向，是历史潮流，无论是全球化的倡导者，还是全球化的参与者，都分享了全球化发展带来的巨大红利。近两年来，由于全球经济长期衰退和缓慢复苏，贸易增速下降，各国纷纷竞相扩大出口，保护进口，贸易保护主义势力纷纷抬头。一般而言，危机时代，贸易保护主义抬头是"常态性"选择，况且自由贸易与贸易保护主义从来都存在。但是，问题在于最近一年来全球经济发生的一系列事件，其影响和意义远远超过了传统贸易保护主义。其一是英国脱欧对欧洲经济乃至世界经济的深刻影响。作为欧洲复杂地缘政治关系问题的产物，英国脱欧本身是对欧洲经济一体化和全球化发展的沉重打击，是一种典型的逆全球化现象和态势。其二是特朗普当选美国总统及其政策主张。人们热衷于美国新总统的当选，显然在于"特朗普新政"中流露的甚至包含的一股反全球化、逆全球化的思潮。这样的思潮背后隐含了一种令人忧虑的民粹主义、极端保护主义的倾向。显然这与全球化趋势、开放发展与自由贸易相背而行。由此所谓的"反全球化""全球化终结论"等似乎掷地有声。世界经济走到了全球化的十字路口，一方面是由市场化力量主导的全球市场机制配置资源，进而形成的全球资本流动、全球自由贸易、全球分工和比较优势深化及合作发展的全球化趋势，另一方面也确实出现了民粹主义倾向的反全球化、逆全球化的现象。无论如何，逆全球化现象既不符合世界经济发展的实践要求，也不符合经济学的逻辑。全球化从来都有积极和消极的两面性，全球化当前困局发生的原因，并不在于全球化发展的本身，而是由于世界经济复苏缓慢甚至长期衰退引发的一系列问题，且因为全球化机制使得这些问题进一步放大。显然，逆全球化思潮已经困扰了世界经济发展。这值得我们进一步反思。

0.2 悖论之谜：世界经济增长中的结构性困境

如何理解和思考目前世界经济发展的困境？从现有的讨论来看，一种观点认为，2008年金融危机的冲击，导致全球性产出下降，消费下降，进而全球大宗商品价格下跌，总体世界经济增长进入通缩和停滞状态。这种观点在危机刚刚发生后几乎占据主流认识。但是，问题在于从应对危机的反周期政策效果来说，本轮全球经济衰退甚至"长期停滞"背后可能有更深层次的原因和机理。另一种观点则认为世界经济在全球化推动下走向了一个新的阶段，全球化机制需要反思和完善，特别是需要从完善全球经济治理机制出发寻找世界经济解困之谜。第三种看法则是在最近一两年，人们逐渐形成的一个较为主流的看法和判断，即全球经济增长出现了结构性困境，所以加快推进结构性改革成为全球经济治理的初步共识之一。这一点也从2016年G20峰会达成的共识可以得到证明。但是，需要进一步思考的一个关键性问题是，何为全球性结构性困境？最为根本性的制约全球经济平衡发展的结构性问题和矛盾是哪些？为什么世界经济在这个阶段出现了结构性困境？这些困境和世界经济发展的周期性规律有何关系？思考和理解这些问题，对于理解世界经济中长期发展趋势、选择合适的全球经济治理政策具有现实意义。

笔者的判断是，进入全球化发展新阶段的世界经济，结构性困境的确成为影响和制约全球经济复苏增长的根本性问题。具体表现在：

一是全球产能过剩困境和总量失衡制约了复苏与增长。世界经济在上一轮科技革命、技术创新和全球化发展的推动下，全球技术效率驱动和全球资源配置极大地提高了世界经济的生产效率，尤其是快速工业化和制造业发展提高了全球性的产能水平；与此同时，随着产业结构升级转型以及服务经济发展的兴起，全球对制造业产能需求下降，全球范围内出现了严重的供求总量失衡和产能过剩的问题。这个问题实际上在金融危机发生以前就已经出现，只是危机冲击进一步造成需求收缩，产能过剩问题更加严重，大宗商品价格下跌和行业发展严重亏损。而在这之后，旨在刺激经济增长的量化宽松政策，其实施的结果则是导致了更加严重的产能过剩。尤其是在新兴市场国家内部，由于市场机制不完善，大量的货币宽松政策也导致了严重的资源错配和扭曲问题。而如何缓解目前的供需总量失衡，缓解全球性产能过剩，提高全球资源配置效率，则是亟待全球性合作与集体行动推动结构性改革。否则，仅仅依靠政策并把重点放在应对危机上，只能使总量失衡问题更加严重，长期内经济增长更加低迷。

二是新兴市场经济体供需结构不匹配加剧了世界经济结构性困境。在过去几十年发展中，世界经济除了发达国家强劲增长的引领以外，发展中国家高速增长也是世界经济维持高增长的重要动力。但是，发展中经济体在经历了近20多年的高速增长以后，也已经进入了结构性改革和调整的新阶段。特别是随着经济总量发展和居民生活水平的提高，消费结构正在发生深刻变化和转型，全球范围内"恩格尔系数"趋于下降，消费结构升级转型中，对服务型经济的需求不断提高，高品质、个性化、服务化的消费需求正在成为主流，但是在全球范围内，特别是新兴市场经济体的供给函数、生产模式与需求函数、需求结构不匹配。供需结构性不匹配严重制约世界经济新增长和新创新。所以，从全球经济供求关系来看，目前不仅在供求总量上出现困境，而且在供求结构上也出现了困境；并且供需总量失衡与结构性失衡相互影响，相互强化，总体性结构困境和矛盾更加突出。全球经济发展中的供给端出现了深层次的结构性困境和问题。

三是全球发展结构不平衡与收入不平等困境制约了增长和复苏。全球性消费增长低迷，不仅是金融危机冲击所致，更重要的是近几十年来全球经济发展中收入不平等问题日益加剧。根据皮凯蒂在其《21世纪资本论》中的论述，包括欧洲、美国等几乎所有发达经济体内,近几十年来资本的回报率一直大于经济增长率(即 R > G 的规律)。正是在他所谓的这个"规律"作用下,全球经济普遍出现了不平等上升,世界主要经济体以收入或消费计算的基尼系数出现持续上升。在金融危机发生以后,世界经济普遍出现低迷增长的态势下,收入差距更加分化,许多国家中产阶层比重减少,经济和社会结构由此发生深刻变化。不仅如此,财富分配和不平等更加分化,瑞信研究院(CreditSuisse Research Institute)2016 年 11 月 22 日发布的《2016 年全球财富报告》称,全球范围内底层广大群体(总人口的 73%)总共拥有全球财富的 2.4%,但最富有的十分位数(成人的前 10%)拥有全球资产的 86%。由此可见,财富差距愈演愈烈。即使在经济呈现快速增长的新兴市场国家,例如中国、印度等,经济高速增长中,同样也伴随着收入差距的不断扩大;俄罗斯、巴西、拉丁美洲等经济转型过程中,收入和差距也出现不断扩大。全球不平等加剧,直接的后果之一就是大多数中低收入群体的消费增长缓慢,进而制约经济增长,也必然影响全球化发展进程和全球贸易发展。全球性的收入和财富不平等上升,直接导致了世界经济需求端发生问题,消费对世界经济的拉动力正在减弱。

四是全球经济面临人口结构转变与老龄化困境。进入 21 世纪以来,世界经济发展中另一个最大的结构性改变就是全球人口结构的转型与变化。总的发展趋势就是老龄化人口比重不断上升,世界经济普遍进入了老龄化时代。按照国际惯例,65 岁及以上就算是老年人,2012 年全球老年人占比为 8%,至2015 年这一比例就上升为 8.5%。而根据美国人口普查局公布的《老龄化世界:2015 报告》,2015 年全球已经有 6.17 亿人口年龄在 65 岁以上,到 2050 年全球将有 16 亿老年人。届时将有 94 个国家的老龄化人口占比超过 21%,其中有 39 个国家的老龄化比例达 28% 以上。根据该报告分析,一方面大量在二战后婴儿潮时期出生的人,现在正好步入老年;另一方面欧洲保持历史传统,早早进入老龄化至今没有走出,而亚洲与拉美近年老龄人群在快速增长。根据发展经济学人口转折理论分析,后工业化时代人口增长会进入"低生育率、低死亡率"的"转折"阶段,许多发达国家人口增长的这一变化,会从根本上影响经济增长。首先,老龄化意味着经济增长中的劳动参与率下降,进而直接导致劳动生产率下降;同时,老龄化和人口增长下降导致储蓄水平降低,进而影响投资增长；同时，老龄化也会导致消费水平下降，进而影响经济增长。因此，世界经济人口的长期变化在近几年开始出现"转折"（即老龄化和少子化趋势），这种转折会从根本上改变全球劳动参与率、储蓄率和消费率，因此影响世界经济增长的生产函数，对全球经济长期发展带来深刻影响。在上一轮世界经济快速增长过程中，人口因素总体上还是积极的变量，甚至是影响经济增长的慢变量；但是在未来的世界经济增长中，人口结构的变化和转折，则是影响世界经济增长和供给侧的重大因素。

五是全球经济治理结构陷入困境。危机发生以来，除了全球经济增速持续低迷、复苏艰难的问题之外，全球化何去何从也成为人们普遍关注的焦点。从危机后普遍出现的贸易保护主义抬头，发展到英国脱欧导致欧洲一体化进程生变，再到令全球关注的美国总统选举过程中的"特朗普现象"直至特朗普当选，其中的很多现象和思潮，实际上已经触及了全球化与反全球化的问题。按照世界经济理论分析，由市场机制驱动和全球科技创新引领的全球化机制，是全球经济发展中重要的资源配置机制，是世界经济创新、开放和发展的内在动力。但是危机以来，世界经济发展中出现了从贸易保护主义到民粹主义、反全球化的思潮。从推动世界经济增长的动力和开放发展的规律来说，我们认为问题的实质不是全球化本身出了问题，而是在全球化发展到今天，在世界经济格局发生根本性变化的大背景下，全球化进程中的治理机制和体系发生了严重问题。一是全球经济治理的手段与治理的议题出现偏差。危机后的治理重在货币刺激和复苏增长，而没有把治理目标放在如何消除和解决结构性过剩这一导致世界经济失衡的根本原因上。二是全球经济治理的内在结构存在缺陷，并未真正把新兴市场经济国家的因素、作用、权利和诉求考虑进来，特别是忽视发展中国家在全球贸易、投资中的地位和作用，这就导致世界经济复苏更加分化和失衡。三是全球经济治理机制无法应对和解决许多新的共性问题，如全球化进程中的不平等与减贫、技术与网络空间问题、资本流动性监管、货币政策协调等。① 也正因为这些问题，一方面造成逆全球化思潮兴起，另一方面也造成了全球经济发展的困境。

---

① 权衡：《G20 峰会召开在即，"中国方案"为何受关注》，《解放日报》2016 年 8 月 16 日。

需要说明的是，上述五大结构性困境是在世界经济长期增长过程中逐渐出现的，也正是因为这些结构性困境，从根本上制约了世界经济复苏与增长，导致世界经济增长中出现了所谓的种种"悖论"。从长期增长来说，本轮经济复苏的实质本身不在于促进增长上，而是需要真正推动结构性改革，以新的结构性改革与创新发展促进世界经济走向新的增长周期。[①]

0.3 2017年影响全球经济发展的重大风险和变量

回顾2016年，国际市场需求低迷，贸易保护主义、逆全球化思潮蔓延，恐怖袭击频发，难民问题和英国脱欧等地缘政治风险上升。2016年全球贸易增速将连续多年低于全球经济增速。WTO的数据显示，2016年上半年全球货物贸易量同比下降0.3%，其中一季度同比下降1.1%，二季度仅微弱增长0.3%，均低于预期。[②] 我们认为，以下七个因素将对2017年以及未来的世界经济增长产生新的不确定性影响。[③]

0.3.1 全球政策分化影响世界经济稳定增长

全球各国宏观政策的充分协调是世界经济稳定增长的压舱石。习近平总书记在总结G20杭州峰会取得的五大成果时，将全球宏观政策协调共识摆在首要位置，呼吁"要继续加强宏观政策沟通和协调"，"促进世界经济强劲、可持续、平衡、包容增长"。这是G20峰会在全球政策协调上取得的又一次新突破。但是，由于各国在2008年金融危机后的发展结构、发展态势和发展目标都各不相同，由图0.1与图0.2可知，发达国家和金砖国家在经济发展总趋势上存在一致性，但也存在明显的差异性。全球宏观政策协调的外延不断扩展，从货币政策、财政政策再到产业政策、就业政策、监管政策等，都需要世界各国共同协商。全球宏观政策集体行动的重要性日益显现，这与2008年以来全球经

---

① 参见权衡：《世界经济的结构性困境与发展新周期及中国的新贡献》，《世界经济研究》2016年第12期。
② http://futures.hexun.com/2016-07-14/184934711.html.
③ 部分参考上海社会科学院世界经济所宏观经济分析小组：《不确定的世界经济期待新发展周期——2017年世界经济分析报告》，2017年1月。

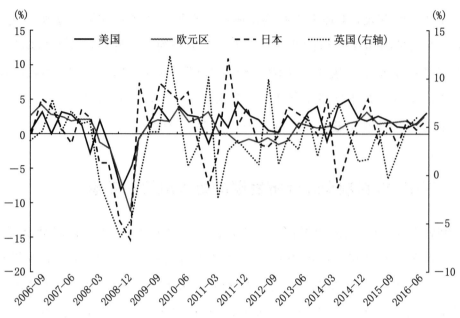

图 0.1　发达国家 GDP 环比增长

资料来源：Wind 数据库。

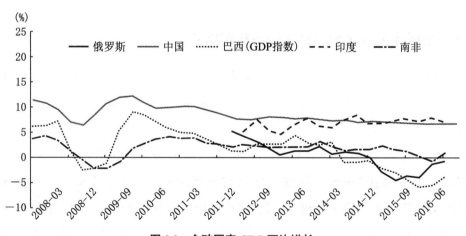

图 0.2　金砖国家 GDP 环比增长

资料来源：Wind 数据库。

济与金融一体化加深、全球经济面临的结构性问题、国际货币体系的深刻变迁等都有紧密联系。

2017 年可能是世界经济增长低于危机前 30 年均值的第六年。世界经济持续低迷令全球主要经济体宏观政策手段捉襟见肘，政策实施效果减弱。量化宽松等非传统货币政策的副作用及溢出效应不断显现，资产泡沫膨胀、金融体系脆弱性上升等风险在多个经济体蔓延。随着全球贸易持续低迷，各国经济逐渐分化，国际宏观经济政策协调已陷入困境：面对各种紧迫或长期的复杂问题，各国政府束手无策；各项已经确定的合作意向迟迟不能推进；成员国之间的矛盾和冲突不断加深。全球主要经济体的公共和企业债务水平处于高位，进一步加杠杆的空间受到限制。

因此，如何建立健全宏观经济政策协调机制，考虑国内政策的联动效应和传导影响，推动正面而非负面溢出效应，为实现世界和平、稳定、繁荣提供更多公共产品？如何以伙伴关系为依托，秉持共赢理念，加强各领域务实合作，不断扩大合作内涵和外延，推动取得符合各国利益的合作成果？总之，如何有效、积极、可靠地推动宏观经济政策协调，或是影响 2017 年以及今后世界经济稳定复苏的关键一环。

0.3.2　民粹主义兴起导致全球化进程受挫

2017 年，伴随着世界经济的低增长，全球范围内的民粹主义开始逐步抬头。英国脱欧、美国总统选举等世界重大事件中都或多或少地折射出了民粹主义的影子。全球部分国家的民粹主义存在着极端平民化倾向，即极端强调平民群众的价值和理想，把平民化和大众化作为所有政治运动和政治制度合法性的最终来源，以此来评判社会历史的发展。这些国家的民粹主义反对精英主义，忽视或极端否定政治精英在社会历史发展中的重要作用。美国总统奥巴马将特朗普当选和英国退出欧盟归咎于全球化、技术变革和受金融危机冲击影响的数以百万计的人对精英的怀疑。[1]

民粹主义的根源是全球收入分配问题。在过去 20 年内，发达国家国内收入分配问题恶化，中低收入阶层生活水平不断下降。在此背景下，发达国家内部开始将矛盾的焦点对准了全球化，反全球化的浪潮越来越高。其实，OECD在 2013 年的研究就显示，美国是发达国家中向上社会流动性最差的国家之一，"美国梦"越来越远。[2]OECD 关于 2060 年展望的最新研究表明，过去几十年

---

[1]　http://wallstreetcn.com/node/273823.

[2]　http://wallstreetcn.com/node/251737.

大多数成员国的最富裕阶层变得更加富有,导致国民收入差距不断扩大。经济政策研究所(EPI)的一份最新报告显示,2013年,美国收入最高的富人阶层(占全美人口1%)的收入占美国全部收入的20.1%。[1] 美国政治学家佛朗西斯·福山认为,发达国家中的特殊利益集团高度强大且有组织性,使得任何违反他们利益的政策都无法通过。[2]

发达国家内部的结构性矛盾是发达国家收入分配问题的核心,是民粹主义抬头的根源,而不是全球化。在大多数发达经济体需要"大政府"以贯彻深远的结构性改革的时候,选民却更倾向于短期主义和更加简单的解决方案。政府需要通过提升实际工资、就业机会和社会福利以重建政治信任。而只有通过改革,增加就业市场的灵活性和改善商业环境,为经济增长注入活力,这种情况才能发生。民粹主义的上升或将使得经济全球化停滞,使得全球的投资、贸易受挫,全球经济复苏推迟。

0.3.3 美国新总统上任将带来新的不确定性

美国当选总统特朗普在竞选过程中提出了多项激进的政策主张,这些政策主张都带有新的不确定性,或将影响美国经济的复苏乃至影响世界经济的复苏。特朗普的政策主张主要集中在以下三个方面:一是美国制造业回流;二是美国的对外经贸关系;三是美国的货币政策。

第一,美国的制造业回流。特朗普在竞选演讲中多次提到希望通过减税的手段使得美国制造业回流。诚然,美国制造业回流有利于美国增加就业,提振美国的经济。但是减税意味着美国的财政收入会大幅下降,有估算认为,减税大致会带来10万亿美元的财政收入下降,这或将引发新一轮的财政危机,或将影响到美国经济的复苏。[3] 另一方面,美国制造业的回流或将对流出国的经济带来不利影响。美国制造业的回流将对流出国的税收和就业带来新的冲击和不确定性,或将引起流出国经济的动荡。美国制造业的全球布局是全球价值链的需要,是美国企业顺应全球化的必然趋势。通过税收扭曲的政策安

① http://mt.sohu.com/20160829/n466447620.shtml.

② http://www.aisixiang.com/data/100498.html.

③ http://news.ifeng.com/a/20161211/50397122_0.shtml.

排来促使美国企业的回流或将影响全球贸易和投资的发展，影响全球经济的复苏。

第二，美国的对外经济政策。特朗普在总统竞选中曾公开反对TPP，并在大选前的"葛底斯堡演说"中称要引领美国人民走"贸易保护主义和排外主义的大道"，要求就北美自由贸易协定进行重新谈判。在对华政策方面，特朗普表现出强势的一面，将美国失业上升的问题归结为中国的出口。中美经济的长期合作无疑是世界经济平稳复苏的压舱石，中美关系的稳定将极大地有利于世界经济平稳复苏，为世界各国的经济增长创造好的外部环境。但是，在经济全球化受阻的今天，美国新当选总统的这种对外经济政策或将为不确定的世界经济复苏带来新的不确定性。

第三，美国的货币政策。特朗普在竞选活动中对于货币政策的表态存在新的不确定性。特朗普曾多次抨击美联储的低利率政策，但是他对低利率的批评更多的是针对该政策带来的负面影响，比如资产价格泡沫和股市的虚假繁荣等。但是从投资的角度分析，特朗普又表示低利率可以促进投资的发展，同时他表示低利率有利于长期融资，可以通过发行更便宜的新债偿还高息的旧债。进而，可以降低基建投资的融资成本。

特朗普在货币政策上的举棋不定是美国经济平稳复苏新的不确定因素。特朗普在货币政策上的反复都给疲弱复苏的美国经济带来了新的不确定性，进而给世界经济复苏蒙上新的阴影。

0.3.4 美元加息可能加剧全球金融市场波动

2017年美国的货币政策持续收紧或对全球金融市场产生冲击，引起美国乃至全世界金融市场的动荡。2016年12月15日，美联储宣布加息意味着美国将收紧货币政策，全球金融市场波动加大，或不利于全球经济的平稳复苏。发达经济体货币政策宽松的长周期可能暂停。美元加息或意味着美联储将收紧货币政策，全球金融市场波动加大，或不利于全球经济的平稳复苏。

实际上，自2016年8月份以来，随着美国经济通胀的短期回升，核心PCE已达1.7%，距2%的目标仅一步之遥。2016年8月初时美国10年期国债利率还在1.5%左右，而目前已上升90bp达到2.4%（见图0.3），相当于已经提前加

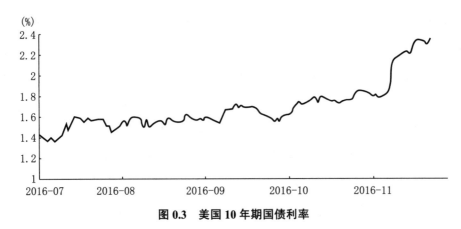

(%)

图 0.3　美国 10 年期国债利率

资料来源：Wind 数据库。

息了 3—4 次。欧洲和日本长期国债利率也在走高。

　　美联储加息意味着美联储结束七年近零利率后，全球将要进入 2004 年以来首个货币紧缩周期。微观层面，美联储收紧货币的工具（超额准备金利率、逆回购、减持债券等）大多未经考验。至于这些工具与限制金融中介的监管措施怎样相互作用，也多未得到验证。在宏观层面，市场暗示的"终端利率"受到很大抑制，期限溢价接近于零。在美元加息的影响下，美国软弱的复苏与欧洲显得更弱的经济回暖，将为金融市场带来更大的不确定性。

　　美联储加息对新兴市场的影响方面，传统观点认为，美联储加息会导致新兴市场货币贬值，因为美元计价资产有着更好的回报前景，从而吸引投资者转向美国。过去数年中施行的非常规货币政策，曾经为全球金融系统带来了短期的资金井喷。但这一政策与较低的市场流动性结合就已经为市场的波动定下了基调。美国加息预期的升温推动美元走强。而美元的升值也导致资金持续从新兴市场撤出，导致新兴市场汇率普遍贬值，资金外流加速，加剧新兴市场国家资本市场的波动。

0.3.5　投资贸易规则碎片化引发新的贸易保护主义

　　2017 年投资贸易规则重构的方向缺失或引起新的贸易保护主义，或将影响世界经济的疲弱复苏。自美国当选总统特朗普宣布在他任期内将停止 TPP 谈判以来，全球投资贸易规则重构的方向开始处于迷茫期；在此影响下，贸易保护主义开始不断加剧。

实际上,近年来,随着世界经济增长显著放缓,全球贸易保护主义倾向日益严重。正如 IMF 警告的那样,贸易保护主义升温导致全球贸易自 2012 年以来明显放缓(见图 0.4 和图 0.5),最终将拖累世界经济发展。① 遏制贸易保护

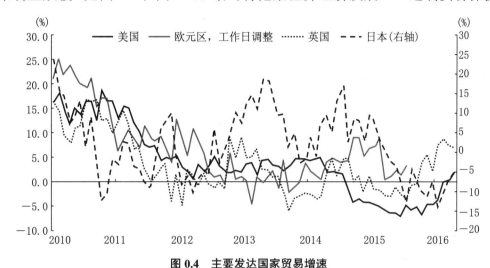

图 0.4　主要发达国家贸易增速

资料来源:Wind 数据库。

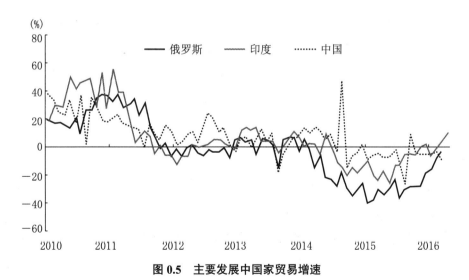

图 0.5　主要发展中国家贸易增速

资料来源:Wind 数据库。

---

① 《全球贸易预警》报告显示,作为全球第一大经济体的美国,从 2008 年到 2016 年对其他国家采取了 600 多项贸易保护措施,仅 2015 年就采取了 90 项,位居各国之首,是德国、英国等国家的两倍多。据世界贸易组织统计,2015 年 10 月至 2016 年 5 月,G20 集团成员实施了 145 项新的贸易限制措施,月均新措施数量为 2009 年以来的最高水平。

主义、降低贸易成本将是未来一个时期各国还需采取的措施。

当前，全球贸易治理结构正处于新的调整时期，现有国际贸易规则无法回应以全球价值链为代表的新贸易模式的要求，新兴经济体的崛起对传统以大国为主导的全球贸易治理结构提出挑战。美国等发达国家又无力推行跨太平洋伙伴关系协议（TPP）、跨大西洋贸易与投资伙伴关系协议（TTIP）、诸（多）边服务业协议等贸易投资协定谈判，中国或开始尝试推行符合各国共同利益的投资贸易新规则，让世界各国更好地融入全球价值链，分享世界经济发展的成果。

投资贸易新规则形式表现出的趋势特征是，第一，地理空间区域化愈发明显，以特定区域空间为主的相关谈判发展迅速；第二，投资贸易规则谈判主体同质化，投资贸易规则构建的主体更倾向于发展程度相近的国家主体；第三，投资贸易规则谈判所涉及的功能呈多元化趋势，不仅涉及货物贸易还涉及服务贸易，不仅涉及有形贸易还涉及无形贸易，不仅涉及线上贸易还涉及线下贸易，不仅涉及贸易领域还涉及与贸易相关的国内经济制度安排；第四，谈判主导国家呈多极化发展态势，不同的投资贸易谈判开始由不同的国家主导。

在现有的国际投资贸易谈判推进举步维艰的情形下，推行新的、符合全球价值链特征、符合各国共同利益的投资贸易新规则或是推动2017年世界经济增长的新动力。而由某些西方国家倡导的投资贸易规则或成为引发贸易保护主义的新原因，或将阻碍2017年的全球经济复苏。

0.3.6 难民危机或将进一步挑战欧洲经济增长前景

难民潮给欧洲各国领导人提出了一个艰巨的挑战，如何公平和有效地解决难民问题是稳定地缘政治的关键，也是世界经济稳定复苏的关键。

签署申根协定的欧洲诸国共享一个对外边境，申根协定的原初意图是打破欧洲内部壁垒，促进人员和物资的有效流动以拉动经济合作和成长。但随着欧盟和申根国家的不断东扩，大量东南欧的劳动力涌入较为发达的西北欧以寻找更好的就业和生活机会，造成西欧国家内部一些民众的不满。最近几年，美国等西方国家推行的新干涉主义使包括西亚、北非在内的中东地区国家战乱加剧，伴随所谓"阿拉伯之春"遗留的北非问题（特别是利比亚）、叙利亚内战持续、伊斯兰国的崛起，邻近的中东北非局势极度动荡不安，大量不堪政治迫害和战争苦痛的民众开始铤而走险涌向欧洲。[1]

难民危机使得本已孱弱的欧洲经济雪上加霜，进而影响世界经济的复苏。大量难民涌入将加重欧洲国家财政负担。[2] 人口激增伴随经济疲软不振，是非常危险的组合。持续发酵的欧洲难民危机还有可能压垮欧洲，欧洲经济只会越来越糟糕。数目庞大的难民也不可避免地给接收国带来沉重负担。德国有关当局估计，随着百万难民入境，德国的供应系统有可能面临崩溃风险。面对困境，欧盟"三驾马车"德国、法国、英国国内都有强烈声音拒绝更多难民入境。匈牙利、波兰等中东欧国家也纷纷要求欧盟更改难民政策，停止收容难民。一些申根国家采取措施，暂时恢复边界管控。

难民危机或对欧洲一体化进程和政治整合带来更大的挑战，各国国内政治中左派政党将面临更大的执政危机，同时右派极端政党可能进一步壮大。欧洲的保守派势力会进一步上升，欧洲内部结构和具体政策会发生较大调整，更加保守排外。这些影响将伴随着经济增长放缓而不断加深，也将会进一步影响世界经济的复苏。国际机构并不看好欧洲经济的增长前景。[3]

0.3.7 石油价格上扬增添全球经济供给侧的不确定性

2017 年全球石油价格或将小幅上扬，全球供给成本将会上升。石油价格的上扬将对新兴经济体恢复性增长带来不确定性。不确定性表现为两个方面，一是油价上升将对一部分经济体的石油出口带来正面的积极影响；二是油价上升又会对一部分依靠石油进口的经济带来负面影响。

从原油的供给层面上看，2016 年 11 月 30 日欧佩克石油输出国组织部长级会议在维也纳举行，最终各方达成减产协议，当日国际原油价格上涨约

---

[1] 联合国驻日内瓦官员迈克尔·默勒强调，这并非"欧洲遇到的麻烦"，而是一个"全球议题"。统计显示，2015 年经由地中海抵达欧洲的难民和移民人数为 97.25 万人，还有 3.4 万人通过陆路从土耳其抵达希腊等地。据欧盟预测，难民潮仍将持续，到 2016 年底，涌入欧洲的难民将突破 300 万。

[2] 欧盟计划 2016—2017 年两年斥资 92 亿欧元用于应对难民危机，但仍难以应对欧洲大陆面临的困境。

[3] 欧盟委员会负责经济和金融事务的委员莫斯科维奇说，欧盟经济在 2017 年仍面临巨大下行风险。成员国尤其是欧元区国家经济复苏步伐有快有慢，没有形成合力；投资缺乏和结构改革实施不到位将掣肘就业增加和经济增长，同时居高不下的私人和公共债务比例仍潜藏风险。未来两年欧洲经济复苏将在"逆风"中保持前行，或将影响 2017 年世界经济的缓慢复苏。

10%。这是过去八年来欧佩克产油国首次减产。欧佩克轮值主席卡塔尔能源部长萨达宣布，14 个产油国一致同意，产量将减少至每天 3 250 万桶。

之前供应过剩拖累油价下跌，目前原油的开采不断趋缓，特别是在美国，油市可能会出现修正过度的情况，这也为 2017 年油价的反弹创造了条件。2015 年是由于市场持续供过于求，油价在第二季度急促上扬紧，接着在第三季度出现大幅度的下跌，而现在原油市场一直吃紧，使得此次油价上升更稳定。全球需求温和上涨，与此同时，原油行业投资的趋缓不仅在一定程度上降低了其供应的速度，也减少了几乎所有石油冶炼行业的供应总量。事实上，美国石油开采不断减少。根据 EIA 最新的数据显示，至 2016 年 7 月 1 日，开采量一周内每天下跌 193 万桶。在 2015 年触及 120 万桶的峰值之后，美国的石油开采量已经大幅减少，预期未来仍将不断减少。在供给不断下降的背景下，2017 年原油价格或将上扬。[1]

石油价格上升将带动石油出口国的经济增长。2008 年以来的石油价格下降使得石油出口国的经济普遍受到冲击。2017 年如果油价上涨，有助于产油国增加出口收入。据原油天然气公司数据库信息，美国生产一桶原油大约 36 美元，尼日利亚生产一桶原油 31.6 美元，墨西哥生产一桶石油 29.1 美元，委内瑞拉生产一桶石油 23.5 美元，俄罗斯生产一桶石油 17.2 美元，油价上涨无疑会有助于石油出口国的进口收入增长。[2]

另一方面，石油价格上升或加大石油进口国成本，推升其国内物价水平，特别是亚洲的新兴经济体。原油价格的上涨意味着新兴经济体进口需要付出更多的成本，从而带来更大的价格压力。油价上涨意味着价格上涨压力将迅速传导至零售通胀中去。在印度、马来西亚和泰国的消费者物价指数（CPI）中，燃料所占据的加权比重是最高的，分别为 9.5%、9.2% 和 8.0%。西班牙石油净进口占 GDP 的比重为 6.6%，意大利为 2.1%，德国为 2.4%。[3]

如果企业生产力的增长不能抵消石油价格的上升，石油进口国的经济就会出现问题。如果石油等能源价格持续上扬，将导致工人要求加薪以弥补物价上

---

[1] http://finance.sina.com.cn/money/forex/datafx/2016-07-14/doc-ifxuaiwa6823160.shtml?cre=sinapc&mod=g&loc=40&r=0&doct=0&rfunc=66&t=none.

[2] http://finance.sina.com.cn/money/forex/20151125/113823847855.shtml.

[3] http://www.hibor.com.cn/ecodetail_2286451.html.

涨，石油进口国企业将要承受双重打击。加薪带来的通胀将威胁到美国经济的复苏。此外，日本也是石油的主要输入国，油价走高将使公众消费水平显著降低，将会引起通货紧缩。石油价格大幅上升将会使日本经济复苏受到严重影响。

由石油价格上涨所带来的各国国内物价水平上升或将阻碍各经济体实施更为有效的货币政策和财政政策，进而失去恢复经济增长的动力。2017 年石油价格的上扬或将成为影响世界经济孱弱复苏的一个重要变量。

0.4　2017 年世界经济发展新趋势 ①

展望 2017 年，全球经济增长仍将维持疲弱复苏状态。未来几年，全球经济复苏趋势依旧不明朗，不确定性剧增。短期来看，全球经济增长已陷入"由低增长导致低消费，进而带来低投资，又在宽松货币政策下加剧资本的低利率，由此进一步导致低增长"的恶性循环怪圈。但长期来看，全球经济增长实质上已进入长周期的衰退阶段，未来可能还有 15—20 年的衰退期。

0.4.1　世界经济不确定性上升，增长前景暗淡

回顾 2016 年，各国（或地区）经济增长乏善可陈，短期宏观经济政策对推动增长收效甚微，增长放缓已成定局。展望未来两年，各国经济增长呈现"低增长、轻分化、高未知"的不稳固状态。其中，美国经济复苏概率降低，多重风险叠加，呈现较高的不确定性；欧元区经济仍将摇摆不定，或将在英国启动脱欧程序的"挑战"中保持适度增长；日本经济或维持 2015 年低迷增长态势，但亦可能转向恶化；新兴经济体增长仍旧放缓，但整体风险降低，部分国家或会好转。由图 0.6 可知，从 50 年"长周期"对比来看，1966—2015 年全球经济平均增长率为 3.33%，而 1966—1990 年全球经济平均增长率高达 3.88%，危机前期即 1991—2008 年全球平均增长率已出现轻微下降趋势，为 3.06%。危机爆发后，全球平均增长率更是直线下降，经济增长放缓趋势十分明显，如2008—2015 年平均增长率已降至 2.19%。我们预计，2016—2022 年平均增

---

① 部分参考上海社会科学院世界经济所宏观经济分析小组：《不确定的世界经济期待新发展周期——2017 年世界经济分析报告》，2017 年 1 月。

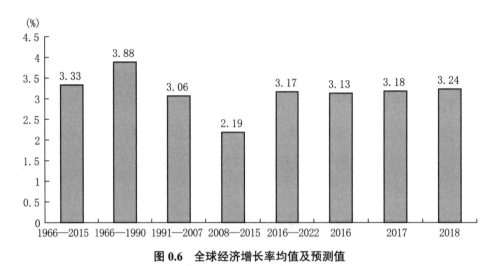

图 0.6　全球经济增长率均值及预测值

资料来源：2000—2015 年数据来源 Wind 数据库，2016—2022 年数据为本报告预测结果。

长率虽有所回升，但也仅为 3.17％，略高于 2008—2015 年均值，较难恢复至 1966—2015 年 3.33％的均值水平，凸显全球经济增长前景低迷。

根据我们的预测结果，全球经济增长趋势已经处于持续下移阶段，未来相当长的时间里，全球经济增长难以企稳回升，将一直处于缓慢增长或陷入停滞状态。根据经济周期的四个阶段，即繁荣、危机、萧条、复苏，全球经济未来时期将一直处于上一轮长周期的萧条阶段，导致复苏阶段变得比以往更加漫长。

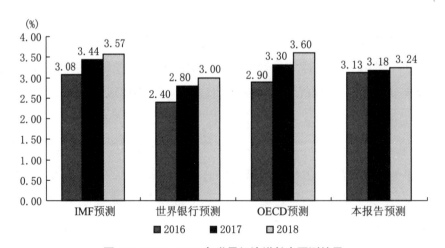

图 0.7　2016—2018 年世界经济增长率预测结果

资料来源：Wind 数据库。

我们预计，2016—2018 年全球经济增长率将分别为 3.13%、3.18%%和 3.24%，增长速度仍将十分缓慢，尚未达到近 50 年全球平均增长率，且近三年可能仍旧不会出现大幅反弹的拐点，增长势头疲弱。短期内，全球经济增长陷入了"低增长陷阱"，找不到增长拐点，而长期来看，经济增长处于危机过后的萧条阶段。我们的观点与世界银行、IMF 和 OECD 等研究机构的预测结果基本一致（见图 0.7）。

具体来看，近几年，各国（或地区）增长趋势将略有差异。

0.4.2 发达经济体：复苏势头减弱，不确定性增多

1. 美国：强劲复苏势头减弱，未知因素将成挑战

展望 2017 年，美国经济增长面临诸多未知因素，如特朗普上台后施政方针的效果如何，美联储如何渐进加息，以及美国经济能否成为应对全球需求低迷和商业投资疲软的"逆风"等，都将给美国经济微弱复苏态势带来挑战。但在特朗普新政的刺激下，2017 年美国经济短期内可能迎来轻微向好的增长预期。而从中长期看，刺激政策的连续性以及外交政策方面的摩擦等，或将成为经济持续复苏的障碍。

首先，特朗普当选导致市场不确定性蔓延，将引发贸易纷争和国家间矛盾，在中长期内可能压制美国经济表现。特朗普旨在通过财政刺激，提振美国经济增长，如减税和改革贸易政策等，这可能在短期内对经济产生一定拉动作用，但政策的负面效果也会不断显现。其一，美国联邦政府财政状况将因特朗普的赤字财政而恶化；其二，特朗普的经济政策将大幅推升美国联邦债务水平；其三，美元汇率将因特朗普的赤字财政加速升值，打击美国企业海外出口；其四，减税等政策举措令美国国内较低的物价水平面临上涨压力；其五，美国与外国在汇率、贸易保护等问题上的纷争会进一步加剧，美国对外经贸关系或将恶化。这些政策的负面影响将严重影响美国经济的持续性，成为最不确定的未知因素。

其次，美联储如何渐进加息，将成为决定美国经济走势的关键因素和最大挑战。决定美联储加息与否的关键是通胀和失业率的情况，目前来看，就业率和通胀数据均接近美联储目标，美联储加息条件显著增强。2016 年 12 月 15

日，美联储宣布加息 25 基点，预计 2017 年美联储将进行 2—3 次加息。截至 2016 年 10 月美国核心通胀率 ① 当月同比已上涨至 2.1%，失业率为 4.6%，已较为接近美联储预期的加息条件。加之，2017 年特朗普政府预计将增加基础设施支出以促进经济增长，可能会加速通胀预期，进一步增加加息压力。然而，利率上涨一方面将会伤及美国房地产、汽车等对利率水平非常敏感的行业的复苏势头。另一方面，美元将进一步升值，强势美元可能对美国出口类企业和海外经营的大型制造商带来巨大压力。这都会给美国经济增长带来"逆风"。

再次，企业投资放缓可能进一步加大美国经济面临的不确定性。全球经济增长乏力，经济复苏充满不确定性，企业对投资保持谨慎，投资降低或成常态。这也将继续导致美国劳动生产率降低。未来两年，美国经济复苏的主要障碍是美国企业的资本开支相对偏弱，企业不愿增加投资，甚至连生产的意愿也不强。同时，今后两年美国进入新总统任期，政策实施的不确定性将进一步压制企业投资意愿。这可能导致美国经济陷入中长期低速增长。另外，美国经济一直深受人口老龄化、劳动生产率增长放缓等因素影响，未来两年美国经济将很难突破金融危机以来的年均增速。

最后，仍将有部分因素支撑美国经济平稳增长。一是美国就业市场或将持续改善，成为驱动美国经济增长的根本。截至 2016 年 10 月，美国失业率已降至 4.6%，2017 年就业市场或将继续改善。二是居民消费增长将继续保持平稳，成为延续此前温和复苏态势的后盾。这主要得益于劳动力市场逐步改善且薪资的稳步上涨。三是特朗普将在 2017 年实施增加基础设施投资和减税等积极的财政政策，也将成为支撑 2017 年美国经济增长的短期因素。我们估计，2017 年美国经济相较 2016 年稍有上扬，但中长期内经济难有强劲复苏势头，许多新的政策和不确定性成为掣肘的关键。其中，2016 年经济相较 2015 年温和增长，增长率为 2.66%，2018 年经济增速可能低于 2017 年，即分别为 2.79% 和 2.89%。

2. 欧元区：增长动能削弱，政治不确定性加剧经济失速风险

受英国退欧的负面冲击和示范效应，欧元区凝聚力持续衰退，经济增长充

---

① "核心通胀"率指排除了食品与能源成本的通胀率。

满变数。英国启动退欧协商、欧洲多个国家举行重要选举等不确定性将给经济增长前景蒙上阴影。我们判断，未来两年，欧元区经济增长困难重重，并随着不断产生的新的政治矛盾而放大，各成员国之间区域合作和政策协调空间逐步减少。

其一，欧洲的贸易会深受英国脱欧的负面冲击，截至 2016 年 8 月，欧元区商品贸易进出口总额月均同比增速降至−1.7％，相较 2015 年下降 5.7％。同时，欧元区是英国出口的第一大目的地，占据英国出口一半以上，脱欧也将给英国经济带来巨大打击。其与欧元区签订的各项协议、规定和法律依据等都将被打破，在中短期内，英国经济面临艰难挑战。

其二，短期内欧元危机仍在，欧洲一体化态势被打开缺口。2016 年意大利银行业深陷危机，意大利修宪公投变得扑朔迷离。同时，法国和德国对未来发展方向仍有巨大分歧，2017 年两国大选后，欧元这个单一货币很可能遭遇更大困境。因此，2017 年和 2018 年，欧洲政经紧张局势将导致欧元区经济进入下行通道，难以维持目前相对稳定的增长势头。

其三，欧元区市场的相对优势和吸引力逐渐下降，欧元贬值空间逐步扩大。2017 年英国脱欧程序启动之后，欧元相对美元将呈现贬值态势，甚至欧元对美元或将达到平价。

另外，特朗普上台后，美元将继续保持强势，与之相伴的是英镑相对美元出现贬值预期，或将导致英国央行进一步放宽货币政策，下调利率。然而，由于欧元区相对较高的薪资水平和稳健的就业率，未来两年，私人消费或将成为欧元区经济增长的主要驱动力。截至 2016 年 10 月，欧元区消费者信心指数从此前的−8.0 上升到−6.1，超过此前预期。2016 年 4—6 月间，欧元区就业人数达 1.53 亿，较年初增长 0.4％，创 2008 年以来最高。私人消费复苏和就业率的改善将部分对冲英国脱欧对欧元区经济增长造成的冲击。

具体来看，虽然各成员国经济增速将难以企稳回升，但各国增长趋势也略有不同。英国脱欧风险导致外部融资环境继续恶化，经济将失去增长势头；意大利银行业面临较高的不良贷款压力，经济复苏势头放缓；德国受特朗普新政的不确定性以及英国脱欧影响，增长预期缓中趋降；法国受到欧元区整体环境和形势的恶化，增长或将放缓。综合考虑，我们预计，欧元区 2017 年和 2018

年经济将分别增长 1.75% 和 1.69%。

3. 日本：低迷增长仍将延续，或可能转恶化。

日本经济仍将深陷收缩困局，在世界经济不确定性增加和安倍经济学效果不明显并不断产生新问题的背景下，日本经济增长举步维艰，或将陷入持续低迷的泥潭。日本在经历 20 多年的经济增长失速后，仍未见好转，原因是深层次、多方面的，涉及经济、制度、文化、国际影响等诸多因素。具体来看：

一是政策层面，刺激政策后劲不足，安倍经济学正在褪色，政府没能准确判断经济形势并及时实施正确的宏观调控政策措施。安倍经济学中的"三支箭"即货币宽松、增加政府支出、刺激私人投资，并未显著地推动经济增长，反而呈现出不少副作用。首先，超宽松货币政策加剧了市场波动。日元汇率明显深受西方国家央行政策和海外投资者心理的影响。同时，货币刺激政策促使日元贬值，短期内给出口商带来收益，但国内居民的消费支出并未跟上，通胀率也低位徘徊。加之 2016 年全球经济不确定性增强，日元被迫成为避险货币而走强，压缩了本已降到负利率的货币政策空间。其次，安倍经济学未能惠及中小企业和普通民众。在大企业信心高涨的同时，中小企业信心指数仍在负值徘徊。富裕阶层享受到股票、地产升值带来的财富效应，工薪阶层则尚难看到收入提高的可能。再次，进口物价上涨明显，加大了中小企业的经营成本和普通消费者的生活负担。更多的企业一直寻求在海外而不是在国内投资。最后，安倍经济学推动政府债务激增，2016 年日本政府债务已经达到本国 GDP 的 2.5 倍，全国总体债务水平更是 GDP 的 6 倍。高负债只能通过提高消费税来弥补，以充实财政收入。

二是体制层面，相互持股制、主银行制、终身雇佣制及年功序列制等日本式企业制度是一种典型的政府主导型经济体制，这种传统经济体制的弊端及其顽固性，使得制约日本的诸多长期性累积的结构性问题难以得到根本解决。一方面，企业相互交叉持股在一定程度上保护了低效率企业，投资者监督约束企业的功能丧失；主银行不仅是企业的大股东，而且与企业保持长期稳定的交易关系，这在一定程度上把企业与外部市场分隔开来，导致企业对主银行的过度依赖与经营效率的下降；而终身雇佣制和年功序列制等企业内部体制不仅催生了企业管理者的官僚化倾向以及企业家精神的衰减，也导致了日本劳动力市场缺乏灵活性,使优胜劣汰的市场竞争机制难以正常发挥作用。另一方面,政府通过产业政策、规制、行政指导等多种手段,对产业发展、企业活动和居民行为进行广泛而过度的干预,市场规则在很大程度上让位于官僚机构的意志,市场机制作用受到过多人为的破坏和扭曲,导致日本企业逐渐丧失开拓创新精神而过度依赖政府,企业竞争力不断下降。

我们的预测结果表明,2017 年和 2018 年日本经济增长率分别为 0.52% 和 0.48%(见表 0.2)。

表 0.2　全球主要发达经济体和新兴经济体经济增速(%)

	2012	2013	2014	2015	2016	2017	2018
美　国	2.22	1.49	2.43	2.43	2.66	2.89	2.79
英　国	1.18	2.16	2.85	2.33	2.39	1.38	1.76
日　本	1.74	1.36	−0.03	0.47	0.63	0.52	0.48
欧元区	−0.88	−0.32	0.90	1.66	1.91	1.75	1.69
新兴经济体	4.74	4.55	4.55	4.51	4.55	4.72	5.01

注:本表数据中 2012—2015 年数据来自世行的 WEO 数据库和 IMF 数据库,2016—2018 年数据为本书预测值。其中新兴经济体选取阿根廷、巴西、保加利亚、中国、捷克、中国香港、埃及、爱沙尼亚、匈牙利、印度、印度尼西亚、韩国、拉脱维亚、立陶宛、马来西亚、墨西哥、菲律宾、波兰、俄罗斯、新加坡、南非、泰国等 22 个经济体。

0.4.3　新兴经济体:增长出现分化,整体风险降低

2017 年,新兴经济体经济发展将略有好转,2017—2018 年两年的经济增速好于 2016 年,但尚难实现强劲且可持续的增长。部分经济体经济抗压力开始增强,短期内的金融风险相较 2015 年降低。然而,仍有风险尚未释放,其中,美元持续走强、地缘政治的不确定性、新兴经济体自身尚处于结构性改革之中等都将成为威胁其经济平稳增长的风险因素。新兴经济体之间增长预期略有差异,大宗商品的回暖、石油减产后价格预期上升等使得部分新兴经济体增长预期出现好转迹象。而部分新兴经济体面临经济调整和转型难题,经济增长或将继续放缓。但总体而言,新兴经济体仍将是支撑 2017 年全球经济增长的中流砥柱。

我们预测,2017 年和 2018 年全球 22 个新兴经济体总体经济增长率将分

别达到 4.72% 和 5.01%，具体如下：

1. 增速或下滑型：马来西亚、泰国、菲律宾、新加坡，东亚的韩国，以及土耳其、墨西哥、南非等

新兴经济体中经济体量较小、外债规模庞大、偿债能力降低且经济增长依赖外需的国家，2017 年会面临较为严重的增长问题。这些新兴经济体主要有东南亚的马来西亚、泰国、菲律宾、越南、新加坡，东亚的韩国，以及阿根廷、墨西哥、南非等。其中，因资金流向逆转、过度依赖原产品出口，以及受世界和外围因素影响的马来西亚和泰国，经济增长或将受到严重影响。另外，由于外部需求改善并不显著，新加坡将继续深受商业服务、批发和零售贸易表现疲弱等因素影响，经济出现下滑态势。自然灾害如厄尔尼诺现象导致农业产品低迷将会对菲律宾的经济增长造成影响，但在持续走强的国内需求的弥补下，菲律宾经济增长或将出现轻微下滑。受国内政局不确定性以及结构调整等影响，加之全球经济乏力尚难带动企业投资扩大和民生消费低迷，韩国经济增长率可能下降。同样，由于国内政治不稳定导致政策难以保持持续性、失业率高企和旱灾等的影响，南非经济存在很强不确定性，下滑概率增加。本研究预计，2017 年马来西亚、泰国、菲律宾、新加坡、韩国、墨西哥、南非等，经济增长率分别为 3.56%、3.45%、5.20%、0.39%、0.99%、3.10%、0.98%。

2. 增长或稳定型：中国、印度、印度尼西亚

在新兴经济体中，中国、印度和印度尼西亚的经济规模相对较大，内需空间充足，资本市场开放程度相对不高，且处于经济发展的追赶期，经济增长还将进一步释放潜力。虽然短时间内增长放缓，但尚能维持稳步增长趋势。

对中国而言，经济增长稳中有进，但随着供给侧结构性改革的不断推进，有助于中国应对多方面的风险，包括出口需求持续疲软、制造业投资减少和资产价格泡沫等风险，未来经济结构将更趋平衡。其中，制造业增速保持稳定、服务业和消费类产品增长有望加速，将继续支撑经济增长。但下行风险仍在，如美联储加息和美元走强周期中，人民币依然面临较大的贬值压力，国内货币政策面临边际收紧的约束，贬值预期下的资金流出也将对国内资金面带来更严峻考验。同时，在房地产调控和基建边际效应下降背景下，2017 年中国经济增长也将面临一些挑战。

印度出口开始恢复，投资者信心得到提振，经常项目赤字有所下降，通胀率已被控制在较低水平，为经济平稳增长带来支撑，但印度本身的体制问题、发展不平衡、教育基础落后以及产业结构失衡严重等问题，都将限制印度经济快速复苏的前景。

在印度尼西亚，由于基建项目的陆续启动，政府或将扩大财政支出，印度尼西亚央行也可能出台降低基准利率等刺激经济的货币政策，经济有望保持稳步增长态势，但政府支出缩减和出口持续走弱、国内需求疲软、外部需求不振等因素也将继续成为不确定性因素。本研究预计，2017年中国、印度和印度尼西亚的经济增长率分别为6.55%、6.96%、5.01%。

表 0.3　全球 22 个新兴经济体 GDP 增长率预测值（%）

	2016	2017	2018	地理位置
捷　克	3.22	2.00	1.17	中　欧
爱沙尼亚	0.52	0.41	0.40	北　欧
韩　国	1.65	0.99	0.61	东北亚
波　兰	2.78	1.97	1.45	中　欧
中国香港	1.41	0.67	0.23	东　亚
拉脱维亚	1.37	1.06	0.91	东北欧
立陶宛	0.93	0.71	0.68	东北欧
俄罗斯	−2.52	0.15	0.47	东欧和中亚
新加坡	1.01	0.39	0.03	东南亚
阿根廷	3.44	3.39	3.13	拉美与加勒比地区
巴　西	−2.19	0.12	1.25	拉美与加勒比地区
保加利亚	2.81	2.39	2.05	欧洲和中亚
中　国	6.74	6.52	6.46	东　亚
匈牙利	2.04	1.42	1.07	欧洲和中亚
马来西亚	4.10	3.56	3.25	东亚与太平洋地区
墨西哥	2.90	3.10	3.04	拉美与加勒比地区
南　非	1.02	0.98	0.92	撒哈拉以南非洲
泰　国	3.39	3.45	3.36	东亚与太平洋地区
埃　及	5.54	6.21	6.46	中东和北非
印　度	6.89	6.96	7.02	南　亚
印度尼西亚	4.92	5.01	5.02	东亚与太平洋地区
菲律宾	5.19	5.20	5.12	东亚与太平洋地区

3. 增长或向好型：巴西、俄罗斯等

以俄罗斯、巴西等为代表的资源型新兴经济体，受益于大宗商品价格的回暖，以及美俄关系改善、巴西国内局势稳定等影响，有望扭转衰退局势，经济呈现明显好转。2017 年特朗普上台后，美国加大基建需求，将进一步支撑大宗商品的需求。由于美元进入加息周期后，这些国家的货币一直呈现贬值状态，在 2017 年大宗商品稍有回暖之际，俄罗斯和巴西等的货币贬值幅度将十分有限。俄罗斯制造业逐渐反弹，2016 年 10 月制造业采购经理人指数 PMI 为 53.7％，比上一个月提高 1.3 个百分点。同时，消费下滑速度持续放缓，进出口继续回暖以及通胀压力持续缓解等利好因素驱动俄罗斯经济增长势头。得益于大宗商品开始反弹、国内政局趋于稳定等，巴西经济有望走出过去两年的衰退局势，但巴西制造业短期内仍难恢复。截至 2016 年 10 月其 PMI 仅 46.3％。长期看，巴西经济复苏将是一个缓慢过程。本研究预计，2017 年俄罗斯和巴西的经济增长率分别为 0.15％、0.12％。

0.5　中国新发展理念引领世界经济走向新发展周期

在当前世界经济面临结构性困境并处于新旧周期转型的关键阶段，世界各国都在积极努力，探索新周期发展的新动力；各主要国际机构也都纷纷通过全方位的合作与努力，探索集体行动的合力与政策，共同致力于世界经济的复苏与转型。我们认为，中国在新一轮发展中，提出创新发展、协调发展、绿色发展、开放发展和共享发展的新理念，既有助于引领中国经济发展全局，更有助于推动世界经济转型调整和复苏增长，有助于推动世界经济走向新的长周期的复苏和稳定增长的新阶段。[1]

第一，"创新发展"有助于为世界经济的新阶段和新发展提供新的动力。中国经济转型升级的关键问题是寻找到增长的新动力，这就是实施好创新驱动发展战略。同样，世界目前正处在新旧动能转换和新旧周期转型的关键时期，也需要通过新一轮科技革命、技术创新和制度创新，推动世界经济增长实

---

[1]　参见权衡:《中国以新理念引领世界经济新发展》,《文汇报》2016 年 8 月 24 日。

现新旧动力转换。中国实施创新驱动发展，既是为中国经济转型发展提供新动力，也是对世界经济长周期下的新增长动力探路。中国通过实施理念创新、科技创新、制度创新和文化创新等一系列创新活动，为中国转型升级和世界经济结构调整提供发展新动能；进而也必然会对世界经济创新发展作出新的贡献和作用。

第二，"协调发展"有助于为世界经济全面协调和稳定发展提供中国范本。中国提出城乡协调发展、地区协调发展等，也是绝大多数发展中国家今天面临的共同问题，中国率先探索协调发展的实践方案，必将为发展中国家实现协调发展，提供先行先试的范本和经验；同时，中国这样一个发展中大国，实现协调发展，也是为全人类的文明发展作出的新贡献。中国倡导协调发展新理念，会为发达国家内部、发展中国家内部以及发展中与发达国家之间实现各方面的协调发展提供有益的启示和思考；也必然会为发达国家、发展中国家及其相互之间实现协调发展作出重要的贡献。

第三，"绿色发展"有助于为世界经济和全球可持续发展提供中国方案。中国作为最大的发展中国家，提出绿色、低碳发展和环境保护，本身就是对世界经济可持续发展作出自己的积极贡献，同时也为全球资源保护和世界经济长期发展提供新的方案。

第四，"开放发展"有助于为世界经济和全球化新阶段提供新选择。中国倡导开放发展，一方面是中国经济新常态下对外开放发展战略的全面升级，也是顺应后危机时期全球化发展的新趋势和新要求，更是对后危机时期贸易保护主义势力的有力回击，有助于推动和引领世界经济加速全球化进程，而不是一些国家采取的"逆全球化"做法。

第五，"共享发展"为全球包容性增长探索中国实践和道路。中国提出共享发展理念，旨在推动收入分配公平正义、发展成果人人共享，这正是世界经济实现包容性发展的重要体现。今天的世界经济比历史上任何时候，都需要加快解决全球性不平等问题，包括解决发展中国家和发达国家内部的财富分配不平等等。中国实施共享发展新理念，显然有助于为实现全球包容性增长探索中国道路。

当前，最为重要的是，中国首先需要践行好发展新理念。通过全面深入体制机制改革，实践好创新发展、协调发展、绿色发展、开放发展和共享发展理念，让五大发展新理念在中国经济社会转型和可持续发展中不断生根、开花和结果，让五大发展新理念以中国的方式，彰显中国方案的活力和动力，体现中国道路的魅力和吸引力。另一方面，我们也要放大和分享中国发展新理念的外溢效益和发展经验，让中国的创新发展也成为世界经济新发展周期和转型升级的内在动力，推动世界经济加快新旧周期转换，为世界经济新周期和新一轮新科技革命的到来，贡献中华民族的勤劳和智慧；让中国的协调发展和实践方案也助力转型调整过程中的世界经济获得更加全面和协调的发展、更加和平与稳定的发展；让中国的绿色发展理念引领和助推其他发展中国家的绿色和低碳发展，为世界经济新一轮发展周期内，实现可持续发展作出中国应有的贡献；让中国的开放发展理念成为后危机时期全球化发展的新助推器，使中国与世界的互联互通越走越宽广，推动、引领甚至主导新一轮世界经济发展更加开放，而不是相反；让中国的共享发展成为引领全球性不平等的消减器，实现中国与世界经济在新一轮发展中更加公平和体现正义，为人类文明和福祉继续作出新的贡献。

1 经济全球化逆行风险及中国的应对之策

在国际经济领域，全球化逆行可能导致现行的贸易投资规则发生一系列重大改变，从而对已经深度融入全球分工体系的中国经济造成影响。尽管美国退出了跨太平洋伙伴关系协定（TPP），但美国新任总统特朗普宣布将展开与贸易伙伴一对一的经贸谈判。这反映了随着国际分工日益复杂化，多边合作日益让位于区域化、双边化，这客观上对既有的多边贸易体制提出了更高的协调要求，传统的贸易投资规则已经不适应新形势的需要。本章着重对于逆全球化现象及其风险做深入分析并提出中国的应对之策。

1.1 经济全球化存在逆行风险

1.1.1 经济全球化发展阶段

起源于 19 世纪英国工业革命催生了第一轮全球化进程。经济全球化是越来越多的国家和地区根据自身比较优势不断融入一体化的国际分工体系，从而最终促进经济增长的过程。第一轮全球化进程中取得了丰硕的成果，极大地促进了世界市场的形成和发展。据英国《经济学人》2016 年 7 月发表的《全球化倒退的 2.0 版》一文统计，这一时期，全球货物、资本和人员流动都出现了大幅度增长。贸易占全球 GDP 比重在 1820—1913 年间增长了 8 倍；铁路和蒸汽轮船的出现让快速向海外运输大型货物成为可能，1840—1890 年间，英国运输费用下降了 70%，国际贸易的品种大大增加，不再局限于丝绸、香料等高档商品；资本跨越了边境，英国人的储蓄帮助拉美和其他地方建起铁路；人口大规模迁徙，在 1846 年后的 30 年里，欧洲移民每年达 30 万人，1900—1914 年间更是高达 100 万人。一战前夕，美国和加拿大在国外出生的居民比例高达 15%。然而，经济全球化的特点之一是经济的不均衡发展。如由于英国当时过度注重海外投资和扩张，忽视了对第二次产业革命的新型技术和产业投资，从而出现产业空心化和由盛而衰。而美国和德国则把握住经济全球化这个世界经济增长的黄金期，迅速崛起。经济不均衡发展也造成了守成大国与新兴大国之间矛盾激化，最后引发了两次世界大战。第一轮经济全球化进程被迫中止。

20世纪90年代，在全球市场化改革和开放浪潮的推动下，世界经济迎来了经济全球化第二轮快速发展时期。如1990年美国GDP占全球的比重约为26.1%，到了2001年，这一比重上升到32%，平均每年上升0.5个百分点左右。同期，中国等新兴经济体经济也获得快速发展。中国改革开放释放了巨大制度红利，增长速度令世人瞩目。特别是2001年中国加入WTO，参与经济全球化并融入世界，加快体制与国际通行规则接轨，从而把中国经济带入发展的黄金时期，并于2010年GDP总量超过日本，跃居世界第二。

1.1.2 本轮经济全球化逆行的表现

2008年国际金融危机爆发以来，第二轮经济全球化重新陷入了低潮。在经济危机导致的巨大政治经济压力下，西方国家内部保守主义、重商主义、民粹主义势力抬头。2016年6月，英国通过了"脱欧"公投，拉开了脱离欧盟的序幕。这给欧洲一体化进程造成巨大打击。英国首相特雷莎·梅2017年1月17日首次阐述了"硬脱欧"路线图，即英国在退出欧盟后将不会留在欧洲共同市场。这份"路线图"还计划限制移民人数，准备与美国、印度等欧盟外国家展开自由贸易协定谈，收回立法和司法权。

美国新任总统特朗普上台以来，密集签署了多项对经济全球化具有重大影响的行政命令。如宣布美国退出跨太平洋伙伴关系协定（TPP）；要求建造美国和墨西哥之间的"边境墙"并由墨西哥政府支付造墙费用；120天内暂停所有难民入境美国，90天内暂停向伊朗、苏丹、叙利亚、利比亚、索马里、也门和伊拉克七国普通公民发放签证；无限期禁止叙利亚难民进入美国。2017年美国政府已经针对中国出口商品采取了两项反倾销措施。1月30日，美国国际贸易委员会作出终裁，美国将对从中国进口的大型洗衣机征收32.12%—52.51%的反倾销税。2月2日，美国商务部就对华不锈钢板带材反倾销和反补贴调查作出终裁，裁定中国企业63.86%—76.64%的反倾销税率和75.6%—

190.71％反补贴税率。

此外,意大利、法国乃至德国等多个欧洲国家的民粹主义政党也获得了广泛的支持,甚至有统计显示意大利成功脱欧的概率高达60％。①

1.1.3 经济全球化逆行将给世界和中国带来挑战

IMF 于 2017 年 1 月 16 日发布的《世界经济展望》报告指出,当前全球经济面临的主要风险包括:一是贸易保护主义升温;二是部分资产负债表受损的发达经济体仍面临私人需求长期不足,部分改革无明显进展等挑战;三是一些大型新兴经济体依然存在潜在的脆弱性,如企业债务高企、利润下降、银行资产负债表薄弱、政策缓冲单薄等;四是地缘政治紧张局势和恐怖主义加剧。

在发达国家试图推行的众多贸易投资规则中,竞争中立原则最为敏感。尽管从经济学原理讲,当市场参与者实现公平竞争时,资源的配置效率最高,真实收入不会因要素配置扭曲而降低,这个概念具有一定的合理性。但值得注意的是,该原则的适用范围正变得日益模糊化、扩大化,其约束力日益增强,对中国"走出去"国有企业的潜在影响正在加大。据商务部《2015 年度中国对外直接投资统计公报》,2015 年末非金融类对外直接投资存量中,国有企业占50.4％,仍然是"走出去"的主体,因此竞争中立原则的实施将直接影响到中国"走出去"战略的实施成效。考虑到国有企业具有多目标动机,其经营既要满足利润最大化目标,又要兼顾社会和政治目标,另外国企身份常常引起东道国政府的格外关注,在经济全球化逆行阶段,应提早准备防范日益提升的经营风险。

需要指出的是,我们不应该将造成经济全球化逆行的责任简单归咎于某一特定西方领导人的当选与否,而应当认识到这个问题的根本原因是全球分工体系的不完善。在一个尚不完善的分工体系中,中国将长期面临自贸易保护主义困扰。此外,国家间经济利益诉求差异、西方国家政治人物为了拉选票而作出许多不合实际的许诺,以及西方对中国社会制度的敌视和怀疑,都将助长贸易保护主义的发展。② 而国际贸易投资领域的不利影响将使中国外向型经济发

---

① 戴长征:《反思民族主义回潮与反全球化影响》,《中国社会科学报》2017 年 1 月 12 日(第 1129 期)。
② 裴长洪:《后危机时代经济全球化趋势及其新特点、新态势》,《国际经济评论》2010 年第 4 期。

展模式面临风险。

1.2 本轮经济全球化逆行原因

1.2.1 国际分工体系不完善与逆全球化

经济全球化的本质是经济体通过参与国际分工而提高生产率，从而实现经济增长的过程。因此，经济全球化逆行风险的根源在于国际分工体系的不完善。具体可以归纳为三个方面：一是被边缘化的风险；二是选择错误的国际分工模式；三是不能及时根据国际分工发展动态调整自身禀赋。首先，边缘化风险指的是一国被排除在国际分工体系之外，从而因市场范围的限制无法实现分工深化，生产率无法提高，影响经济增长的风险。这种风险将导致一个国家错过经济发展机会。其次，在经济全球化过程中，如果一个国家能够根据自身的资源禀赋、技术实力等比较优势积极参与国际分工，并通过开展国际贸易与其他国家互通有无，就能够获得巨大收益。而如果一国不顾自身禀赋，盲目发展本国不具有比较优势的产业，不仅导致效率低下，而且其产品在国际上也缺乏竞争力，从而丧失发展机遇。再次，国际分工体系不是一成不变的，各国的要素禀赋、产业结构和比较优势都会随时间的推移而发生改变。当这种变化发生时，一国应该能够及时地培育国际分工深化发展所需的高级要素，将国内要素禀赋配置到具有潜在竞争优势的产业当中去，那么就能够促进本国经济实现可持续发展，否则将面临经济增长停滞的风险。①

1.2.2 经济长周期与全球化逆行

从 1782 年第一次工业革命开始到 20 世纪 80 年代末，资本主义经济发展过程每隔大约 60 年就会经历一轮从繁荣、衰退、萧条到复苏的周期循环，迄今已经经历了四轮完整的长波（见表 1.1）。从 20 世纪 90 年代开始，全球经济进入了以电子通信、智能制造、网络技术为主导的第五个长波，其中 90 年代初到 2007 年是繁荣期，而 2007 年以后经济进入了衰退和萧条阶段。习近平主席在

---

① 华民：《经济全球化与中国的对外开放》，《学术月刊》，2007 年 7 月。

世界经济论坛 2017 年年会开幕式上的主旨演讲中指出，"当世界经济处于下行期的时候，全球经济'蛋糕'不容易做大，甚至变小了，增长和分配、资本和劳动、效率和公平的矛盾就会更加突出，发达国家和发展中国家都会感受到压力和冲击。反全球化的呼声，反映了经济全球化进程的不足，值得我们重视和深思"。因此，我们应该认识到此轮经济全球化逆行有其客观的经济原因。

表 1.1　全球长波周期划分

	繁　　荣	衰　　退	萧　　条	回　　升
第一波	1782—1802	1815—1825	1825—1836	1838—1845
第二波	1845—1866	1866—1873	1873—1883	1883—1892
第三波	1892—1913	1920—1929	1929—1937	1937—1948
第四波	1948—1966	1966—1973	1973—1982	1982—1991
第五波	1991—2007	2007—？		

资料来源：和讯网：《全球经济长周期背后的决定力量：长波周期》，http://futures.hexun.com/ 2012-01-31/137611772.html，2012。

1.2.3　企业家精神缺失与经济复苏乏力

从知识能否实现商业化的角度看，企业家精神是将知识要素与经济的可持续增长联系在一起的关键环节，现代经济增长离不开企业家精神的发挥。本轮经济长周期与前四轮最大的不同在于生产要素投入结构的重大变化，知识要素投入在整个生产要素中的占比日益增加，并对产品和服务的价值形成起着决定性作用，而有形的物质要素投入占比则相对下降。经济合作与发展组织于 1996 年正式提出"以知识为基础的经济"（the knowledge-based economy）概念，该报告将"知识经济"定义为"建立在知识和信息的生产、分配和使用之上的经济"，认为依附在人力资本和技术中的知识将是经济发展的核心，自此"知识经济"的概念深入人心。不少学者认为美国在 20 世纪 90 年代初率先进入了知识经济，英国步其后尘，中国已出现了知识经济的端倪。

在知识经济背景下，产品的价值越来越取决于设计、品牌或与产品有关的服务之类无形的知识要素。在知识经济时代，经济参与者要想在竞争中取胜，就必须设法将知识这一新的生产要素与传统生产要素（劳动力、土地、资本）

整合在一起，从而创造出新的、复合型的价值。这种知识与传统生产要素的整合使得传统的产业边界变得模糊了。2015年发布的《中国制造2025》战略把从生产型制造向服务型制造转变作为制造强国的重大战略之一，其内在动因就是生产要素投入结构的变化。

知识要素与传统生产要素相比具有特殊性。一个新想法的预期价值本身具有高度不确定性，并且将其运用到生产过程时会比传统生产要素带来更多变数。① 根据熊彼特的定义，创新指的是发明的首次商业化应用。一个试图将发明转化为商业应用的创新过程，会涉及新产品能否造得出来，用什么工艺制造，潜在市场的规模是否足够大等问题。尽管知识积累的增加会带来更多商业化应用的潜在机会，但是知识积累本身并不必然带来经济增长。知识积累必须转化为商业应用，并得到市场的广泛认可，经济才能实现可持续增长。

企业家的使命就是实现知识的商业化应用。知识的商业化与科学研究、发明具有本质的区别，需要的是不同的能力。由于知识的商业价值的不确定、不对称以及知识交易的高交易成本，导致不同的人对一项发明的预期价值具有不同的判断。因此，能够敏感地发现一项发明或创意带来的商机，准确判断其预期价值，并能够组织各种社会经济资源最终将这一发明或创意成功地商业化的过程，就是一个企业家的企业家精神外在化的过程，也是企业家的核心能力或根本使命所在。从知识是否能实现商业化的角度看，企业家精神是将知识要素与经济的可持续增长联系在一起的关键环节，现代经济增长离不开企业家精神的发挥。

研究发现，尽管欧洲在研发投入方面和美国一样保持了较高的水平，但是其经济增长速度和质量却不如美国，存在"欧洲悖论"现象。从GDP增速看，欧盟15国在20世纪90年代中期到2005年的GDP年均增长率约为2%，而同期美国的GDP年均增速为3.65%。从就业情况看，自1992年至2005年欧盟15国年均失业率为7.48%，而同期美国只有5.43%。此外，20世纪90年代美国和欧洲若干大国的人均收入差距也明显扩大。②

---

① Aldrich, H. and Arrow, K., "The Economic Implication of Learning by Doing", *The Review of Economic Studies*, 1962, 29(3).

② 张晖明、张亮亮：《企业家资本：解释"欧洲悖论"的一个新的视角》，《复旦学报（社会科学版）》2011年第6期。

产生"欧洲悖论"现象的原因是欧盟国家更重视大企业，因而企业家精神资本较为缺乏，而美国更重视中小企业，创业数量较高，因而企业家精神资本相对充裕。因此"欧洲悖论"说明企业家精神资本有助于提高研发活动的产出。仅仅依靠增加知识要素的投入并不必然带来创新和经济增长，企业家是实施创新的微观主体，是连接知识投入和经济增长的关键环节。因此要想鼓励创新，提高经济增长的质量，就要增加企业家精神资本投入。

1.2.4　全球性收入不平等与人们对全球化的不满

近几十年来，经济全球化进一步加快，市场化和城市化迅速拉动经济增长，但是全球不平等问题也日益突出，不仅发达国家内部包括美国、欧洲内部均出现收入和财富不平等加剧现象，新兴经济体内部也出现了差距扩大、贫困问题尤其是城市内部新生贫困阶层问题。另外，全球性收入差距和不平等不仅造成全球需求收缩，而且也引起社会公平公正缺失，产生对全球化的不满。全球性不平等还加剧了全球性消费收缩，贸易下降，导致全球总供求不仅总量失衡，而且结构失衡。

由于全球人口老龄化加剧、劳动参与率下降引起失业增加，金融危机冲击后世界经济增长失衡和结构性困境进一步加剧，许多发达国家中产阶层比重下降，收入和财富分化的极化特征日益显著。此外，近年来各个经济体的资源紧缺、生态恶化、精英腐败、地缘政治危机等问题时有发生，同时这些问题又借助通信技术和互联网等媒介在全球得以广泛传播，引发了人们的广泛关注，这些都促使民粹主义思潮抬头。从本质上看，民粹主义思潮是全球经济发展失衡、收入分配差距和不平等扩大所致的。民粹主义在本质上反映了一种对收入分配不公平、社会贫富差距扩大的不满，进而产生了对精英政治的不满和对社会治理的对抗，本身代表了"沉默的大多数"对经济社会现状的不满，尤其是对收入差距和不平等的抗议，并把这些问题归因于某种外部因素甚至某些少数社会势力的影响和结果。而反全球化人士往往利用这种不满情绪，但最大的问题是，民粹主义不能从根本上解决问题。从表面上看，愤怒的选民通过支持民族主义政治人物当选而表达了不满，而最终这些政治人物的政策除了让选民变得更加贫穷、更加愤怒之外，什么也不会改变。

1.3 经济全球化未来发展趋势判断

总体而言,经济全球化符合经济规律,符合各方利益。习近平主席在世界经济论坛 2017 年年会开幕式上的主旨演讲中指出,"历史地看,经济全球化是社会生产力发展的客观要求和科技进步的必然结果,不是哪些人、哪些国家人为造出来的。经济全球化为世界经济增长提供了强劲动力,促进了商品和资本流动、科技和文明进步、各国人民交往"。尽管经济全球化暂时出现波折,但影响其演进的内生机制、运行条件和路径仍将继续发挥作用。[①]

1.3.1 现有国际分工格局的变化新趋势

当前的国际分工格局表现为:发达国家经济日益服务化、虚拟化;发达国在国际分工体系中仍然主要专业化于服务产品,特别是金融产品的研发、生产和出口,并越来越依赖来自发展中国家特别是新兴经济体物质产品的进口;发展中国家主要从事原材料和物质产品的生产和出口,从而进口来自发达国家的服务、资本和技术来满足本国经济发展的需要。

经济全球化条件下,跨国公司已经成为引领全球化生产经营的主导力量。跨国公司通过对全球价值链的有效管理,控制着全球生产、贸易和投资的规模与流向。从企业微观层面看,将加工制造环节转移到全球范围内最具有成本和效率优势的国家进行是完全符合国际分工发展规律的,但是从国家宏观层面看,制造业外移会导致国内经济结构的软化,因而在一定范围内出现了所谓"产业空洞化"现象,导致其国内低端劳动密集型行业从业者的利益受到损害。但正是这种企业微观层面的变化,加速了世界商品、服务和生产要素的流动,促进了国际分工的深化。当前西方各发达国家服务业比重都已经很高,而且对整个国际分工体系的依赖度仍然很高,不会因为金融危机冲击而使经济结构发生戏剧性变化。

---

① 裴长洪:《后危机时代经济全球化趋势及其新特点、新态势》,《国际经济评论》2010 年第 4 期。

1.3.2　美元霸权地位仍无法替代

经济全球化的金融实质是美元充当世界货币并成为世界财富的符号，可以向各种形式的价值创造（资本、劳动和技术）及其财富需求提供实现物，这导致美元充当世界经济平衡的货币工具，而美国国家利益与世界各国利益的矛盾，又使美元经常成为世界经济不平衡的罪魁祸首。美国金融危机的爆发，使美元霸权地位受到打击，也引发了一些欧洲政客对欧元取代美元地位的天真遐想，但事实证明，欧元还不足以取代美元的霸权地位。具体表现在，美元开始了新一轮加息进程后，对欧元、日元等国际储备货币的汇率依然比较坚挺。美元仍然是贸易和投资的主要结算手段，在外汇交易中占据主导地位。美元仍然是主要的国际储备资产。

1.3.3　全球经济增长模式仍将继续维持

第二轮经济全球化形成了中东、巴西、俄罗斯等国家输出资源，东亚国家加工生产，欧美国家输入产品、输出技术的大三角格局。尽管 2008 年金融危机对这个运行持久的大三角格局造成了严重冲击，但要从根本上颠覆这个格局，并建立起新的经济增长格局还为时尚早。

以美国为例，国际金融危机发生后，美国主流经济学家提出世界经济再平衡论，以及 2009 年 9 月世界 20 国领导人峰会上，美国提出世界经济"可持续与平衡发展框架"，其意图都是要改变现行的全球经济增长模式，即未来美国居民应降低消费水平，提高储蓄率，提高工业制成品出口能力，减少贸易逆差，减轻经济增长对消费的依赖；同时要求中国等贸易顺差国减少出口，转向内需。美国在多大程度上能够转变过去负债消费、过度消费的经济增长模式？这不取决于美国政治精英的愿望和主张，而取决于美国长期形成的社会经济结构和文化传统。美国经济以"消费导向型"为主要特征，居民消费是美国经济的支柱。2002—2008 年，美国居民消费支出占 GDP 比重超过 70%。其中，商品消费比重约占 30%，服务消费比重约占 40%。从消费结构来看，耐用消费品消费（主要包括汽车、家电等）、非耐用消费品消费（主要包括食品、服装、燃油等）、服务消费（主要包括住房、交通、娱乐教育等）基本保持稳定比重。未来发达国家会继续出现消费与储蓄比例关系一定程度的波动，但不可能改变它们的经济结构，不可能改变金融资本、产业资本的生存方式，不可能改变居民的利益偏好与时尚文化。若强行改变，必然引起政治和社会动荡。因此，美国等发达国家依靠消费拉动经济增长的趋势不会改变，负债消费和过度消费会有所收敛，但仍然会花样翻新继续出现，美国将仍然是世界最大的商品市场，其他发达国家也都只能照着美国的路子走，不可能出现太大的偏离。①

1.3.4 全球城市日益成为推动经济全球化的有生力量

从长期看，经济全球化逆行的根本原因在于经济增长失衡。正如习近平总书记指出，"世界经济面临的根本问题是增长动力不足。创新是引领发展的第一动力"。要想解决经济增长动力不足的难题，推动经济全球化发展，就要坚持创新驱动。从世界经济发展的历程看，全球城市正日益成为推动创新、推动经济全球化的有生力量。

全球化的加速发展，很大程度上改变了国家、城市与企业之间的关系，国家作为独立的经济单元的重要性下降，而城市作为经济单元的重要性迅速上升。城市有能力运作基础资源以及吸引全球投资，这一特性是非常适合高度竞争的全球经济的需要。在区位上具有独特优势的大城市，无疑是对高度分散化的经济活动进行控制与管理的最佳空间集结点。②在2008年全球金融危机爆发前，以金融资本为核心驱动力的发展模式，成为长期以来全球城市形成的基础，也形成了既有的以生产者服务业的发展作为全球城市评价的基本思维。全球金融危机爆发后，主要全球城市的经济实力、对外影响力、社会结构等方面都受到重大冲击。地方财政与经济发展受到巨大影响，赤字水平、失业率居高不下，相应带来城市整体发展速度的停滞不前。一些城市过于依赖外部要素流动，经济结构"高端化""虚拟化""外向化"的弊端也暴露无遗。当前，资本与创新相互作用的"双驱动"日益成为全球城市发展主要选择。全球城市的核心组织纽带，正从"全球生产网络"向"全球创新网络"升级。

全球城市具备相对丰富的人才、资金、财政和政策资源，强有力地支持着

① 裴长洪：《后危机时代经济全球化趋势及其新特点、新态势》，《国际经济评论》2010年第4期。
② 周振华：《全球化全球城市网络与全球城市的逻辑关系》，《社会科学》2006年第1期。

创新活动的开展。当前，纽约、伦敦、巴黎等城市正不遗余力地开展创新区域建设，收到了很好的效果。例如，2010年，纽约市就提出把纽约打造为新一代科技中心的目标，并提供土地与资金用来吸引一流的院校与研究所。曾经衰败中的伦敦肖尔迪奇（Shoreditch）地区，现在却被称为科技城或小硅谷（silicon roundabout），成功转型为一个新的高科技企业集聚地。伦敦金融城2012数据显示，肖尔迪奇集聚了3 200家科技类公司，提供了4.8万个岗位。巴黎的Paris-Saclay创新集群作为"大巴黎"的创新中心，已经形成世界级的科学研究与创新集群，集中了法国公共研究资源的15%，拥有17 000名学术和研究人员，38项欧洲研究委员会补助项目，3位诺贝尔物理学奖获得者，以及雷诺、标致雪铁龙、液化空气集团、泰雷兹与阿尔卡特等众多知名企业的全球研发中心。①

1.4 中国在经济全球化进程中的推动作用

当前，新一轮科技和产业革命正孕育兴起，国际分工体系加速演变，全球价值链深度重塑，这些都给经济全球化赋予新的内涵。面对全球化出现的新问题，我们要做的就是直面问题，积极引导经济全球化发展方向，着力解决问题，让经济全球化进程更有活力、更加包容、更可持续，增强广大民众参与感、获得感、幸福感。国际社会当坚定全球化方向，以集体之力、团结之力、合作之力，携手应对新威胁新挑战，共促发展、共谋繁荣。

1.4.1 积极参与推动双边和区域贸易协定谈判

坚持开放政策，巩固并扩大以自贸区为主体的全球化合作。在维护WTO"非歧视性原则""公平贸易原则"和"透明度原则"的基础上，采用多种机制，推进不同国家、经济体之间的自由贸易区建设，形成大规模、多层次、有深度的全面合作，比如中印自贸区和中日韩自贸区等。中国应积极参与和推动RCEP谈判，RCEP在谈判上遵循循序渐进原则，在承诺水平上，RCEP更加务实，

---

① 苏宁：《科创中心：全球城市的转型方向》，《解放日报》2015年3月31日第11版。

更符合发展中国家的利益。特别是在"一带一路"倡议的背景下，随着中国和东盟政治互信不断加深，经贸往来日益频繁，我们可以在 RCEP 框架下积极探索贸易和投资合作，这将有利于中国"走出去"的企业获得更多的投资机会。

1.4.2 培育企业家精神促进科技创新水平提高

科技创新是经济全球化向更高层次发展的根本驱动力。在知识经济时代，企业家是实施创新的主体。在知识转化效率相同的前提下，研发活动生产出的新知识越多，转化成的经济知识也越多，可供企业家利用的机会也越多，因此要培育企业家精神，首先要鼓励研发，增加知识积累。在中国，高校、研究机构和大型企业是科研人员的聚集地和研发活动的主要实施者，与发达国家相比，研发主体显得相对单一，创新的体制机制不利于企业家精神资本的积累。美国硅谷的经验表明，一个地区创新、创业成功率高的关键不仅是具有高素质的研发人员、高科技企业，还需要研究机构、咨询机构、行业协会、公关公司、风险投资等各种本地机构的支持，为企业家提供技术、金融和社会网络服务，这些服务恰恰是企业家仅凭一己之力所不能做到的。我们要借鉴硅谷经验，加快构建企业家赖以生存的体制机制、生态环境。

1.4.3 促进全球经济的包容性发展

应该看到，全球化客观上造成了发达国家部分制造业高人工成本岗位转移到了发展中国家，从而给发达国家低技能劳动力造成了不利影响。英国脱欧和特朗普当选的最大支持者就来自这些群体。因此，要想引导经济全球化顺利发展，就需要采取必要措施，让不同社会阶层共享全球化带来的好处。实现这一目标有两种方法，一种是实行以邻为壑的经济战略，通过打贸易战，限制所有制造产品进入发达国家。这种措施将会让发达国家的消费者面临价格上涨的局面，导致国内生产中断，因为关键进口部件稀缺，从而加剧本就严重的生产力危机。而发展中国家的劳动者也会因为贸易额下降而减少收入。到头来，贸易战只能是两败俱伤。

另一种方法是通过为低技能劳动者实施再培训、教育，提高其技能水平、完善基础设施、增加健康投资、改善住房条件、降低新企业进入壁垒、为失业工人提供部分薪资保险、劳动所得税额抵减以及国际协作打击避税，从而降低经济全球化的阻力，让发展成果为所有人所共享，从而使不同社会阶层真心实意维护全球化的果实，支持全球化向更高水平发展。

1.4.4　积极培育全球性城市

在全球化高度发展的前提下，以经济联系为基础，由全球城市及其腹地内经济实力较为雄厚的二级大中城市扩展联合而形成的全球城市区域，是当代全球经济的基本空间单位，并成为全球城市发展的地域空间基础化的载体和重要节点。[1] 中国应以建设全球性城市为契机，集聚全球创新要素，促进经济可持续增长，从而推动经济全球化向深层次发展。

全球性城市不仅是指城市的规模，而且是指城市高度开放的形象和内涵，城市高度发达的承载和容纳能力，城市彰显的个性和特色。它不仅要求城市拥有全球化功能的基础设施，而且要求拥有全球水准的城市管理能力、高品质的创业环境和最适宜人类居住的环境。具备这类特性的城市功能，在生产要素的跨境流动、集聚和集中的过程中，往往可以发挥特殊的重要的作用。[2]

1.4.5　稳步推进收入分配改革

全球化逆行引发西方国家民粹主义盛行提醒我们需要高度正视收入分配问题。尤其是对于正处在赶超发展中的中国经济，如何处理城乡发展不平衡问题，如何应对收入不平等和财富差距问题以及如何从战略上思考并解决好社会公平与经济效率问题、收入分配与经济增长的关系问题等，都是我们正处在开放发展和转型升级中的中国经济亟待正视的重大问题。只有较好地解决这些问题，才能更好地适应经济发展新常态，才能实现中国经济可持续发展。

2016 年中共中央、国务院密集发布多个涉及收入分配改革的重要文件。10 月，国务院发布了《关于激发重点群体活力带动城乡居民收入的实施意见》，部署对重点群体实施激励计划，带动城乡居民实现总体增收。11 月，中共中央办公厅、国务院办公厅印发了《关于完善农村土地所有权承包权经营权分置办

---

①　周振华：《全球城市区域：全球城市发展的地域空间基础》，《天津社会科学》2007 年第 1 期。

②　刘志彪：《战略理念与实现机制：中国的第二波经济全球化》，《学术月刊》2013 年 1 月。

法的意见》,"三权分置"成为继家庭联产承包责任制后农村改革又一重大制度创新,为农民增收提供了制度保障。11月,中办、国办印发了《关于实行以增加知识价值为导向分配政策的若干意见》,根据文件提出的新政策,科研人员、高校教师、医务人员等群体的收入未来将发生较大变化。这一改革有助于改善科研人员的实际贡献与收入分配不完全匹配的问题。这些最新的文件和部署,是当前坚持共享发展理念深化改革,推动建立更加公平合理收入分配制度的缩影。①

---

① 李慧:《收入分配改革:哪些人收入会增长》,《光明日报》2016 年 12 月 8 日第 15 版。

2　外汇储备下降与人民币汇率贬值的风险应对

自 2015 年"8.11 汇改"后，人民币呈现明显的贬值趋势。2016 年末人民币兑美元汇率跌至 1∶6.96，临近 7 整数大关，全年跌幅超过 6.5%。在人民币持续贬值的背景下，中国外汇市场面临资本大规模外流，导致外汇储备大幅下降。截至 2016 年末外汇储备已从 3.99 万亿美元峰值骤降至 3.01 万亿美元，全年降幅近 10%。外汇储备的直线下降，造成投资者对央行捍卫人民币能力的担忧，从而进一步强化了对人民币贬值的预期，形成两者的恶性循环。为此，如何稳定人民币汇率、如何遏制资本大规模外流和如何防止外汇储备过多过快地流失成为 2017 年央行防范系统性金融风险的最主要目标。

2.1　中国外汇储备下降现状及其成因

近两年中国外汇储备出现大幅下降，两年内的降幅达到了 25%，并且已经逼近 3 万亿美元大关，从而引发各界对外汇储备下降问题的极度担忧。但从导致本轮外汇储备骤降的原因看，更多地受到外在环境的影响，因而其影响是暂时性的，并不会一成不变，只要央行采取合适的应对措施，加强对跨境资本流动的管理，实现资本进出流量的动态平衡，则外汇储备下降并不会形成长期趋势。

2.1.1　中国外汇储备下降现状

自 2001 年中国加入世贸组织后，外汇储备增加迅猛，2006 年，首次突破万亿美元，跃居世界第一。此后，外汇储备规模直线上升，到 2014 年上半年已逼近 4 万亿美元，占到了全球外储总量的三分之一，遥遥领先于其他国家。但自 2014 年下半年起，外汇储备突然"调头"下降，仅 2015 年就减少了 5 000 多亿美元，这也是有史以来最大的降幅，占全球外汇储备的比重也显著下降了 3

个百分点。2016年，外汇储备继续下降，虽然上半年的降幅有所收窄，但下半年以来外汇储备逐月递减的额度又呈扩大态势。截至2016年末，中国外汇储备规模为30 105亿美元，仅仅两年多时间就已下降了近万亿美元（图2.1）。目前中国外汇储备的规模已回到了2011年初的水平。

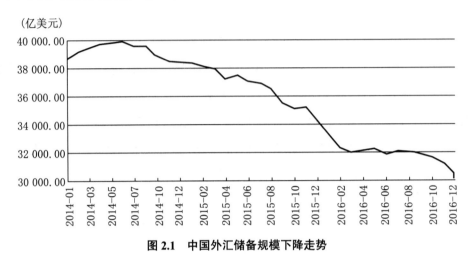

图2.1 中国外汇储备规模下降走势

资料来源：国家外汇管理局网站。

从国际收支平衡表看，一国储备资产规模的变化（RA）也表现为国际收支总差额，而国际收支总差额包含经常账户差额（CA）、资本与金融账户差额（FA）和净误差与遗漏项（OE）三部分。其中，净误差与遗漏项（OE）主要反映通过非法渠道的资本流动。

$$CA + FA + RA + OE = 0$$

由于储备资产（RA）的主要构成是外汇储备（FER），因此，外汇储备的变动来源于经常账户差额、资本与金融账户差额以及净误差与遗漏项。

$$\Delta FER = CA + FA + OE$$

由于近两年的中国经常账户始终保持顺差，因此，外汇储备的下降只能表现为资本与金融账户的逆差。从资本与金融账户的构成看，以短期资本为主的证券投资与其他投资[①]近两年里基本上呈现逆差，而以长期资本为主的直接投

---

① 其他投资是指除去直接投资、证券投资以外的其他资本交易活动，如贸易信贷、贷款、货币及存款等。

资自 2015 年下半年起也由顺差转为逆差，表明中国外汇储备的急剧下降不是由经常收支所致，而是反映出不同投资渠道下的资本大规模的外流，而且资本账户的逆差 2016 年下半年再度呈现扩大趋势（见图 2.2）。

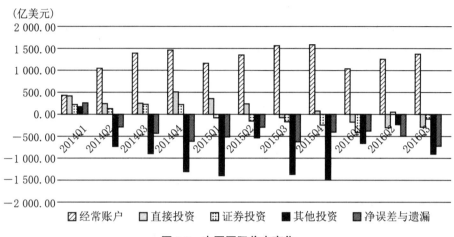

图 2.2　中国国际收支变化

资料来源：国家外汇管理局网站。

2.1.2　中国外汇储备下降原因

关于外汇储备下降的原因，主要为三个方面：一是藏汇于民与外债偿还导致外汇储备减少；二是汇率变化以及资产价格波动对外汇储备产生的估值效应；三是央行动用外汇储备干预外汇市场。

1. 藏汇于民与外债偿还导致外汇储备减少

2015 年 "8.11 汇改" 后，由于美元升值明显，人民币贬值预期加大导致境内企业和个人增加外汇资产或境外资产配置。这导致外汇市场的购汇需求增加，银行结售汇逆差趋势明显（见图 2.3）。仅 2015 年，银行累计结售汇逆差已超过 4 500 亿美元。2016 年上半年，随着美联储加息预期减弱，银行结售汇逆差逐月回落，外汇净流出有所放缓。但自下半年，尤其是进入第四季度，美联储再度加息明朗，美元持续走强，导致境内企业和个人购汇意愿增强，银行结售汇逆差迅速扩大。

另一方面，这一期间外汇储备持续下降也是由于境内企业加速偿还前期借入的美元债务，也构成了资本外流的主体。2015 年，中国对外负债大幅下降，

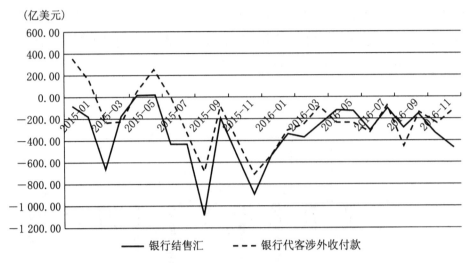

(亿美元)

图 2.3　中国外汇净流出

资料来源：Wind 资讯。

企业境外贷款等负债同比降幅超过 30％；对外证券投资净流出逾 700 亿美元，较 2014 年增长近 6 倍；境内主体对境外货币和存款净增加超过 1 200 亿美元。外币贷款、证券和存款等投资项目的逆差扩大表明中国对外负债存量下降，也反映出企业受人民币汇率贬值预期影响，不断减持人民币存款，扩大对外贸易信贷规模的态势（见图 2.4）。

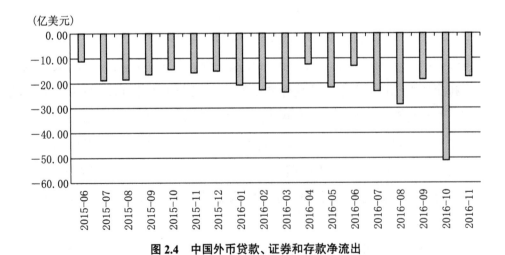

(亿美元)

图 2.4　中国外币贷款、证券和存款净流出

资料来源：Wind 资讯。

此外，2015年中资企业对外投资规模超过了外商来华投资规模，创下
1 456亿美元的历史峰值，同比增长了18%，中国已由资本净输入国转向资本
净输出国。同时，随着中国经济实力的增长，中资企业"走出去"投资并购，并
在全球布局已成为常态。据普华永道发布的《2016年中国企业并购市场回顾
与2017年展望》报告显示，2016年中资企业海外投资增幅高达142%，创历史
新高，其中，海外并购投资金额增长了246%，至2 210亿美元。

2. 汇率变化及资产价格波动产生的估值效应

强势美元是触发外汇储备减少的最主要的外部因素。从近两年的美元指
数走势看，美元升值趋势显著，尤其是2016年下半年以来，美元指数迅速走
高，11月的美国大选特朗普获胜后，更加引发投资者对美国经济的通胀预期，
再加上12月的美联储加息已趋于明朗，促使美元指数突破100整数关口（见
图2.5）。

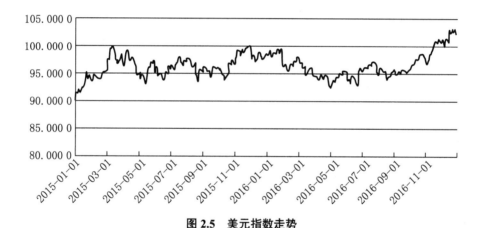

图2.5 美元指数走势

资料来源：Wind资讯。

由于目前中国外汇储备涉及多种国际储备货币，除美元外，还包括欧元、
英镑、日元等。外汇储备规模一般会汇总折合成美元对外披露，这就存在美元
与其他货币之间汇率变化对外汇储备规模的影响，因此当美元对其他国际货币
大幅升值时就会导致我国外汇储备中以非美元计价的资产规模明显缩水。据央
行数据显示，2016年11月特朗普当选美国总统后，美元指数单月累计上涨3%，
与此同时，日元、欧元、瑞士法郎对美元分别贬值8.42%、3.57%、2.78%。

据估算，中国大概有 1 万亿美元的非美元资产，若按照 3%所有的非美元货币贬值幅度来算，则差不多会造成 300 亿美元的账面损失。因此，从货币构成来看，中国外汇储备减少的一个不可忽视的因素是非美元货币计价的外汇储备资产由于汇率对美元贬值，最终该资产换算成美元后贬值。另据国泰君安的报告指出，由于 2016 年 12 月欧元、英镑、日元对美元分别贬值 1.2%、1.9%和 3.5%，仅这些波动就造成了 100 多亿美元的外储损失。如剔除这种估值效应，2016 年 12 月中国外储降幅已明显缩小。

另一方面，由于美元资产在中国外汇储备中占绝对主导地位，份额约为 66.7%，并且中国的外汇储备主要投资于发达国家的国债或资质较高的金融机构债等，其中大部分是用于购买美国国债 [1]，因此，海外债券价格下跌是导致外汇储备规模下降的另一重要原因。例如，2016 年 11 月，美国、欧洲、英国和日本等主要发达经济体的国债收益率上行，对应的国债价格出现回调。尤其是美国国债收益率大幅上行，美国国债价格大跌，从账面上看，中国用外汇储备购买美国国债的亏损显著。这也是 2016 年 11 月外汇储备下降的关键因素。

3. 央行动用外汇储备干预外汇市场

央行为了稳定人民币汇率，在人民币汇率出现大幅贬值时，会向外汇市场提供外汇资金以调节外汇供需平衡，导致外汇储备的下降。据央行的数据显示，从 2016 年 7 月初至 11 月末的 5 个月里，央行用于外汇市场干预的储备规模约为 7 200 亿美元，可见这部分的外汇使用在同期外汇储备规模减小中的占比还是比较大的。另外，同期银行间外汇市场的即期外汇交易规模的迅速放大（见图 2.6）以及央行持有的美国国债存量的急剧下降（见图 2.7）也从另一侧面反映出央行干预外汇市场的力度。[2]

值得一提的是，根据国际货币基金组织关于外汇储备的定义，外汇储备在支持"走出去"等方面的资金运用记账时会从外汇储备规模内调整至规模外，因而也会导致外汇储备规模的减少。在成立丝路基金和亚投行时，外汇储备的投资量很大，不仅包括亚投行和丝路基金的资本金，而且还包括对国开行以及

---

[1] 据美国财政部 2016 年 11 月公布的统计数据显示，中国 9 月持有 1.16 万亿美元美国国债，是美国国债最大的外国持有者。

[2] 当然，考察央行减少美国国债持有规模的原因，需要区分是在外汇储备没有减少情况下的主动调整，还是在外汇储备减少情况下的被动出售，同时还需要剔除因估值效应引发的央行所持国债余额的变化。

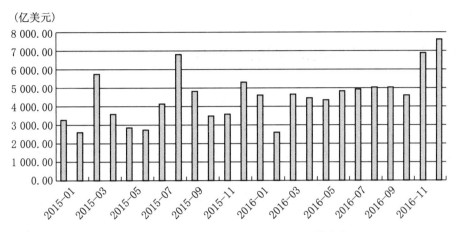

（亿美元）

图 2.6　中国银行间外汇市场即期交易规模变化

资料来源：Wind 资讯。

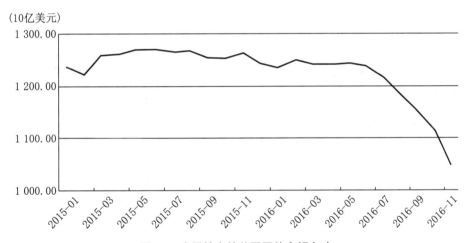

（10亿美元）

图 2.7　中国持有的美国国债余额变动

资料来源：Wind 资讯。

进出口银行的外汇资金注入，不知道这部分外汇是否已从外汇储备中剔除，剔除了多少，央行没有披露相关的信息。

综上，尽管外汇储备下降是上述企业与居民增持外汇资产及扩大对外投资、非美元货币对美元总体贬值，以及资产价格波动、央行向市场提供外汇资金以调节外汇供需平衡等多重因素综合作用的结果，但从 2016 年的整体情况看，央行稳定人民币汇率是外汇储备下降的主要原因。

2.2 外汇储备下降与人民币汇率贬值的关联

自"8.11汇改"以来，人民币兑美元汇率呈现贬值走势，虽然人民币币值的下跌是对"8.11汇改"前人民币估值过高的回调，完全在情理之中。但是，人民币汇率的持续贬值态势及其贬值幅度却超出预期，迫使央行通过干预外汇市场来维持汇率的基本稳定，从而导致外汇储备的急剧下降。倘若2017年人民币对美元继续维持贬值趋势，则外汇储备余额将存在持续下降的压力。同时，人民币汇率贬值还会导致资本外流，两者互为因果关系，最终形成相互强化的恶性循环。如何应对人民币过快贬值、资本大量外流以及外汇储备持续下降是央行面临的"新三元困境"。

2.2.1 人民币汇率贬值现状

由于"8.11汇改"前，人民币汇率的中间价走势长期偏离甚至背离即期价，使得汇率价格不能真实地反映市场供求关系，这也导致了当中美经济、金融周期出现分化时，人民币兑美元汇率仍呈现出持续被动的单边升值走势。为此，2015年8月11日央行大幅下调人民币兑美元汇率的中间价，并决定未来人民币中间价将由前一日收盘价、外汇供求和国际主要货币汇率三个因素作为主要参考。这表明央行有意退出常态化干预，将中间价的决定权交还给市场。

尽管"8.11汇改"后人民币中间价和即期交易价的价差显著收窄，但由于此前市场上已经存在人民币兑美元的贬值预期，央行放开对汇率中间价干预的结果，是人民币兑美元汇率的中间价与市场价的贬值压力最终表现为人民币兑美元在波动中的不断贬值（见图2.8）。截至2016年末，人民币兑美元汇率已由汇改前的6.12跌至6.96。自汇改后的大约一年半里，人民币的贬值幅度已超10%。虽然2017年初有所反弹，但人民币贬值压力依然存在。

为何人民币汇率会出现持续贬值，"8.11汇改"至多也只是人民币贬值的"催化剂"，其中的一个重要原因是源自中国的双轨制汇率制度的离岸人民币汇率对在岸汇率贬值的引导影响。由于目前在岸市场的资本账户仍存在管制，因

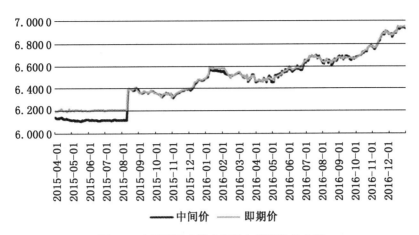

图 2.8　人民币汇率的中间价与即期价的走势

资料来源：Wind 资讯。

此离岸人民币受市场决定的因素会更大一些，并对在岸人民币估值产生联动效应。由近两年来人民币汇率走势中可以清楚地看到这一趋势，离岸汇率成为在岸汇率的先行指标（见图 2.9）。

自"8.11 汇改"以后，离岸市场人民币不断走贬，境内外汇差拉大。2015年底，在岸与离岸人民币差价大幅扩大至 1 000 点以上。当离岸人民币与在岸人民币的汇差达到一定水平后，跨境汇差套利机会凸显。其中，最典型的套利机制为"境内购汇 + 境外结汇"模式，即贸易商在离岸市场通过结汇获得更为

图 2.9　人民币在岸汇率与离岸汇率的走势

资料来源：Wind 资讯。

便宜的人民币,再借助贸易渠道让人民币流回在岸市场,并通过购汇赚取汇差。与此同时,境外投资者对持有人民币汇率信心下降,部分人民币存款逐渐转回美元、港币资产。这也造成"8.11汇改"后香港人民币存款迅速急剧下降。然而,从2016年2月以来,两岸的人民币汇差出现收敛。这是因为央行推行的中间价"新机制"① 进一步提高了人民币汇率弹性。尽管如此,人民币离岸汇率的继续下行仍将对在岸汇率带来持续的贬值压力。因此,境外主导境内的联动模式依然是央行汇率管理所面临的重要挑战。

2.2.2 人民币汇率贬值与外汇储备下降的交互影响

自2015年以来,人民币汇率贬值引发资本大量外流,央行为了稳定汇率采取外汇市场干预造成外汇储备急剧下降,导致央行稳定汇率的边际成本不断增加,投资者对央行稳定汇率的信心下降,从而使人民币贬值预期愈加浓厚,推动了人民币离岸汇率的持续下行,进一步加大了资本外流的压力,这又加剧了投资者对外汇储备缩水的担忧,形成了人民币汇率贬值、资本外流与外汇储备下降三者之间的恶性循环。

在央行该如何打破这一恶性循环,有效应对资本外流与人民币贬值相互强化的金融风险问题上,出现了所谓"保储备"还是"保汇率"的论争。

首先,不保汇率是否可行,其风险成本何在?目前,不保汇率的做法是让央行完全放弃对外汇市场干预,允许人民币汇率一次性大幅贬值,让人民币"一步贬值到位"或者干脆让汇率实现自由浮动。其目的都是想通过市场自身的调节机制让汇率回到均衡水平,从而消除人民币贬值预期。要实现这一预期的目的,存在两个前提条件:一是已有一个公认的"均衡汇率水平";二是承认当前的汇率水平高于"均衡水平",贬值预期由此而生。但问题的症结在于:第一,"均衡汇率水平"究竟为多少?在这个问题上学术界并没有达成一致看法,但多数学者认为贬值幅度至少要达到20%。第二,当前的人民币汇率水平也并不一定真的高于"均衡水平"。自2015年"8.11汇改"以来,人民币贬值幅度已逾10%,现在的人民币可能并没有被明显高估,相反,在市场信心极度脆

---

① 2016年2月,央行正式对外公布了人民币汇率中间价的定价公式,即"中间价=上日收盘价+篮子货币汇率"。

弱的背景下，甚至可能已出现"超调"的现象。而一旦投资者对"均衡汇率水平"的估计过于悲观，市场上就会形成非理性的贬值预期。在此情形下，采取"一步贬值到位"的做法反而可能引起市场对人民币汇率再次大幅贬值的预期。另一方面，若采取允许人民币自由浮动的举措，由于目前中国金融体系尚不健全成熟，那么这种选择可能会带来不可控的系统性风险。我们预计，让人民币自由浮动后，人民币汇率将会在较长一段时间内波动，有可能出现不止一次贬值，而是多次台阶式大幅贬值。由于目前中国的金融风险正在逐步释放，市场预期本来就不太稳定，如果此时人民币大幅贬值，中国金融体系隐藏的深层次结构性问题可能会一下子全部显现出来，这又会使预期变得更为悲观，进而可能加速资本外流。一旦这一极端情形发生就会形成恶性循环，从而极易引发难以控制的"黑天鹅事件"。

其次，若选择"保汇率"，则目前的外汇储备规模是否够用？倘若央行选择通过持续干预市场来确保汇率的稳定，则会进一步消耗外汇储备。外汇储备越降，持续的时间越长，规模越大，对市场信心带来的冲击就越大。目前，市场上已出现对"外储是否够用"的担忧。从中国外汇储备规模的现状看，尽管中国外汇储备下降的速度大于预期，且已降至五年多来的最低水平，但目前约3万亿美元的规模依然相当庞大，占到了全球外储总量的近30%，遥遥领先于其他国家。从一国外汇储备的基本需求看，需要满足一国用于国际收支与偿还、调节短期流动性不足的需求，主要包括用于支付至少三至六个月的进口、偿还短期外债以及外商直接投资税后利润汇出等。按此用途估算，外汇储备的基本规模应在1万亿至2万亿美元。倘若再考虑防范货币危机以及稳定汇率的干预需求，并参考其他国家的历史经验，则外汇储备适度规模大致在1.5万亿至2.5万亿美元。因而，无论从绝对规模看还是用其他各种参考指标进行衡量，中国外汇储备规模都是充裕的。但即便如此，倘若不扭转人民币贬值预期，仅凭动用外汇储备干预市场也是保不住汇率的，因为随着市场干预的边际成本越来越高，央行最终不得不选择放弃。

再者，不保储备但仍需警惕潜在的金融风险。不大张旗鼓地开展外储保卫战，是因为现在还没有必要，而不意味着外汇储备不重要。现在外汇储备已从近4万亿美元跌破3万亿美元。目前市场普遍预期，人民币兑美元在2017年还将面临继续贬值的压力,中国外汇储备余额也因此存在持续下降的压力。面对人民币对美元汇率贬值,已经有多位专家提出"保储备"而不是"保汇率"的观点,认为坚守汇率会导致外汇储备越来越少,最终汇率也守不住。相关观点虽不一定全面,但外汇储备是一个国家可以在外汇市场和对外债务中使用的重要资源,能够产生巨大的心理作用,其作用不容低估。虽然从数量上来看,中国的外汇储备足够充裕,但短短两年多时间,外储规模减小了接近四分之一,这种下滑速度给市场信心带来的负面影响值得高度关注。从国家外汇管理局新近公布的数据显示,2017 年 1 月中国外储规模进一步下降,跌至 29 982 亿美元,但无论是从环比还是同比来看,下降幅度均进一步收窄,表明外储波动趋于收敛。

总之,"保储备"和"保汇率"之间并非是二选一的关系,不能把两者的关系绝对对立起来。无论是"放储备"还是"放汇率"都会给中国经济造成不可估量的负面影响。"保储备"和"保汇率"同时实现也不是完全不可能的。

2.3 人民币贬值风险应对策略

央行该如何应对人民币贬值预期下资本加速外流导致的外汇储备持续下降的风险?从短期上讲,央行应对跨境资本流动继续遵循"宽进严出"的管理原则,一方面,严格控制缺乏真实交易或隐藏于虚假贸易中的非法资金的流出,防范投机资本外逃,但同时应维持对用于合法的境外实体投资的跨境资金管理政策;另一方面,放宽并鼓励资本流入,力争确保资本进出流量的动态平衡。从中长期而言,应进一步深化人民币汇率市场形成机制改革,完善参考一篮子货币的汇率制度,适当扩大人民币汇率指数的波动幅度,进一步增强人民币汇率弹性,减少人民币汇率的单边贬值(或升值)预期,最终完成从人民币的参考一篮子货币向浮动汇率制的转变。

2.3.1 加强对短期跨境资本流出管理,限制资本非法外流

在当前人民币贬值预期下,央行需高度重视大规模短期资本外流可能造成

的系统性风险。在充分借鉴国际成熟的管理经验基础上，研究构建符合中国实际的跨境资本流动的宏观审慎管理框架。

在当前资本流出压力较大的情况下，央行已采取"宽进严出"的资本账户管理办法。一方面，针对企业的虚假投资、虚假贸易行为，强化对交易真实性的审核力度，尽量杜绝涉嫌违规的资金流出。但对于境内企业用于合法的境外实体投资的外汇政策并没有发生改变。另一方面，央行再次明确了一系列针对个人结售汇监管法规。虽然，国家外管局对5万美元个人购汇限额的管理政策没有发生改变，但却加强了对银行办理个人购付汇业务真实性与合规性检查，防止个人客户通过"分拆购汇"方式逃避限额管理，实现外汇的"蚂蚁搬家"。同时，还明确限制境内个人购汇用于境外买房和证券投资。

就目前所取得的成效看，央行加强对短期资本外流的管理是非常必要的，它有效提高了离岸市场做空人民币的成本，缩小了离岸与在岸间的人民币汇差。2017年初离岸人民币汇率出现一波较强劲的反弹，这与中国当前执行的外汇管理政策有非常大的关系。

未来央行除了应继续对不符合"实需"原则的跨境资本流出进行监控以外，还需加强对跨境资本流动的流量监控管理，重点监控非居民和居民持有的"人民币卖出头寸"的总量变化，将"人民币卖出头寸"的总余额占外汇储备余额的比重作为日常宏观审慎管理的风险底线之一。在微观层面，应重点监控资本流动个体是否出现大范围的单边预期或非理性情绪，防范由此引发的集体性趋同行为，如集体抛售人民币和人民币资产等。

此外，央行还应强化本外币协同监管，防范政策性套利风险。央行需建立健全本外币监管内部沟通机制，减少跨境人民币和外汇管理在监管政策上的差异，进而实现跨境人民币和外汇业务监测系统对接，掌握市场主体本外币跨境资金流动全貌，构建相对统一的本外币监管框架和管理标准。

2.3.2 加快债券市场对外开放，鼓励金融资本流入

外汇储备就好比一个外汇资金池，不能只从静态存量的多少角度片面看待外储下降问题，应从动态流量的平衡视角保持外汇资金池"水位"的基本稳定。为此，政府应在加强资本流出监管的同时，进一步拓宽资本流入的渠道，不仅

应继续鼓励外商直接投资，还应吸引更多合规的证券投资流入。

2017 年政府应加快人民币债券市场的对外开放进程，进一步提升投资交易的便利性。据央行的数据显示，截至 2016 年 10 月末，共有 373 家境外机构进入银行间债券市场，总备案金额约为人民币 1.9 万亿元（约合 2 750 亿美元），而实际持有投资人民币 7 663 亿元，仅占境内债市份额的 1.5% 左右。尽管自 2016 年 10 月人民币正式加入 SDR 以后，境外机构对银行间债券市场的投资规模有所扩大，但整体规模仍十分有限，其中的主要原因是目前中国债券市场的退出机制尚不健全，且在开户、结算、清算、汇出、征税等多个环节都有待进一步完善。为此，央行不仅应扩大发行交易的境外主体范围，完善市场准入、投资交易及其退出机制，而且还要切实提高外资投资的便利性，包括明确并且进一步优化外资投资的资本金与收益的汇出规则及其相关的税收政策，以及通过探索境内外债券市场基础设施的合作，延长交易时间、减少境外投资者重复开户负担等措施引导更多的境外资金进入境内债券市场。此外，还应率先在自贸试验区试行外资金融投资准入的负面清单管理，进一步放宽在投资者资质要求、股比、经营范围、高管等方面对于外资金融机构设立的限制。

另一方面，考虑到中资金融机构到境外发债筹集外汇或将有助于减缓资本外流的压力，并为人民币平稳渡过贬值期保驾护航，因而央行应积极鼓励中资银行在海外市场发行美元债。彭博数据显示，2016 年中资银行境外发行的美元规模约 700 亿美元，略高于 2015 年的 680 多亿美元。尽管当前美元在走强，美债收益率也有所回升，从而增加了美元债的发债和偿债成本，但央行还应通过进一步简化海外发债的外债管理办法及其出台相关的激励措施，支持境内金融机构及大中型中资企业境外融资。

2.3.3 提高政策透明度与公信力，扭转人民币汇率贬值预期

在当前人民币面临贬值压力的背景下，央行需要加强对市场情绪的引导，通过加强对人民币汇率的预期管理，重振市场对人民币中长期保持基本稳定的信心。从预期管理的角度讲，既要规范国际资本流动管理，持续打击"热钱"和恶意套利，同时也要做好人民币汇率波动的市场沟通，增强汇率政策制定的

透明度和可信度。

由于离岸人民币汇率走势对在岸人民币汇率有引导作用，因而要管理好人民币汇率预期，央行选择从离岸市场入手可能会更有效。因为伴随境内外市场联动效应的不断增强，如果央行不能及时有效地应对离岸市场波动，不仅会给在岸市场汇率管理和货币政策实施增加难度，而且如果人民币离岸汇率继续下行还会加大人民币贬值压力和市场的看空情绪。因此，在目前资本账户尚未完全开放的条件下，央行将人民币在岸和离岸之间的汇差走势作为央行干预外汇市场的一个重要参考指标。央行通过"控流出"和市场干预等手段，减少离岸市场的人民币流动性供给，引导离岸人民币拆借利率上升，从而增加做空人民币成本，抑制套利套汇行为。2017年初人民币离岸汇率出现了一波较显著的反弹，2017年以来人民币汇率持续贬值趋势开始有所好转。

当前中国资本外流、储备下降、汇率贬值，既有经济基本面的原因，也有市场信心的问题。而稳定市场信心，不但要靠政府的市场操作，还要靠政府与市场沟通。为此，央行除了通过干预离岸市场，以扭转人民币贬值预期外，还应提高货币政策实施的透明度，通过释放明确的政策信号，以引导合理的汇率预期形成，减少外汇市场的过度波动。

利率政策是引导汇率预期的最好途径。央行可尝试提前发布或释放加息或降息的信号，增加利率政策的透明度，让投资者了解政府的调控意图，从而更为有效地引导市场对人民币兑美元汇率走势的预期研判。这样的口头干预是美国等发达经济体的中央银行进行预期引导与管理的重要手段，但其有效的前提条件是政府需要具有较高的公信力。①

此外，尽管当前的人民币汇率走势很大程度上受投资者情绪及跨境资本流动状况的影响，但长期来看，人民币汇率最终还是取决于经济的基本面。要想从根本上改变投资者对人民币汇率的贬值预期，还是要通过加快供给侧结构性改革，让投资者感受到由供给侧结构性改革带来的实实在在的经济效益，看到中国经济"止跌企稳"的趋势，届时人民币贬值预期就会自然消退。

---

① 根据奥波斯特菲尔德（Obstfeld）1996年提出的第二代货币危机理论，在市场处于多重均衡状态下，当投资者面对投机攻击时，将会基于政府放弃既有汇率制度的成本和政策的透明度判断政府承诺的可信性来采取相应的行动。如果可信度高，公众不会恐慌；如果可信度低，就容易产生"羊群效应"，争先抛售本币资产。这就会导致市场机制下的汇率"超调"现象。

2.3.4 深化汇率市场化机制改革，维持人民币汇率指数的基本稳定

央行在加强对资本流出管理的情形下，应进一步扩大人民币汇率双向波动幅度，不断增强汇率弹性，推进汇率市场化机制改革。尽管人民币汇率的终极目标是实现以市场供需为基础的自由浮动，但在经济仍处于下行"探底期"，采取一次性大幅贬值或完全放开人民币汇率的风险较大，将可能导致市场剧烈波动，这与 2017 年中国经济"稳"字当先的主基调不相符。

目前，央行采取参考"一篮子货币"的汇率制度，其目的是想从过去的人民币盯住美元转向维持人民币汇率指数（CFETS）的基本稳定。这样做能够使得过去在美元强势过程中因盯住美元而导致人民币贬值幅度不够的问题得到修正。这是因为在 CFETS 货币篮子中，美元占比最高，因而如果美元指数走强，人民币对非美元货币的交叉汇率需要通过人民币对美元的进一步贬值进行调整，以维持人民币对"一篮子货币"的基本稳定。可见，参考"一篮子货币"的汇率制度，可以在一定程度上遏制人民币贬值预期。而且，鉴于美元走势具有不确定性，参考"一篮子货币"也使得人民币对美元汇率呈现双向波动的特点，从而有助于打破市场单边预期，避免单向投机套利。但这一机制的缺陷在于人民币汇率的双向波动并不是由市场供需所致，而可以人为制造，央行市场干预程度的强弱将直接影响汇率波动的大小。

为此，应减少央行的市场干预，可考虑扩大人民币篮子货币指数的上下波动区间，进而转向人民币完全自由浮动的终极目标。具体方案是以当前人民币篮子货币的汇率水平作为中心汇率，然后选择相应的双向波动幅度，例如可定为较狭窄的 5% 或更宽泛的 10%，视实际情况而定 [1]，当人民币汇率指数的实际波动幅度超过已设定的上下限就自动转化为盯住篮子货币。央行保持调整中心汇率的权力，但是调整不应过于频繁。尽管这一方案仍是人民币汇率市场化机制改革的过渡方案，但能在较大程度上避免汇率贬值幅度过大对经济的冲击，同时又能兼顾短期宏观经济稳定和浮动汇率的好处。随着波动幅度的放宽，这个过渡方案与自由浮动方案的区别将会逐渐消失。

---

[1] 在波动幅度过于狭窄的情况下，货币政策的独立性依然会受到较大限制，相反，波幅太大又可能带来严重的汇率超调，对实体经济造成严重冲击。

可以预计，未来 3—5 年内，在中国国际收支相对平衡和汇率预期保持基本稳定的条件下，人民币将会走向自由浮动汇率制度，届时中国资本账户也将最终实现完全对外开放。

在过去的一年里，人民币汇率贬值与外汇储备下降的问题比较突出。而且，两者间彼此关联，互为因果。人民币贬值预期推动了资本外流，是导致外汇储备规模缩水的最直接原因，反过来，外汇储备的不断减少又进一步加剧了人民币汇率的贬值预期，形成了一种彼此强化的正反馈关系。尽管 2016 年中国外汇储备下降的速度超出预期，且已降至近五年来的最低水平，但目前的储备规模还远在安全储备水平之上，无需过度担忧外汇储备的下降。在当前中国资本账户尚未完全开放的条件下，央行可以动用的应对风险的政策手段较为丰富，一方面在对跨境资本流出加强管理，特别是对企业与个人的境外投资和金融交易的真实性和合规性加强审查之后，资本项下的资本外流有望放缓；另一方面，加大境内金融市场尤其是债券市场的对外开放，吸引更多的金融资本流入，在实现资本进出流量动态平衡的同时，扭转人民币的贬值预期。鉴于人民币币值的稳定取决于中国经济的健康状况，为此，2017 年只有加快供给侧结构性改革，通过体制创新结构调整驱动中国经济"止跌企稳"，步入经济增长的"新常态"，届时人民币贬值预期将自然消除，"保汇率"还是"保储备"的两难问题也就迎刃而解。

3 人民币国际化的推进路径、风险评估与供给侧改革 *

人民币国际化的内在驱动力来自中国对世界经济的贡献日益增大，尤其是在创新增长方式、完善全球经济金融治理、促进国际贸易和投资、推动包容联动式发展等重点领域中国取得的显著成效。目前，从全球来看，国际金融危机深层次影响还在继续，世界经济仍然处在深度调整期，整体动力不足，增长乏力。上一轮科技和产业革命所提供的动能已近尾声，传统体制和发展模式的潜能趋于消退，新的动能还处于孕育之中。这种情况下，中国对世界经济的贡献和稳定起到了关键性作用，成为世界经济的"动力源"、世界大市场和世界投资人。

3.1 人民币国际化的内在驱动力

IMF 数据显示，过去五年间中国为全球经济增长贡献了 35％，并将在 2020 年底前继续贡献 30％的经济增长。世界银行也预言，未来全球经济增长加快将有赖于高收入国家保持复苏势头、中国逐步转变到消费和服务主导的增长模式以及世界大宗商品价格趋稳。作为经济总量超过 10 万亿美元的全球第二大经济体，现在中国 GDP 每 1 个百分点的增量，大约相当于五年前 1.5 个百分点、十年前 2.5 个百分点的增量。当前中国对世界经济贡献率远远超过两位数增速时期。根据世界银行的分析，美国 2018 年对世界经济增长的贡献率预计为 15.7％，而中国的贡献率将达到 26.4％。

---

* 本研究是国家社科基金重大项目《推进经济结构战略性调整的重点、难点与路径研究》（13ZD&016）的阶段性成果。

中国仍是世界第一大出口国和第二大进口国。尽管中国 2015 年的进出口总额同比下降了 7%，但仍有高达约 3.7 万亿美元的总量，并且进口的大宗商品实物量未减反增，中国进口总额的下降主要是因为国际大宗商品价格的下跌。中国正在实施供给侧结构性改革、制造业改造、创新驱动发展战略，推动着吸收引进国际先进制造业技术与产品，并为世界提供更多高端制造业产品，重视供给端和需求端协同发力，加快新旧增长动力转换。中国出口增速好于全球和世界主要经济体，占国际市场份额也呈上升趋势，出口结构的不断优化，成为世界供给侧的中心。中国的世界投资人角色日益加强。中国对外直接投资连续 13 年增长，年均增幅高达 33.6%。

在创新发展方式的努力上，中国是世界经济转型先行者，也因此成为世界经济的"动力源"和"稳定锚"。与中国一样，世界经济同样面临着动能转换、转型升级的迫切需求，中国的创新驱动转型发展经验为世界经济转型提供了素材和典范。目前，消费成为推动中国经济增长的第一引擎，最终消费对经济增长的贡献率超过 70%，投资结构在显著优化，第三产业增加值占 GDP 的比重达 54%，以高新技术产业、智能制造、"互联网+"、新服务模式为代表的新经济快速崛起，中国向新增长模式转变的新动能加速积聚，为世界经济的复苏和中长期增长作出了重要贡献。

在建设开放型世界经济上，中国是全球经济金融治理改革的推动者，国际贸易和投资自由化的维护者。当前国际金融体系存在明显的弊端，国际金融体系改革成为国际社会的诉求。中国在推进 IMF 改革、增加发展中国家份额上作出了显著贡献。虽然 2010 年 G20 首尔峰会上决定提升中国在 IMF 中的投票权比例，但 IMF 全球治理和份额改革始终没有进展。中国一直致力于推进 IMF 改革，以确保新兴经济体获得更大的权重。中国不但推进已有国际金融体系更为公平和包容，而且致力于通过推动建立金砖国家新开发银行和亚洲基础设施投资银行等举措，使全球治理体系更加开放和透明。金砖银行和亚投行是由发展中国家主导的多边金融开发银行，是对于国际金融体系的必要补充。中国还维护和加强多边贸易体制尤其是世界贸易组织在全球贸易投资中的主渠道地位，实施自由贸易区战略，促进全球贸易投资的自由化和便利化。

在推动包容联动式发展上，中国起到了示范引领作用。这集中体现在两个方面：一是将基础设施建设作为推动包容联动式发展的新议题。中国通过实施"一带一路"战略和亚洲基础设施投资银行促进亚洲地区的互联互通和世界经济的一体化发展。中国还在G20机制中主张成立全球基础设施中心，支持世界银行设立全球基础设施基金。"一带一路"建设将是世界经济一个新的增长点，推动全球投资贸易的发展，提升沿线国家基础设施建设。目前，"一带一路"框架下中国企业累计投资超过140亿美元，为当地创造6万个就业岗位。二是中国在消除贫困上作出了艰苦的努力并取得了举世瞩目的成就，到2020年将实现7 000万贫困人口全部脱贫任务。中国的消除贫困实践，为公平包容发展注入了强劲动力和丰富经验，这些经验将更多分享给非洲和拉美各国。

以创新引领经济增长不仅是中国的发展理念，更是世界经济实现新旧动能转换和催化新一轮科技革命和产业革命的基本共识，尤其是科技创新、制度创新和全球创新体系。贯彻落实创新驱动发展理念，需要在适度扩大世界总需求的同时，着力推进供给侧结构性改革，优化要素全球配置，推动世界产业结构升级，扩大有效和中高端供给，增强供给结构适应性和灵活性，提高全要素生产率，增强世界经济中长期增长潜力。创新驱动发展也是绿色发展理念的体现，宗旨是世界经济可持续发展。

活力源于创新，尤其是制度创新和全球经济治理模式的创新。中国经济与世界经济日益融合，以中国为代表的新兴经济体为完善和改革全球经济治理体系发挥着积极和建设性作用。原有的全球经济治理框架主要是建构在布雷顿森林体系基础上国际金融和贸易体系，这套体系以发达国家主导为基本特征，弱化了新兴国家的话语权，未能充分体现以新兴国家为代表的发展中国家在世界经济增长中具有重要贡献的事实。中国在改善全球治理上的方案代表了世界的诉求，即致力于建设公平公正、包容有序的国际金融体系，提高新兴市场国家和发展中国家代表性和发言权，确保各国在国际经济合作中权利平等、机会平等、规则平等。

联动发展是商品和要素自由流动以及世界一体化发展的理念，是协调和开放理念的集中体现。在经济全球化时代，没有哪一个国家可以独善其身，协调合作是各国的必然选择。中国不仅提出构建开放型经济的发展战略，而且找到了互联互通发展的突破口——基础设施建设和"一带一路"战略，实现设施的联通、贸易与投资的畅通。一方面，积极推进亚洲基础设施投资银行、金砖国家新开发银行建设，发挥丝路基金作用，推动亚洲基础设施的建设和互联互通；另一方面，推动与"一带一路"沿线国家发展规划、技术标准体系对接，推进沿线国家间的运输便利化安排，促进贸易与投资自由化和便利化。

包容性增长理念是要求发展的成果惠及全球，促进公平公正，实现世界经济可持续发展。目前，世界发展不平衡问题阻碍了世界经济的复苏和可持续发展。在应对全球经济发展中的不平等、不公正问题上，中国提出的方案获得世界尤其是发展中国家的广泛认同：让处于全球价值链不同位置上的国家都能发挥自身优势，共享发展机遇；使各国在共建共享发展中有更多获得感，增强世界发展动力，并为此作出更有效的制度安排。

3.2 人民币国际化进程与基本格局

3.2.1 从交易货币到投资货币再到储备货币的发展进展

人民币成为国际货币主要呈现出三种形态和规模：一是交易货币，即国际贸易结算中有多少是使用人民币结算的。二是投资货币，就是在国际投资市场有多少可以直接用人民币进行投资和定价。三是储备货币，即外国政府官方是否将人民币作为储备货币以及人民币储备资产占多大份额。自 2015 年 12 月 1 日人民币加入 SDR 以来，人民币渐次开始承担国际货币上述三种功能，尽管量比较小、形态还比较落后，但毕竟这三种形态都开始具备。人民币加速国际化远远超出了当年设计者的估计。

作为交易货币，人民币跨境贸易结算国内结算地范围已经扩大至全国各省、自治区，境外结算地扩大至所有国家和地区。截至 2015 年末，人民币结算占对华贸易的比重接近 30%，已经广泛地成为跨境贸易的计价和结算货币（见如图 3.1）。而作为贸易融资货币，人民币已经跃居第二位，仅次于美元。

作为投资货币，在 2014 年跨境之中，中国对外投资总额中 76.7% 是用人

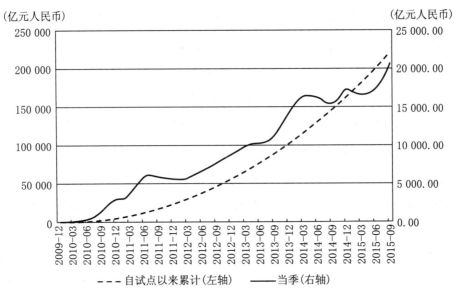

（亿元人民币）　　　　　　　　　　　　　　　　　　　　　　　　　（亿元人民币）

- - - 自试点以来累计（左轴）　　　—— 当季（右轴）

图 3.1　跨境贸易人民币结算业务金额增长情况

民币安排，截至 2015 年 10 月就已经达到 140％（见表 3.1）。而除了直接投资之外，还有证券投资等也开始有了人民币安排，最典型的就是沪港通。

　　论是交易还是投资，人民币日益成为广泛的国际支付货币，2014 年人民币在国际支付中间还是在第七位，到 2015 年已经上升到了第五位，现在全球 200多个国家和地区都在使用人民币。不仅如此，人民币还广泛地进入非居民的资产负债表：一方面，境内金融机构境外贷款快速增长（见图 3.2）；另一方面，境外机构与个人持有的境内人民币资产（见图 3.3）。

表 3.1　中国对外直接投资中人民币使用份额

	2009	2010	2011	2012	2013	2014	2015（10 月）
直接投资（亿美元）							
对外直接投资 ODI	565	688	747	772	901.7	1 028.9	952.1
外商直接投资 FDI	900	1 507	1 106	1 117	1 176	1 196	1 037
人民币 ODI 结算（亿美元）	—	—	31	48	138	304	929
人民币 FDI 结算（亿美元）	—	—	140	402	723	1 402	1 859
人民币结算占比	—	—	9.3%	23.8%	41.5%	76.7%	140.18%

　　资料来源：曹远征，《人民币国际化的格局：离岸市场加上清算行》，财新网，http://opinion.caixin.com/2016-0321/100922750.html。

（亿元人民币）

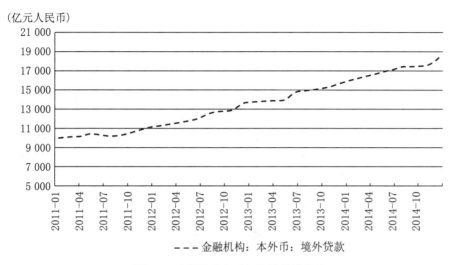

−−− 金融机构：本外币：境外贷款

图 3.2　中国境内金融机构境外贷款情况

资料来源：同图 3.1。

（亿元人民币）

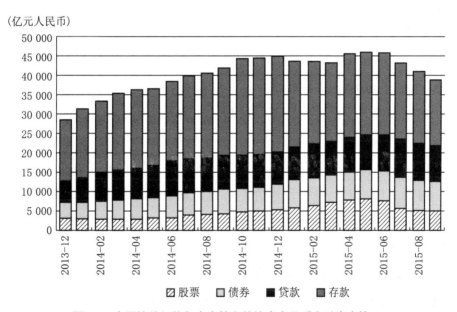

▨ 股票　▢ 债券　■ 贷款　▤ 存款

图 3.3　中国境外机构与个人持有的境内人民币金融资产情况

资料来源：同图 3.1。

作为储备货币，2015 年 12 月人民币加入 SDR 是一个标志性进步。与此同时，越来越多的国家开始与中国签订货币互换协议，目前已经有 33 个国家，截至 2015 年，双边本币互换协议总规模约 33 142 亿元人民币（见图 3.4）。这一

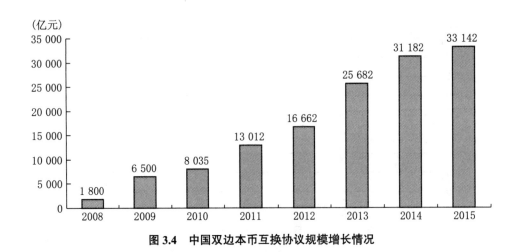

图 3.4　中国双边本币互换协议规模增长情况

官方的人民币国际流动性安排加速了人民币储备资产功能的发挥，以及人民币作为国际交易货币的进程。

2016 年 10 月 1 日，人民币正式进入 SDR 货币篮子，这标志着人民币跨入国际储备货币行列，成为继美元、欧元、日元和英镑之后的第五种"入篮"货币，目前比重为 10.92％。这是 IMF 历史上首次将一个新兴经济体货币作为储备货币。"入篮" SDR 是人民币成为国际储备货币的重要标志。

SDR 是兑换可自由使用货币的权利，是 IMF 于 1969 年创设的一种补充性储备资产，与黄金、外汇等其他储备资产一起构成国际储备，是 IMF 赋予成员国可以自由兑换国际储备货币的一种特殊权利，仅限在 IMF 成员国官方部门使用。创设之初，SDR 与美元等价。布雷顿森林体系崩溃后，IMF 于 1974 年启用 SDR 货币篮子。IMF 按成员国份额对所有成员国分配 SDR，以补充成员国的储备资产。

目前，SDR 主要用于 IMF 成员国与 IMF 以及国际金融组织等官方机构之间的交易，包括使用 SDR 换取可自由使用货币、使用 SDR 向 IMF 还款、支付利息或缴纳份额增资等。入篮 SDR 意味着人民币走向世界可自由使用货币有了官方认可，成为 IMF180 多个成员国官方使用货币。未来的人民币将在国际交易支付中被广泛使用和在主要外汇市场上被广泛交易，尤其体现在全球外汇储备、国际银行业负债、国际债务证券、跨境支付、贸易融资中的比重及在主要外汇市场交易量的提高上。

虽然 SDR 在全球央行储备中的占比不到 3%，但人民币正式入篮 SDR 意味着各国央行的外汇储备中可能会将一定比例的储备转化为人民币。人民币真正确立国际储备货币的重要地位，这将是一个长期过程。人民币"入篮"并不意味着人民币就已成为国际货币。国际货币的核心功能不仅是看其他国家在国际贸易和国际借贷中是否自由使用人民币，而且要取决于其他国家的央行是否通过人民币储备来干预本国货币的汇率。这里涉及两个问题，一是前面两个行为的主动权掌握在别的国家，二是人民币在资本项下自由兑换和汇率市场化的条件完全具备仍需时日。有些人认为，只要中国打开资本账户，允许人们自由持有并使用人民币，人民币就实现了国际化。如果货币国际化的概念仅仅是如此，那么英镑、瑞典克朗、日元、瑞士法郎等都算是国际货币。实际上，当今世界具有国际货币两种核心功能的只有美元和欧元。

3.2.2　人民币国际化的路线图：从欧洲美元逻辑到离岸人民币市场

人民币国际化进程为何如此迅速，也就是说，为什么人民币的国际需求如此之大？曹远征认为基本逻辑在于亚洲的货币原罪 [1]，这种原罪表现在三个错配上——货币错配、期限错配和结构错配。亚洲以及"一带一路"65 个国家，人口占世界的 63%，是全球经济发展最快、国际贸易规模最大的地区，但结算和投资的国际货币依赖美元，发生在美国的金融危机很容易传递到亚洲地区，致使亚洲金融风暴，亚洲对使用本地货币支付和投资有着内在需求。不仅如此，亚洲尤其是"一带一路"沿线国家作为新兴经济体，基础设施等长期限投资需求旺盛，而国际资本流入具有短期性，因此对本地的国际货币需求强烈。

亚洲地区对本地货币的国际支付和投资安排早在 1997 年亚洲金融风暴之后就开始了，中日韩加上东盟十国在 2003 年签订了清迈协议，但清迈机制还没有安排完，2008 年全球金融危机就爆发了。随着中国加入 WTO 和对外经济的快速增长，中国成为亚洲地区第一大贸易体，中国前十大贸易伙伴中，除了欧盟和美国外其余的前七位都是在这一地区，中国在亚洲的贸易又常年处于逆差状况。于是，亚洲地区的货币原罪导致人民币在亚洲具有很强的国际需求，

---

[1]　曹远征：《人民币国际化的格局：离岸市场加上清算总行》，财新网，2016。

人民币首先在亚洲快速区域化。这是人民币国际化路线的区域特征。

人民币国际化的特殊路线还体现在推进的突破口上，即从货物贸易跨境结算开始，扩展到服务贸易，再延伸到资本项下的直接投资和间接投资。2009年7月2日，《人民币跨境结算实施细则》公布，人民币跨境货物贸易结算正式展开。从数据来看，跨境人民币结算业务增速就非常之快（见图3.1），在结构上，服务贸易也在快速增长（见图3.5）。贸易上的人民币跨境结算使用不仅金额、区域在扩大，品种在增多，而且由于贸易使用中一定有头寸的产生，相应金融上的安排就吸引更多的机构来使用，人民币对外直接投资规模扩大（见图3.6），金融市场进一步加大开放。例如，沪港通就是金融开放提速的一个重要表现，用人民币来进行跨境证券投资交易。

即使在人民币加入SDR以后国际汇率市场急剧波动和人民币兑美元贬值的环境下，中国也并未放慢人民币国际化的步伐。在包括香港、伦敦、新加坡和法兰克福在内的离岸人民币中心，人民币存款已经具备了一定规模。在这种情况下，中国增加了离岸人民币资产的供给。例如，2015年10月，中国人民银行在伦敦首次发行人民币债券，2016年8月在伦敦发售人民币国债，这是首

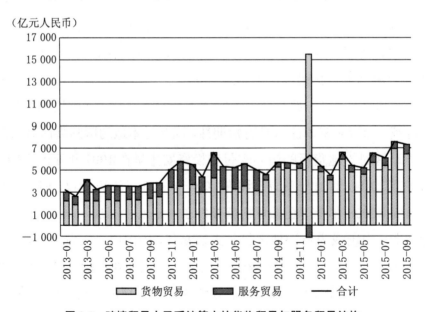

图3.5 跨境贸易人民币结算中的货物贸易与服务贸易结构

资料来源：同图3.1。

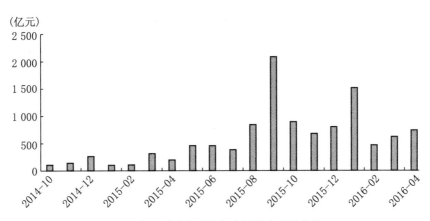

图 3.6　人民币对外直接投资结算金额变化情况

次在中国香港以外地区发售离岸国债。向外国投资者提供具有深度和较高流动性的高品质人民币资产池,对于中国提升人民币国际使用程度至关重要。

人民币国际化的推进中存在两大现实障碍——资本项下不可兑换和稳定的逆差形成机制所需要的深度而有效率的金融市场。国际货币一定是可兑换货币,但中国资本项下不可兑现。资本账户的开放是一个复杂工程,金融风险如何防范是其中的关键,考虑到中国金融市场不成熟,规避金融风险的市场工具和手段较为缺乏,金融监管制度不健全等现实因素,资本账户只能谨慎地渐进式开放。一个货币成为国际货币必然意味着这个国家的国际收支保持着稳定的逆差。中国经常项下长期顺差涉及就业的需求,出口部门是中国就业人口最多的部门,也就是说,贸易长期逆差在中国是不现实的,那国际收支的长期逆差只能取决于资本项下的长期逆差,这里涉及两个核心问题:(1)在资本项目不能自由兑换的背景下如何实现长期逆差?(2)资本项下长期逆差条件下流出的资本能否获得稳定的收益?

对于第一个问题,二战后的美国也遇到了,当时美国国际收支双顺差,美元具有很强的国际需求,但美元无法成为国家交易货币。美国当时就是通过欧洲美元和马歇尔计划提供贷款实现资本项下的长期逆差。"一带一路"战略和亚投行的运行基本也是试图实现中国资本项下的稳定逆差。借助"一带一路"战略,通过对"一带一路"沿线国家提供贷款、提供援助,使"一带一路"沿线国家手上有了人民币,与此同时,还通过在欧洲发行人民币债券,让"一带一路"沿线国家以及欧洲用人民币到中国市场上买过剩物资,实现货币和物资的循环，带动"一带一路"沿线国家复兴，并通过对外提供贷款和离岸人民币债券在资本项下做逆差。对于第二个问题，即中国在资本项下形成对外逆差，尤其是汇率波动条件下贷出去的资本如何获取稳定收益，这需要中国具有长期、稳定的、安全的固定收益市场，中国目前不具备这样的收益市场，因为缺有深度和效率的金融市场。因此，就算资本账户开放了，人民币成了国际交易货币，那也未必意味建成国际金融中心，国际金融中心需要有深度和效率的金融市场体系。

3.3　人民币国际化的风险评估

3.3.1　全球化进程将面临新一轮受阻的风险

全球贸易目前处于持续低迷期，世界的贸易增速已连续五年低于世界经济增速。英国脱欧、美国新政府的贸易保护倾向等都使得全球化进程存在受阻的风险。

由于全球化进程中收入分配问题没有得到根本性解决，危机之后，很多国家的资本与劳动的收入差距进一步拉大，引发了反全球化力量的兴起。例如，英国国民中支持"脱欧"的最大一个原因是担心医疗、教育等公共福利资源被不断涌入的移民分享。他们认为移民抢走了低技能劳动力的工作，全球主义、区域主义与反对力量交互博弈，民族主义和民粹主义情绪参与其中。[1]2无独有偶，美国特朗普政府的保护主义倾向有导致全球贸易缩小的危险，成为影响全球经济增长的风险来源。贸易保护主义升温给全球贸易带来不确定性。

美国特朗普政府的保护主义倾向将对人民币国际化进展产生影响。首当其冲的就是影响中美双边贸易。中国是美国最大的进口来源地，2015 年中国占美国进口 21.8％。但中国是美国第三大出口目的地，2015 年中国占美国出口 7.7％。中国也是美国最大的贸易逆差对象国，2015 年美国对中国贸易逆差 3 864 亿美元，约占美国全部贸易逆差的二分之一。一旦中美双边贸易因贸易

---

① 袁志刚：《全球化与反全球化——对英国"脱欧"的反思》，《文汇报》2016 年 10 月 14 日。

保护而缩小，将直接影响经济的增长和人民币国际化进程。其次，美国特朗普政府的强美元倾向对人民币汇率产生影响。2009 年以来，人民币国际化进展迅速，其中一个重要因素是人民币的单边升值。人民币升值使得人民币作为投资货币和储备货币的需求增加。但 2016 年以来，随着美国经济逐渐复苏回暖，美联储加息持续升温，在人民币盯住 SDR 一篮子货币之后，人们开始担心这些货币兑美元的弱势会转化为人民币贬值的压力，人民币呈现单边贬值的变化。随着人民币汇率市场化改革的推进，清洁浮动将使得人民币汇率呈现双边波动格局，这可能对人民币国际化进程带来新的外部环境。

3.3.2　人民币国际化需要与国际金融中心相互支撑

从英镑与伦敦、美元与纽约之间的关系就能看出，本币的国际化进程极大地促进了本国金融中心地位和影响力的提升，人民币国际化为上海国际金融中心建设提供了难得机遇和强大动力。一方面，本币的国际交易和跨境流通是国际金融中心运行的基本内容，本币国际化程度越高，就会有越多的国际金融机构和投资者在本国金融中心聚集。另一方面，本币国际化对金融中心的市场建设和开放提出了更高的要求，不仅要求本国金融市场是高度开放的，而且要求具有很强的广度和深度。

本币国际化和国际金融中心建设之间是互相促进和耦合的。货币在经济领域中的循环使该国货币首先成为区域跨境贸易中的主要区域结算货币，随着区域结算货币规模的扩大，逐渐成为全球跨境贸易结算货币，进而成为全球跨境贸易结算中心。货币在金融领域的循环还使该国货币成为区域投资货币，继而成为区域投资结算中心。货币国际化还将带动该国货币成为全球外汇市场的主要交易货币，该国金融市场也随即成为全球重要的金融投资市场，基于该国货币的全球金融产品定价机制和资产管理中心也随之形成。反过来，国际金融中心的形成和发展亦将促进该国货币国际化。图 3.7 描述了本币国际化和国际金融中心相互促进的机制。

本币国际化和国际金融中心相互促进的机制也符合历史演进的事实。回顾全球经济历史变迁的过程，可以发现，国际金融中心的形成和发展大致可以分为三个历史阶段：一是欧洲商业革命到英国工业革命发生前的一段以威尼斯

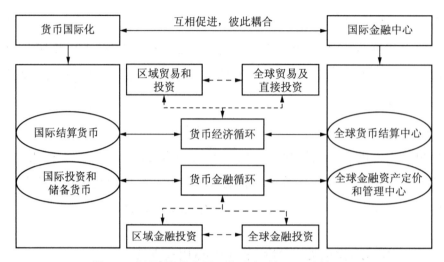

图 3.7 本币国际化和国际金融中心相互促进的机制

和阿姆斯特丹为区域金融中心的时期，二是英国工业革命后至 20 世纪 80 年代的一段以伦敦和纽约为全球国际金融中心的时期，三是 20 世纪 90 年代至今，世界经济呈现出全球化和多样化的特征，全球国际金融中心不仅仅是纽约、伦敦和东京，还涌现了像新加坡和中国香港等重要的国际离岸金融中心。前两个阶段，我们可以明显地发现本币国际化和国际金融中心的相互促进作用。例如，在威尼斯，首先是币值稳定的"格罗索"和"马它潘"发展成为整个地中海地区各国普遍认可的通货，为威尼斯国际金融中心的形成奠定了重要的基础条件。但第一阶段的国际金融金融中心仅仅是区域层面上的，还算不上真正意义上的国际金融中心。第二阶段的伦敦和纽约才是真正意义上的国际金融中心。英国先是成为世界上经济最发达的国家，之后在世界范围内广泛地流通本币，英国大肆扩张海外投资，输出本币，从而促进伦敦成为全球最大的国际金融中心。美国纽约国际金融中心的地位是伴随着二战后美国依靠自己强大的经济实力建立了以自己货币为核心的国际货币体系而发展起来的，马歇尔计划使得美国成为世界上最大的资本输出国和国际金融领域的霸主。第三阶段，由于全球金融市场的新特点新趋势，货币国际化对于离岸金融中心的发展不是那么明显，但对于中国这个大国来说，中国需要建立起以本币为中心资本定价、交易、清算的权力，这迫切需要上海国际金融中心的建立，而人民币国际化将对上海国际金融中心的形成和发展起到巨大的推动作用。

很多人认为只要中国打开资本账户，允许人们自由持有并使用人民币，就能实现人民币的国际化。如果货币国际化的概念仅仅是如此，那么英镑、瑞典克朗、日元、瑞士法郎等都算是国际货币。人民币国际化的核心是人民币是否能成为国际交易货币，即看其他国家在国际贸易和国际借贷中是否使用人民币，其他国家的央行是否通过人民币储备来干预该国货币的汇率。当今世界具有国际交易货币功能的只有美元和欧元。1914 年，英镑是在世界居领导地位的国际交易货币，而美元在当时只是国际货币，还算不上国际交易货币。然而这并不意味着美国不重要，实际上 1914 年美国 GDP 是英国 GDP 的 2.1 倍。当美国经济实力是英国的 2.1 倍时，美元仍然比不过英镑。直到 1924 年，美元才成为世界第一的国际交易货币。但此时的纽约还不是国际金融中心，世界领先的国际金融中心依然是伦敦。1924 年美国经济是英国经济的 3.2 倍。2014 年，美国经济是英国经济的 6.5 倍。英镑已经不是国际交易货币了，但伦敦仍然是一流的国际金融中心。当然，这些经济规模的比较，在今天看来没有可比性，经济环境也是今非昔比。但这百年的历史告诉我们，想要上海成为国际金融中心，人民币必须是国际交易货币。一旦人民币成为国际交易货币，就为中国建成一流国际金融中心创造了条件。

3.3.3　人民币国际化的新挑战：在岸市场与离岸市场如何协调

上海是人民币的本币中心，是在岸市场。但在人民币国际化的进程中，离岸市场发展显著快于在岸市场。这就涉及上海国际金融中心到底是进一步发展在岸市场还是积极发展离岸市场，以及海外人民币如何回流的问题。在资本项下不可兑换情况下人民币国际化安排走了很特别的路线，突出的表现就是人民币离岸市场的快速发展。离岸市场又必须和在岸市场连联系，但联系的正常通道在资本项下又受管制了。目前中国的制度设计是实行清算行制度，即通过清算行将境外人民币清算回国，这就形成了一种特别的模式——香港市场、伦敦市场、新加坡市场、首尔市场、巴黎市场、法兰克福市场都有清算行的安排。所以，人民币国际化的格局也被概括为"离岸市场＋清算行"模式。

在人民币国际化进程中，上海的代理行模式是在岸市场，香港和香港以外的清算行模式是离岸市场。但离岸市场的发展远远超过在岸市场的发展（见图

3.8）。人民币的绝大部分跨境贸易人民币结算业务和离岸业务都高度集中于中国香港（见图3.9）。2014年和2015年中国香港跨境贸易人民币结算的规模相比与境内的比重已经分别高达95.45%和94.45%。

上海和香港的人民币经常项下都是自由兑换，但香港在资本项下处于半自由兑换状态，也就是说人民币可以在资本项下回流到内地，而在上海人民币在资本项下是不可兑换的，海外人民币只有通过经常项下回流内地。在香港模式

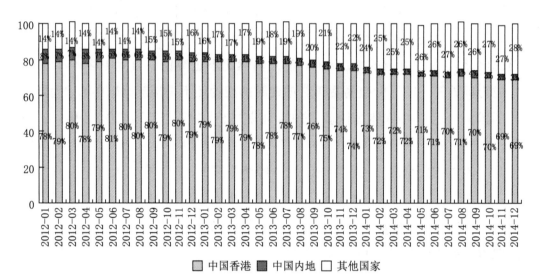

图3.8　人民币跨境清算发展中的在岸市场和离岸市场规模

资料来源：同图3.1。

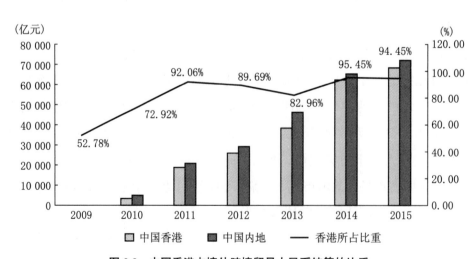

图3.9　中国香港占境外跨境贸易人民币结算的比重

下，海外美人民币可以在香港市场进行金融安排，然后通过清算行回流内地。香港的金融市场发达，人民币视为外币，可以进行人民币股票、人民币债券、人民币存款、人民币贷款、人民币衍生工具等各种金融安排。因此，要让上海本币市场发展起来，一方面要加快金融开放，尤其是资本项下开放，另一方面要大力提高金融市场的深度和效率。

3.4 推进人民币国际化的供给侧改革

3.4.1 人民币资产池的供给

人民币正式加入 SDR 货币篮子，代表着人民币的国际认可程度和影响力。有了国际货币基金组织的认可，未来人民币的国际使用范围和领域将会进一步扩大，人民币国际化进程会明显加快。人民币入篮将使得一些持有 SDR 资产的境外机构投资者会根据新的 SDR 篮子调整其资产配置，一些境外央行也将增持人民币作为储备资产，人民币在金融交易中的使用扩大，国际金融市场将会追捧人民币资产池。

在人民币国际化的进程中，中国也注重向外国投资者提供具有深度和较高流动性的高品质人民币资产池，这对于提升人民币国际使用程度发挥了重要作用。在包括香港、伦敦、新加坡和法兰克福在内的离岸人民币中心，人民币存款已经具备了一定规模。在这种情况下，中国增加离岸人民币资产的供给。例如，2015 年 10 月，中国人民银行在伦敦首次发行人民币债券，2016 年 8 月在伦敦发售人民币国债，这是首次在香港以外地区发售离岸国债。人民币资产的供给是人民币国际化的重要推动力。

3.4.2 金融开放和金融创新制度的供给

人民币正式加入 SDR 是中国经济融入全球金融体系的重要里程碑，有利于推动建立一个更具活力的国际货币与金融体系，而这又会支持中国和全球经济的发展和稳定。但在短期内，人民币入篮对国际货币与金融体系不会产生明显影响，然而对倒逼国内金融改革的影响更为显著。人民币入篮以及国际地位的提升来自中国经济实力的提升，人民币国际化的前行必须反过来服务于中国实体经济和产业的发展。

人民币要成为重要的国际储备货币，以及被广为接受的国际货币，必须依赖于国内的金融改革。人民币加入 SDR 将会倒逼国内金融开放与创新进程。货币类似于商品，出口商品到全世界销售是一回事，外国接受不接受该商品是另一回事。只有人民币资产具有稳定的收益和很强的抗风险能力，人们才会愿意接受、储备和使用。这需要国内具有长期、稳定、安全的人民币资产固定收益市场，这样的市场要求有深度和效率的金融市场匹配。

为人民币加入 SDR，中国在货币政策、货币框架、利率制度、汇率制度等方面进行了改革，尤其是采取了一系列有利于资本和金融账户开放的措施，包括在境外发行以人民币计价的央票、完善人民币汇率中间价机制、扩大银行间债券市场开放。中国在继续扩大金融市场规模的同时，将不断增强金融市场功能，拓展市场的深度和广度，丰富金融市场产品。借助自贸试验区金融改革的先行先试，积极稳妥推进人民币可兑换，加快金融市场对外开放。进一步拓宽境内外主体参与金融投资的渠道，支持符合条件的境外机构发行人民币债券，积极推进境外机构以人民币资金投资境内债券和其他金融市场，探索境外个人投资者直接投资境内金融市场的有效方式。

3.4.3 有深度有效率的金融市场供给

中国金融市场是人民币国际化的主平台，人民币国际化给中国金融市场建设提出了更高的要求。人民币要成为国际市场上广为接受的国际货币，离不开一个发达的、具有国际影响力的在岸金融市场。上海已经基本形成了包括股票、债券、货币、外汇、商品期货、金融期货与 OTC 衍生品、黄金、产权交易市场等在内的全国性金融市场体系，是国际上少数几个市场种类比较齐全的金融中心城市之一。人民币国际化要求中国成为全球性人民币产品创新、交易、定价、清算和业务中心，为人民币跨境投融资提供更加高效便利的市场平台，进一步扩大境外人民币回流的投资渠道，实现人民币良性循环。

人民币回流机制的关键是需要有深度有效率的金融市场。一方面，完善金融市场基础设施体系，建立便捷、高效的支付结算体系是推进人民币国际化的重要基础。美国的 CHIPS 系统（即纽约清算所银行间支付系统，主要进行跨国美元交易的清算），其跨境美元的清算量占全球跨境美元清算量的95%。另一方面，不断增强金融市场功能，拓展市场的深度和广度。中国不仅要丰富金融市场产品和工具，在推动股票、债券等基础性金融产品加快发展的基础上，发展各类 ETF 产品，推出以汇率、利率、股票、债券等为基础的金融衍生产品，而且要借助中国自由贸易试验区金融改革的先行先试，积极稳妥推进人民币可兑换，加快金融市场对外开放。

作为国际金融中心，上海要实现在岸人民币市场和离岸市场的协同发展。借助上海自贸试验区平台和香港模式发展人民币离岸市场，支持符合条件的境外机构发行人民币债券，拓宽和扩大境内外主体参与上海金融市场的渠道和规模，探索境外个人投资者直接投资境内金融市场的有效方式，加强与其他离岸人民币市场的合作，实现在岸市场和离岸市场的互动发展。这也是上海国际金融中心的优势，自贸区和离岸人民币市场实现有机统一，离岸人民币市场与在岸人民币市场实现有机互动。

上海要成为人民币回流的桥头堡，特别是资本项下人民币的回流机制，促进人民币"资产"和"负债"的协调发展。上海金融市场要便利人民币持有者用人民币对华进行贸易和投资。当人民币通过正常贸易渠道大量流出时，上海金融市场要有相应的制度安排，允许境外人民币回流国内，确保外国人可以使用人民币进行正常的跨境贸易结算和投资活动。通畅的人民币回流机制离不开人民币离岸和在岸市场的协同发展。香港是境外人民币的回流中心，上海向境外提供人民币。人民币的回流还离不开完善的人民币汇率形成机制，上海要健全外汇市场的交易品种和市场功能，推进外汇市场的国际化发展，逐步使人民币成为外汇市场上的重要品种，以此不断完善人民币汇率形成机制。

3.4.4　资本账户开放的先行先试

人民币国际化最终绕不过资本账户的开放，但资本账户的开放又必须采取渐进的方式。中国自由贸易试验区是先行先试的重要平台。

离岸金融市场是中国自由贸易试验区的重要发展方向，通过离岸金融市场和在岸金融市场的协调联动来推动中国金融的国际化和人民币的国际化。从现阶段的条件来看，上海自贸试验区开展内外分离型的离岸金融模式是合适且可行的。内外分离型离岸市场最鲜明的特征就是允许非居民对外币进行储蓄和借贷。内外分离型模式不仅可以使离岸金融市场脱离国内金融法律法规的束缚，便于吸引外资并获得国外金融机构的青睐，这有利于促进人民币国际化，同时还能保持国内金融市场发展的独立性，而且也不要求本币完全自由兑换。

依照"一线宏观审慎，二线有限渗透"的监管原则，上海自贸试验区企业不仅可以通过FT账户在区内开展投资汇兑、经常与直接投资项下的跨境资金结算，而且打通了境外人民币离岸市场低成本融资汇兑的路径。但设立上海自贸试验区的目的并不是建成一个"飞地"型的离岸中心，而是引领中国金融体系更高层次开放的示范区，这就需要在现有FT账户体系基础上进行进一步投融资汇兑创新，探索区内与境内区外之间的资金"后向联系"和管控模式。

自由贸易账户体系是下一阶段逐步实现资本项目可兑换所依赖的载体。自由贸易账户对于探索投融资汇兑便利、扩大金融市场开放和防范金融风险的制度安排，以及全面推进自贸区金融功能扩展和便利实体经济投融资活动具有重要作用，是金融市场功能扩展的重要推动力。一方面，促进投融资汇兑便利、扩大金融市场开放，并依托自由贸易账户率先建设现代跨境金融监管框架；另一方面，创新跨境财富管理工具以提升金融配置资源的功能。通过自由贸易账户对接海外金融市场，拓宽全球化配置资产的功能。

4 房地产市场风险防范及稳定发展

2016 年中国房地产市场的各项指标都达到历史新高，表现出一线城市房地产市场成交及价格上涨迅猛，中小城市库存去化缓慢，金融杠杆风险累积，土地财政依然在部分地区较为严重等问题。同时，随着中国经济与世界经济的联系日益紧密，中国房地产市场受国际经济环境变化的影响日益明显，美元加息、欧洲经济不稳定等问题，都为未来中国房地产市场的发展产生一定的潜在影响。2016 年底，中央经济工作会议对未来中国房地产市场的稳定健康发展提出了总体要求，对建立符合市场规律的长效机制、解决产业发展中的矛盾问题、防范系统性的产业风险提出了具体的规划。房地产市场是房地产业运行的缩影。按照经济学规律，市场的稳定来自供需关系的稳定，包含了生产要素供给的稳定和分配机制的合理，以及不断解决产业发展中的各类矛盾，建立风险防范和应对机制。本章沿着以上逻辑，对当前房地产市场发展的潜在风险和主要矛盾进行分析，对建立风险防范机制进行有针对性的思考。

4.1 对中国房地产市场潜在风险的基本认识

4.1.1 中国房地产市场出现系统性风险的概率较低

房地产商品的异质性，即由土地的不可移动造成的每个房地产商品具有唯一性、不可复制性，决定了大型经济体房地产市场不易发生系统性风险。除了土地这一基本决定因素外，社会、文化等多个层面的因素进一步固化了房地产商品的异质性。

大型经济体房地产市场的区域性差异非常明显，尽管各区域房地产市场都受到宏观经济大环境影响，但是相互之间的联动性有限。房地产商品的异质性造成了不同区域的房地产市场天然是分割的，甚至可以近似看作为不同的商品。对于小型经济体，房地产的区域性特点不明显、甚至只有一个区域，往往出现同一时间点上房地产崩盘，进而引发经济危机。

深入观察房地产商品特殊的价格传导机制，并从大型经济体的角度来分析，各个区域间的房地产市场价格波动不会出现严格意义上的多米诺效应，更不会出现短时期发生全面或集中崩盘的系统性风险。

中国作为一个大型经济体，并且由于历史上行政计划的延续，不同区域的房地产市场的联动性远远小于完全市场经济国家，因而各个区域房价在上涨一段时间后，往往会呈现区域分化的特点，因此中国出现全国性的房地产崩盘的概率非常之小。这表现为：

第一，中国房地产市场仍然有着较强的刚性需求，难以出现全国性房地产价格大幅下跌。中国目前具有中高速的经济增长率、较低的通胀和相机抉择的政策调控机制，居民收入持续增长，自主性需求和改善性需求还较为旺盛。并且，中国城镇化率远低于发达国家平均水平，随着中国城镇化的稳步推进，城镇化引致的住房需求也将保持稳定增长。

第二，个人购房贷款占比大、质量高，不会爆发"次贷"式风险。目前中国个人住房贷款余额占房地产领域贷款的2/3，因此个贷资产质量直接决定了房地产领域的贷款质量和金融风险。事实上，中国个人住房贷款资产质量一直很高，不良率不到1％。

第三，中国财税和货币政策较为稳健，不存在"次贷"式的不当政策诱因和金融体系缺陷。从过去十余年中国的货币政策与房贷政策看，并未出现如2001—2005年美国的过度宽松货币政策和房贷政策，总体上仍属于谨慎状态。因此，中国目前不具备爆发"次贷"式危机的基本条件。

第四，大型房地产开发企业占比大，抗风险能力强。2013年底，中国上市的房地产企业资产负债率已降至50％左右，远远低于金融危机期间90％的水平。过去几年，前50大房企的市场份额不断上升，行业集中度提高带来更强的抗风险能力。大型房地产企业不仅自身资金实力强，而且其开发的项目所在区域地理位置较为核心，具有较强的抗风险能力。从国外房地产危机看，各核心区域、资源稀缺地域的房地产项目较为抗跌，具有较强的抗风险能力。

4.1.2 当前中国房地产市场的潜在风险仍然存在

1. 库存问题整体改善，但仍任重道远

（1）全国整体库存情况改善，但区域分化明显。

根据统计局公布的数据及 CRIC 采集的数据，截至 2016 年 10 月底，35个城市新建商品住宅库存总量为 23 726 万平方米，环比减少 1.4%，同比减少10.8%（见图 4.1）。2016 年前 10 个月，全国 35 个城市新建商品住宅库存总体处于下滑态势，体现出较好的去库存导向。若从同比增幅看，已出现连续 15个月的库存同比下跌。

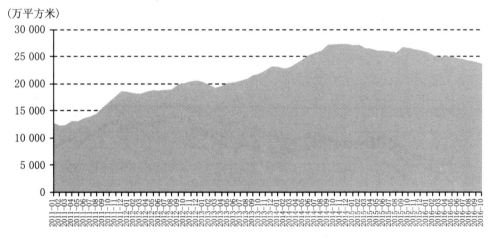

（万平方米）

图 4.1　35 个城市新建商品住宅库存量

资料来源：各地官方房地产信息网。

同时，虽然全国整体去库存情况良好，城市之间库存状况的分化却正在加剧。截至 2016 年 10 月，35 个城市中，有 12 个城市库存出现了同比增长现象。其中淮南、济宁和太原 3 个城市的库存上升幅度较大，同比增幅分别达到 41.6%、37.3% 和 31.5%（见图 4.2）。同时，35 个城市中，有 23 个城市的库存出现了同比下滑态势，其中合肥、南京和上海的同比跌幅较大，跌幅分别为 59.9%、55.0% 和 46.5%。一二三线城市之间的库存量的去化走势分化明显（见图 4.3）。

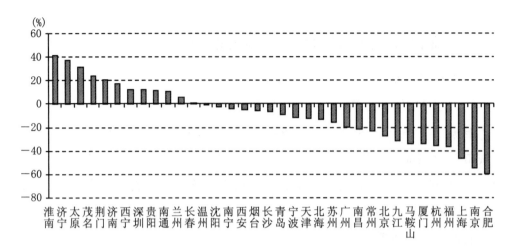

图 4.2　35 个城市新建商品住宅库存量同比增幅排序

资料来源：各地官方房地产信息网。

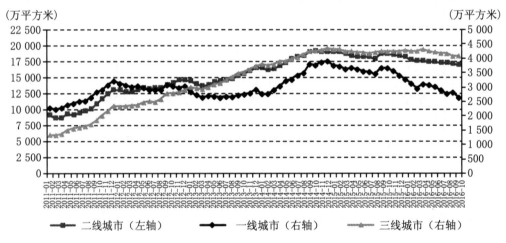

二线城市（左轴）　　一线城市（右轴）　　三线城市（右轴）

图 4.3　一二三线 35 个城市新建商品住宅库存量

资料来源：各地官方房地产信息网。

（2）库存的风险体现在去库存政策的制定、去库存的方式和高库存所累积的金融风险。

第一，中国房地产市场对政策因素影响较为敏感，房地产业去库存政策需要解决的主要问题是区域房地产市场的分化，以及在市场分化条件下政策的差异化制定。尤其是在货币的流向和货币杠杆使用方面实现整体的管控。避免在库存问题相对不严重的地区，由于货币和杠杆的大量使用导致房价高涨，而库存问题严重区域居民支付能力没有得到有效加强，从而导致市场不景气的问题。

第二，要避免市场预期与政策预期叠加构成的去库存政策"失灵"风险，防止经济结构固化干扰供给侧结构性改革的实施。同时，也要避免货币超发引发资产价格脱离实际的泡沫化趋势。高度警惕一线城市房价继续大涨并蔓延至二三线城市，防止引发新一轮泡沫膨胀。

第三，在去库存的方式方面，政府实行稳增长的"加杠杆去库存"等逆周期刺激政策虽可推行，但需要考虑后果和代价：一是在市场自发资源配置下将致使房地产市场继续分化加剧；二是房地产杠杆率的增加将导致风险敞口的不断扩大；三是居民过度增加杠杆率参与融资，将影响中国经济由投资和出口驱动向消费驱动的转型升级。

第四，去库存"逆结构"调整趋势明显。当前，中国去库存的目的主要是解决三四线城市及部分二线城市的库存压力，虽然政府出台了诸多刺激政策，但城市人口流动结构的差异难以在短期内促使三四线城市购房需求回升。应警惕出现"逆结构"调整的趋势，以免造成一部分地区房地产价格泡沫，另一部分地区市场仍然疲软。

第五，库存本身也是金融系统性风险的潜在来源。中国房地产业杠杆率已超出国际警戒线，无论是开发商还是购房者，均与银行信贷密切相关，过低的利率和信贷膨胀扭曲了资源配置。中国过去十多年市场积累的泡沫尚未消化，大量房屋囤积在投机者手中，一旦市场预期发生变化，就会产生恐慌心理大量抛售房屋，若房价快速下降难以支撑不断扩大的高杠杆率，那么就会产生多米诺骨牌效应，导致银行坏账增加。

2.城市间房价涨幅趋同，但在价格传导效应下，价格泡沫风险将有所蔓延

根据国家统计局1月18日公布的《2016年12月份70个大中城市住宅销售价格变动情况》，二类城市中，三线城市的房价增幅最大（见图4.4）。一线城市调控政策相对紧，所以近期房价上涨态势也得到了较好的抑制，从目前数据来看总体上处于不涨不跌的状态。二线城市中，此前部分热点城市的房价上涨态势得到了抑制，但其他一些城市依然有比较明显的房价上涨现象。三线城市政策总体宽松，受一二线城市政策调控的影响，部分城市近期购房节奏总体较快，房价上涨幅度超过了一二线城市。

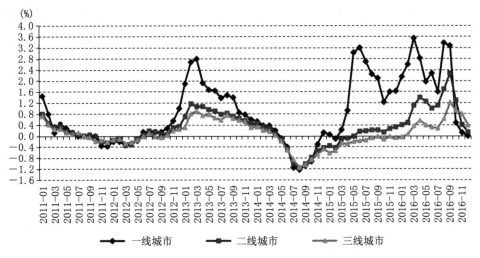

图 4.4　一二三线城市新建商品住宅价格环比增幅走势

资料来源：国家统计局、易居研究院。

同时，2016 年 12 月份一二三线城市新建商品住宅价格指数同比增幅分别为 27.1%、13.9% 和 6.2%（见图 4.5）。相比 11 月份 29.0%、14.2% 和 5.8% 的数值而言，一二线城市有所收窄，而三线城市则有所扩大。一线城市在此前出现连续三个月增幅收窄的基础上，8—9 月份继续扩大，到了 10—12 月份重新收窄。二线城市总体上也呈现了见顶的迹象。对于三线城市而言，后续也要提防房价同比增幅继续扩大的风险。

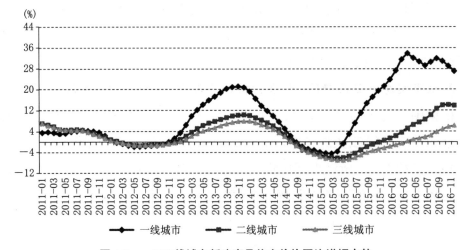

图 4.5　一二三线城市新建商品住宅价格同比增幅走势

资料来源：国家统计局、易居研究院。

一二线受限城市房价抑制，流动性溢出带动周边房价上涨，金融风险会向中小城市蔓延。例如，深圳和广州新建住宅价格指数（当月同比）在2010—2011年间受政策调整，同比增速下滑幅度较大。与此同时，惠州房价增速缓慢攀升（见图4.6）。

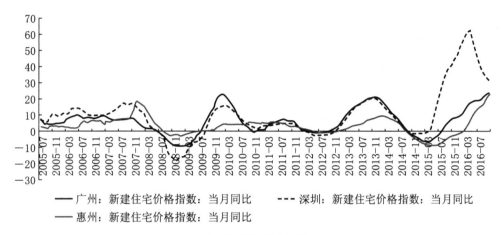

图4.6 广州深圳惠州房价联动趋势

资料来源：Cric数据库；地方统计局。

3.局部土地财政问题依然明显

相关数据显示，从1995年至2014年，全国每年的土地出让收入由400多亿元猛增到4.29万亿元，增长了近100倍。截至目前，50大城市卖地1.77万亿元，其中九成城市卖地收入超过百亿元，苏州、南京、上海、杭州卖地金额更是突破千亿元。高企的土地财收，对因经济疲软而财源吃紧的地方政府来说作用不言而喻。2016年，重点城市土地市场更是成为房企争相抢夺的对象，不计成本拍地更是屡见不鲜，为此，许多一二线城市楼面地价已占到商品房销售价格的50%以上。以北京为例，住宅平均楼面地价从2012年的7 323元上升到2016年的21 634元，年均复合上涨31%；2012年地价与当年房价的比值为44%，2016年上升到70%，这意味着只有房价大幅上涨开发商才可能盈利。

过于依赖土地财政的后果就是，地方债务的偿还逻辑陷入了一个困境：为了避免出现违约风险，则必须确保地方政府的土地收益；而为了防止房地产泡沫，又不能放松对房地产的调控。有数据表明，在过去的十几年间，随着卖地收入的高企，地方政府的负债也超过了 20 万亿元，还不包括被政府转移到平台公司的债务。实际上，多数地方的政府债务已经达到一年可用财力的 3 倍以上，有的则高达 5—10 倍。

4. 去杠杆问题的复杂性也是潜在的风险之一

（1）与国际相比，中国整体杠杆率仍有上行空间。

根据社科院国家金融与发展实验室的研究，截至 2015 年底，中国债务总额为 168.48 万亿元，全社会债务率为 249%，其中，居民部门债务率约为 40%，宽口径统计，非金融企业部门债务率 156%，政府部门债务率约为 57%。根据国资委的数据，2016 年 1—6 月份国企负债总额 835 497.2 亿元，同比增长 17.8%，而同期名义 GDP 增速为 7.24%，那么，国企债务率的增速为 9.84%。此外，财政部发布的数据显示，2016 年上半年，全国一般公共预算支出超 8.9 万亿元，同比增长 15.1%，但财政收入增长只有 7.1%，这意味着财政支出是收入的两倍以上，中央加杠杆和地方的杠杆水平都比较高。

2016 年 6 月 23 日国家发展改革委、财政部等部门的相关负责人在国新办吹风会上对中国债务率的分析认为，中国的整体债务和杠杆率不高；中国的债务情况各领域不均衡，非金融领域较高；中国政府债务对 GDP 比率到 2015 年为 39.4%。加上地方政府负有担保责任的债务和可能承担一定救助责任的债务，2015 年全国政府债务的杠杆率上升到 41.5% 左右。上述债务水平低于欧盟 60% 的预警线，也低于当前主要经济体。

这意味着，政府和居民部门未来还有继续加杠杆的空间，如政府部门加到 60%，也仅仅是达到欧盟预警线的水平，而居民的杠杆率水平，美国大约是 80%，是中国的两倍，日本也在 65% 左右，欧元区在 60% 左右，故中国居民继续加杠杆的空间应该也可以从目前的 40% 提高至 60%。从这两项看，居民和政府部门合计可以把债务率水平提高 40% 左右。

（2）去库存、去产能、降成本等政策目标与去杠杆有所矛盾，在稳经济、调结构的背景下，去杠杆有一定阻力。

去库存，最重要的是提升居民购买力。在当前的宏观经济水平下，显著地提高居民的购买力只有靠加杠杆。同时，居民加杠杆的趋势将有一定时间的延续，原因在于对一二线城市房价上涨的预期较高。假如今后五年房价维持在高位不跌，这意味着房价收入比仍然很高，居民购房的杠杆率水平也会继续提高。

从政府债务率的角度看，中国经济过去是欠账式增长，今后若要继续保持增长，则必然负债式增长，故政府部门的杠杆率提升是必然趋势。无论是当今的积极财政政策，还是 PPP 投资模式，都会加大政府的债务水平。

企业杠杆率过高问题是有两个路径，一种是新一轮高增长周期启动，企业盈利提高，则债务率有望回落。另一种情形则是发生危机，如美国的次贷危机，通过企业破产倒闭来去杠杆，即经济硬着陆。去产能正是为了避免中国实体经济的硬着陆，然而去产能调结构促进企业的发展，加杠杆仍然是非常重要的政策工具。

2016 年居民新增房贷估计超过 4 万亿元，比上年增长 60％以上，假如今后四年房贷零增长，即每年新增量维持在 4 万亿元，则 2016—2020 五年居民新增房贷就会达到 20 万亿元，故到 2020 年居民部门债务率可能达到或超过 60％（如果再加上其他消费贷）。如果政府部门的狭义债务率也从当前的 40％左右提升到 60％，那么，到 2020 年，仅居民部门和政府部门两项的债务率就将提高 40％；假定 2016 年全社会总债务率为 270％（如前计算为 272.5％），非金融企业部门的债务率维持不变，那么至 2020 年的总债务率将达到 302％。

（3）2017 年杠杆率仍将有所提高，在新一轮调控下，金融风险累积将加剧。

2016 年房地产市场发展迅猛，购房积极性异常活跃。各地商业银行也持续看好房贷市场，进而加大了放贷规模。2016 年全年的贷款增加规模已超过 2014 年和 2015 年的总和。

从房地产个人贷款余额来看，也呈现了快速增长的态势（见图 4.7）。从 2003 年 1.2 万亿元的规模，上升到了 2016 年上半年约 17 万亿元的规模（全年规模预测为 19.42 万亿元）（见图 4.8）。短短 13 年间，该指标增长了近 15 倍。

个人房贷／房地产贷款指标体现了个人房贷、企业开发贷等比重关系，一定程度上体现了商业银行的信贷偏好和信贷方向。2015 年受各类利好因素的

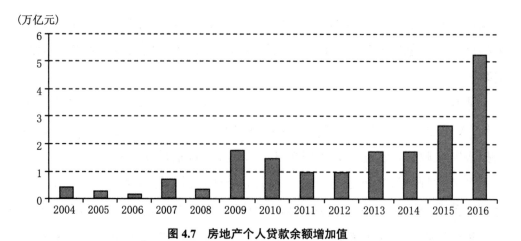

图 4.7　房地产个人贷款余额增加值

资料来源：中国人民银行。

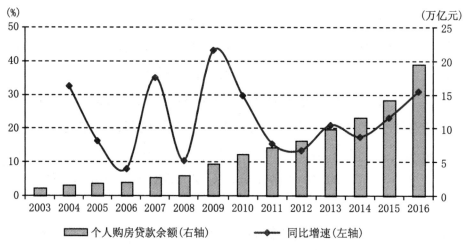

■ 个人购房贷款余额（右轴）　—◆— 同比增速（左轴）

图 4.8　房地产个人贷款余额及同比增速

资料来源：中国人民银行。

影响，该指标继续攀升，达到了 67.5%。而到了 2016 年，根据此前的测算值，该指标达到了 72.46%（见图 4.9）。从近两年该指标的变动可以看出，商业银行持续看好购房市场的发展，在贷款方面的活跃。一方面体现出个人房贷业务相对于房企贷款业务，更受商业银行偏好，所以贷款的比重会持续攀升。另一方面也和个人房贷政策宽松力度较大有关。

个人房贷余额/GDP 的指标，很大程度上说明房地产市场和宏观经济的关系，同时也是衡量资产泡沫的一个重要指标。从图 4.10 中可以看出，个人贷款占 GDP 得比重逐年升高，即居民杠杆率逐年升高。

图 4.9　个人房贷／房地产贷款比重

资料来源：中国人民银行。

图 4.10　个人贷款余额 /GDP 的比重

资料来源：中国人民银行、国家统计局。

4.2　中国房地产市场潜在风险的成因

4.2.1　宏观经济及产业发展模式决定了风险将长期存在

首先，中国经济在短期内难以改变稳增长依赖投资的局面。

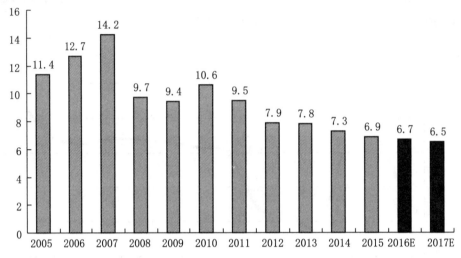

图 4.11 2016 年 GDP 增速及 2017 年预测

资料来源：国家统计局。

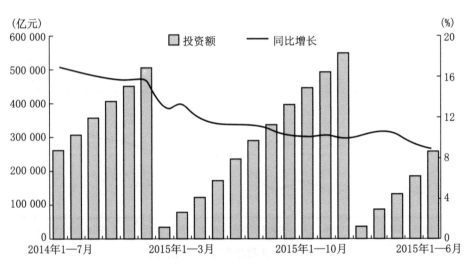

图 4.12 2016 年投资额增速走势

资料来源：国家统计局。

其次，经济结构不断改善，消费仍是促进经济增长的主要动力。

再次，新一轮调控及经济增速放缓，中小城市的住房消费进一步下行。房
地产销售放缓影响居住类商品消费，例如家具、家用电器、建筑及装潢材料等
（见图 4.15）。若房地产调控政策导致部分城市房价下降、购房者财产缩水，在

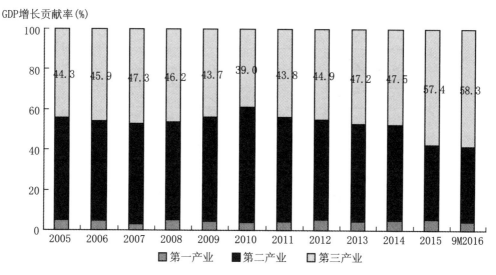

GDP增长贡献率(%)

图4.13 第三产业贡献率逐年提升

资料来源：国家统计局。

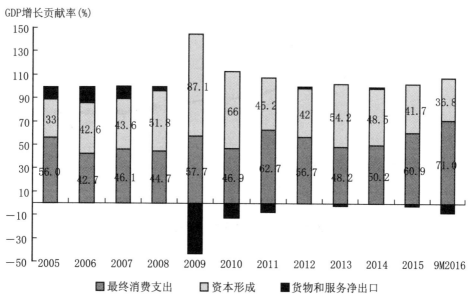

GDP增长贡献率(%)

图4.14 消费贡献率逐年提升

资料来源：国家统计局。

短期内可能通过财富效应抑制家庭消费倾向。同时，由于整体宏观经济的下行，导致支付能力的下降，也将进一步影响住房消费（见图4.16）。

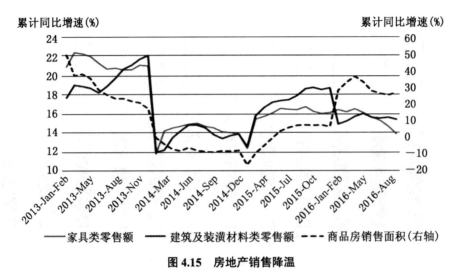

図4.15 房地产销售降温

资料来源：国家统计局。

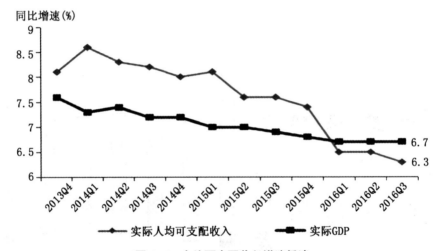

图4.16 人均可支配收入增速低迷

资料来源：国家统计局。

最后，基建投资仍是稳定增长的关键，房地产投资将明显下滑。

从固定资产投资的各项构成来看，基建投资仍是稳投资的关键（见图4.17）。预计2017年仍将延续稳增长靠投资、稳投资靠基建的发展趋势。2016年"十一"黄金周期间，包括北京、上海、南京、厦门、杭州、深圳、苏州等18个一二线城市出台了房地产调控政策，大幅提高限购或限贷标准，并提高首付比例。统计局随后公布的数据显示，调控后出现量价降温。有 15 个一线和热点二线城市新建商品住宅价格在 10 月上半月的环比涨幅较 9 月有所下降；多数城市 10 月上半月的网签成交量比 9 月下半月明显下降。调控政策还陆续扩展到土地市场和信贷市场。随着房地产销售降温、开发商融资渠道收紧，预计 2017 年房地产投资增速将出现明显下滑（见图 4.18）。

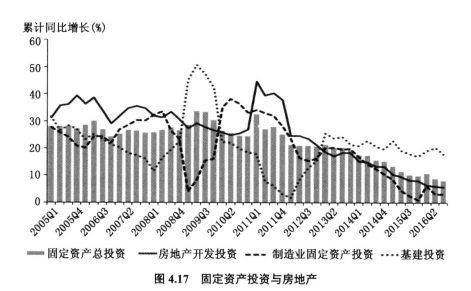

图 4.17　固定资产投资与房地产

资料来源：Wind 数据库；国家统计局。

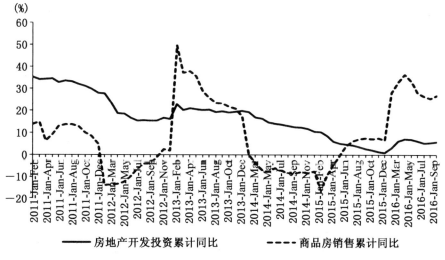

图 4.18　房地产开发投资与商品房销售

资料来源：Cric 数据库；国家统计局。

4.2.2　生产要素投入的边际效用递减，行业转型迫在眉睫

按照柯布—道格拉斯生产函数的分析轨迹，产业的发展是由生产资料投入和技术进步决定的：

$$Y = A(t)L^{\alpha}K^{\beta}\mu$$

中国房地产业的快速发展，从 2000 年以来房企竣工面积等指标可以看出（见图 4.19）。此类指标从生产函数的角度看即 Y 呈现了快速持续性的增长态势。如果考虑到商品房销售均价上涨的因素（见图 4.20），用金额衡量的房地

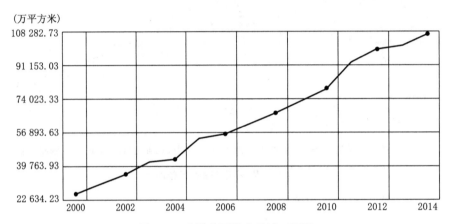

图 4.19　房地产开发企业竣工面积

资料来源：国家统计局。

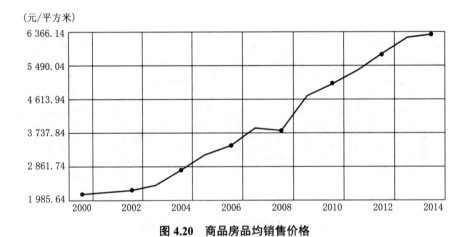

图 4.20　商品房品均销售价格

资料来源：国家统计局。

产产值则会呈现更快的上涨态势。

　　房地产业的快速发展，离不开劳动力 L 的持续性投入。观察历史数据，房地产开发企业就业人数呈现出明显的上升态势（见图 4.21）。

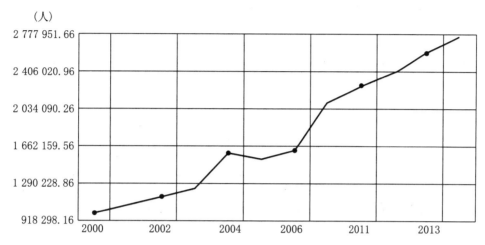

图 4.21　房地产开发企业就业人数

资料来源：国家统计局。

　　2000 年开始国有房地产开发企业就业人数反而有所下降，从侧面体现出该阶段民营房企数量在增加（见图 4.22）。相应地，数量不断增加的民营房企吸纳了更多的劳动力资源。相比开发企业，整个产业链如中介服务、物业管理吸纳的劳动力更多。

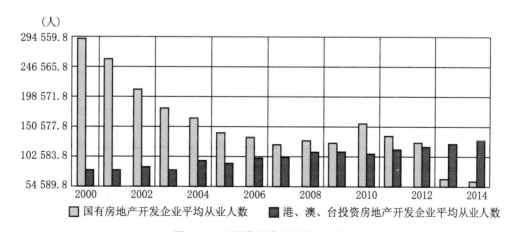

　　□ 国有房地产开发企业平均从业人数　　■ 港、澳、台投资房地产开发企业平均从业人数

图 4.22　不同类型房企的就业人数

资料来源：国家统计局。

房地产业对于资本投入 K 的要求比较高，由于房地产开发周期、运营周期相对长，需要资本的投入有相当强度兼具有可持续性。观察历史数据，房地产开发企业资金来源的规模呈现了快速的上升（见图 4.23），与此相应，房企的开发投资额等指标也呈现了快速的攀升（见图 4.24）。

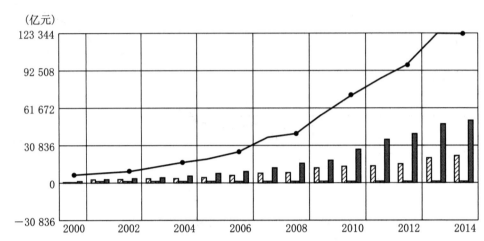

图 4.23　房企各类资金来源情况

资料来源：国家统计局。

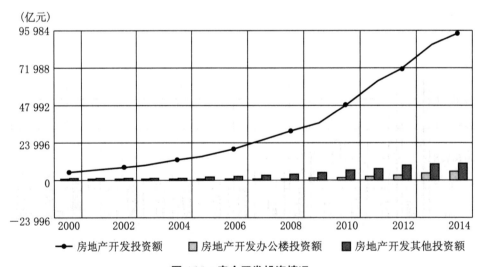

图 4.24　房企开发投资情况

资料来源：国家统计局。

生产弹性对于产业的影响是基于生产要素边际产出的效应而释放的。如果其他条件不变，一般情况下，边际产出有递减的趋势（见图4.25）。因此，生产要素持续投入的生产方式本质上是不可持续的。

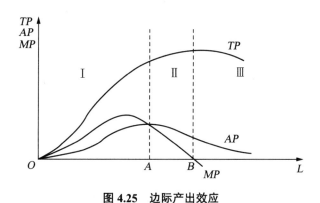

图 4.25　边际产出效应

4.2.3　供给与需求的复杂性

中国房地产市场的风险也来自其自身供给与需求双方实现均衡的过程。

1. 供给的复杂性

中国房地产市场的供给是双体系的，即完全遵循市场规律的供给机制和政策性的供给机制（见图4.26）。双体系的供给机制保证了尽量多样化的需求，但同时双重机制的存在也为产品的供给和市场的均衡带来一定压力，在生产要素和政策的供给方面也构成了一定的复杂性（见图4.27）。

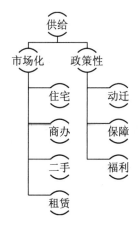

图 4.26　中国房地产市场供给结构

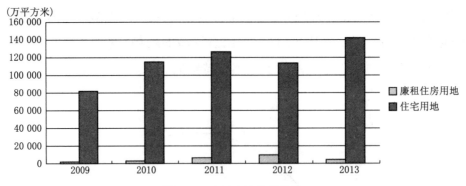

图 4.27　中国土地供给结构

资料来源：国家统计局。

2. 需求的复杂性

需求的复杂性与供应的双体系直接相关，同时也是构成市场均衡复杂性的主要原因之一（见图 4.28 和图 4.29）。需求的多重性与支付能力有关，还与人的住房需求的复杂性有关。

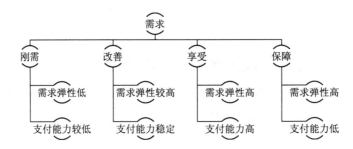

图 4.28　中国房地产市场需求结构

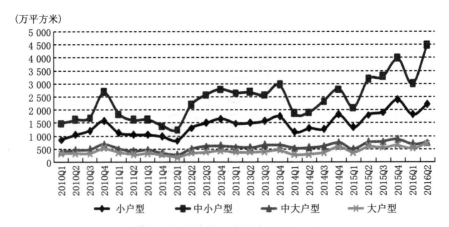

图 4.29　中国房地产市场产品成交结构

资料来源：Cric 数据库。

4.2.3　调控政策的短期性与无差别化

　　房地产宏观调控政策，对于引导市场供求关系、改变市场预期等都有较为明显的影响作用。宏观调控政策分为财政政策和货币政策。其中，财政政策主要影响交易过程；货币政策则直接与购买行为有关。中国房地产市场的区域差异性、供给和需求的复杂性，都对宏观调控的差异化和有针对性提出了更高的要求。当前中国房地产宏观调控政策体系还未能建立有效的长效机制和差别化政策细分，因此政策体系的不稳定也将对市场的稳定构成一定的风险。

　　1. 货币政策的主要工具是货币供应和信贷水平，二者同时对企业经营和支付能力产生影响

　　货币供应规模对于房地产业的发展有重大的作用。从实际情况看，货币供应量增加，市场上的流动性会更加宽裕（见图 4.30），这个时候可以显著影响房地产业的资金规模和资金成本，即可贷资金规模增加、贷款利率降低；反之亦然。货币供应还会影响到支付能力及购房需求等。

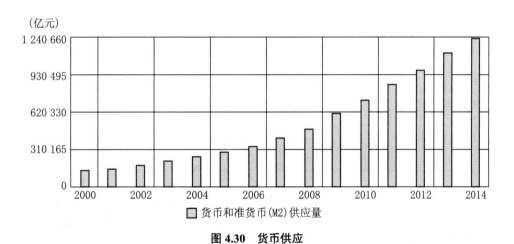

图 4.30　货币供应

资料来源：国家统计局。

　　信贷规模的变动对个人购房贷款的规模产生影响，进而影响购房支付能力。从图 4.31 支付能力的影响模型可以看到，支付能力由宏观经济环境、信贷政策和其他支持性政策决定，而支付能力决定了真实的需求。

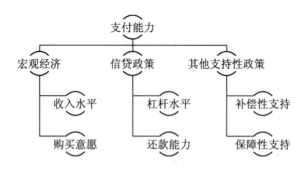

图 4.31　个人支付能力构成

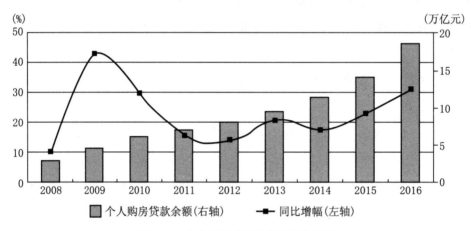

个人购房贷款余额(右轴)　—■—同比增幅(左轴)

图 4.32　个人购房贷款余额及同比增幅

资料来源：国家统计局。

同时，支付能力与房价的对比，也可以反映市场运行的合理化水平。在此，可以用房价收入比来直观描述。房价收入比，即住房价格与城市居民家庭

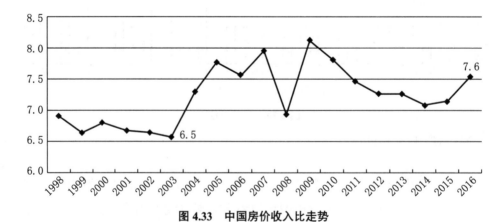

图 4.33　中国房价收入比走势

资料来源：上海易居房地产研究院数据。

年收入之比；价收入比越高，支付能力越低，成交量越低；但房价收入比降低，并不能显著带来成交量的提升。从图 4.33 可以看出，支付能力的下降是构成市场风险的重要潜在要素。

在货币政策方面，信贷规模的变动还影响着企业的融资环境和融资成本（见图 4.34），进而影响包括拿地在内的投资行为（见图 4.35 和图 4.36）。

图 4.34 银行利率和土地均价走势

资料来源：中国人民银行；Cric 数据库。

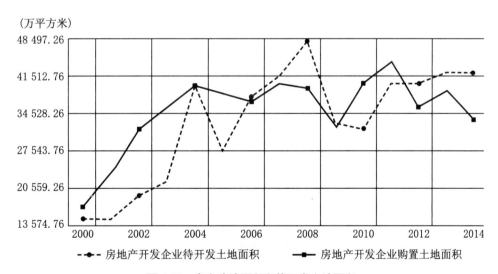

图 4.35 房企购地面积和待开发土地面积

资料来源：国家统计局。

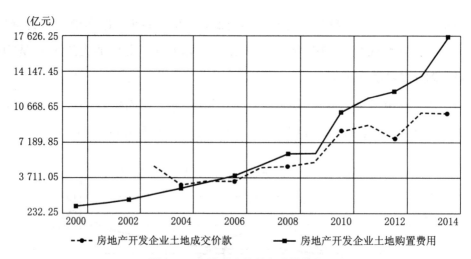

图 4.36 土地成交价款和购置费用

资料来源：国家统计局。

2. 财政政策规范交易行为和生产要素的供给,如土地政策和税收政策等

2016 年主要财政政策见表 4.1。

表 4.1 2016 年主要财政政策

发布机构	发布时间	文件名	内 容
国务院	7 月 27 日	《关于实施支持农业转移人口市民化若干财政政策的通知》	按照市场配置资源和政府保障相结合的原则,鼓励农业转移人口通过市场购买或租赁住房,采取多种方式解决农业转移人口居住问题。中央财政在安排城市基础设施建设和运行维护、保障性住房等相关专项资金时,对吸纳农业转移人口较多的地区给予适当支持。
住建部	8 月 9 日	贯彻《法治政府建设实施纲要(2015 ~ 2020 年)》的实施方案	根据房地产市场分化的实际,坚持分类调控,因城施策。坚持加强政府调控和发挥市场作用相促进,使房地产业与经济社会发展和群众居住需求相适应。建立全国房地产库存和交易监测平台,形成常态化房地产市场监测机制。实施住宅用地分类供应管理,完善和落实差别化税收、信贷政策。建立公开规范的住房公积金制度,改进住房公积金提取、使用、监管机制,支持居民合理住房消费。
住建部、国家发改委、工信息部、人民银行、税务总局、工商总局、银监会等七部门	8 月 16 日	《关于加强房地产中介管理促进行业健康发展的意见》	一要规范中介机构承接业务; 二要加强房源信息尽职调查; 三要加强房源信息发布管理; 四要规范中介服务价格行为; 五要规范中介机构与金融机构业务合作; 六要规范中介机构涉税服务。

资料来源：上海易居房地产研究院。

4.2.4 国际经济环境的影响

1.全球经济背景下,贸易状况堪忧

在全球经济复苏缓慢、需求萎靡、贸易衰退的大背景下,中国的出口恐继续承压(见图4.37)。此外,国际经济和政治不确定性较大,英国脱欧公投、特朗普当选新一届美国总统后,欧盟和美国对于中国出口产品的政策可能更为严苛,对中国的出口形势产生不利影响。同时,尽管国际大宗商品价格有回升迹象,但国内经济深度调整、需求有限。

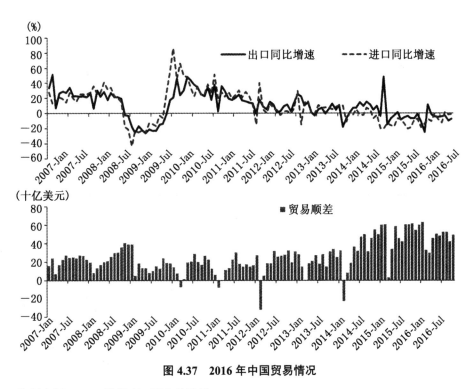

图4.37 2016年中国贸易情况

资料来源:Wind数据库;国家统计局。

2.美元持续走高和人民币持续贬值的空间都有限

人民币下行压力加大。2016年10月起,人民币已开启宽幅波动态势。但贬值的幅度有限,人民币兑美元相对汇率的走势亦取决于两国货币当局及政府的态度。中国经济的发展需要一个较为稳定的汇率环境,而处于加息大背景下的美国也不希望美元过于强势影响本国经济和外交。所以,美元"稍"强、人民币"稍"弱很可能是两方博弈的最终结果。

从历史经验看，2015 年 12 月美国加息之后，美元指数并未持续走高，而是开始了一轮下跌（见图 4.38）。美元走强主要发生在加息预期逐渐消化的前期，而在真正加息之后，美元指数则开启了一轮跌势，由 100 左右的高位一度下跌至 93 左右。另外，美元的走势是影响美国自身经济和外交关系的重要因素之一。从主观上来说，美国自身并不希望美元过于强势以至于影响本国出口和本国经济，更不希望美元强到"没有朋友"。因此美元不会一直持续走高。

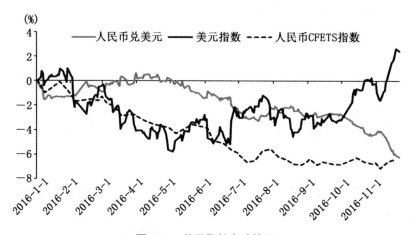

图 4.38 美元指数变动情况

资料来源：中国人民银行。

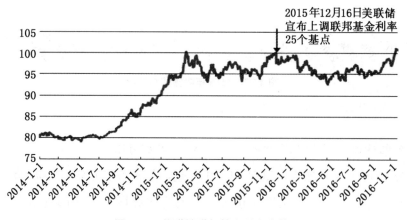

图 4.39 美联储联邦基金利率走势

资料来源：Wind 数据库。

同时，境外机构对人民币债券需求不断增加，2016年9月末，境外机构和个人持有人民币债券规模达到近8 060亿元，创历史新高。境外机构和个人持有人民币金融资产的规模虽然较2015年二季度末4.59万亿元有所回落，但2016年前三季度一直保持在3.3万亿元左右。从资产结构来看，主要减少的是人民币存款，对债券的需求则连续7个月增加（见图4.40）。随着境内债券市场向境外投资者加大开放力度，预计未来外资对人民币债券的需求将持续增长。人民币正式加入SDR后境外主体配置人民币资产的需求提升也将促进跨进资本均衡流动。因此，人民币也不会一直贬值下去。

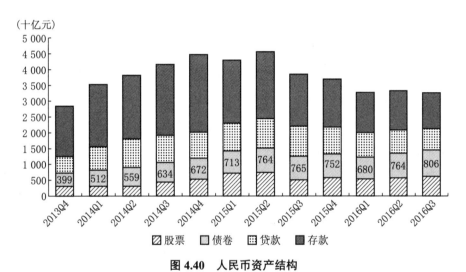

图 4.40 人民币资产结构

资料来源：Wind 数据库；中国人民银行。

4.3 防范房地产市场风险的对策建议

4.3.1 建立多层次的供应体系：低端有保障，中端有市场，高端有约束

楼市调控的逻辑一直是侧重需求端，不管是限购、限贷抑或是购房和户籍政策挂钩，均如是表现。然而，当前的楼市形势已经表明，楼市的需求端是有限的，2014年以来，中央出台了一系列的楼市托举、刺激住房消费的政策。托举政策对于稳定房地产市场，防止房地产硬着陆具有重要作用。但也存在诸多后遗症，且无法从根本上解决房地产问题，比如利好集中一线城市，放大一线城市房价泡沫，再增三四线城市供应等。

以刺激需求为主的房地产托举政策并不能从根本上解决中国房地产问题，进而促进房地产持续健康发展。由此来看，让房地产市场回归消费品，力推房地产的供应侧改革是从根本上解决当前的房地产问题，促进房地产持续健康发展，也是建立房地产长效机制的重要任务。

政府将坚持市场与保障并重，市场经济和行政指导并用，最终逐步淡出调控为主的发展方向进行。整体而言，目前绝大部分购买者的购房需求和购买能力均不属于高端市场。更多应该用市场行为来调控，而不是一刀切的行政限制。对于中端和低端要坚持市场和行政保障并存的调控形势。尤其是要改变过去将低端市场全部推向市场的错误做法。不仅如此，未来对于高端市场在限制其土地供给量的同时应该大力发展租赁房市场。可以采取增加保有环节成本或者是加大交易税等手段增加高端需求的潜在成本，间接补贴租赁房市场。与此同时，加大普通住房和保障房市场土地供应，满足市场正常的刚性需求和改善需求。最后对于本身已经无能力进入商品化市场的购买者，通过保障房、公租房等非市场化手段解决其居住问题。

在建立多层次的供应体系之下，进一步调整产品供应结构，是市场供求平

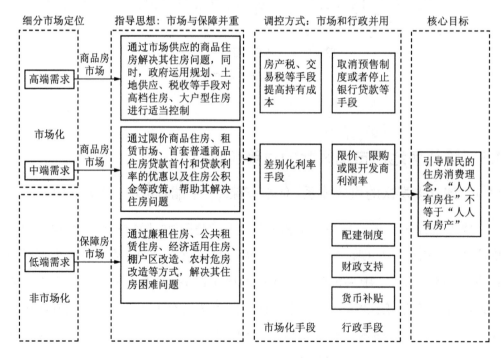

图 4.41 多层次的供应体系

衡的大势所趋（见图4.41）。家庭结构的小型化，使得小户型成为市场需求的热点，也成为未来市场调结构的重要方向。

4.3.2 加快建立房地产宏观调控的长效机制

1. 基于四大关系，构建政策体系

2013年10月29日中共中央政治局会议中，习近平总书记就曾经对房地产业未来的发展模式进行过指导性论述。他指出，加快推进住房保障和供应体系建设，要处理好政府提供公共服务和市场化的关系、住房发展的经济功能和社会功能的关系、需要和可能的关系、住房保障和防止福利陷阱的关系（见图4.42）。

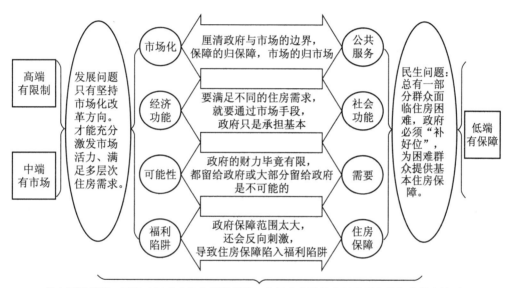

从中国国情看，要构建以政府为主提供保障、市场为主满足多层次需求的住房供应体系，即做到"高端有限制、中端有市场、低端有保障"。

图4.42　房地产的四大关系

只有坚持市场化改革方向，才能充分激发市场活力，满足多层次住房需求。同时，总有一部分群众由于劳动技能不适应、就业不充分、收入水平低等原因而面临住房困难，政府必须"补好位"，为困难群众提供基本住房保障。

2. 多种政策工具的应用及政策目标的长远化

多种政策工具的差别化应用，由短期向长期的调控目标的转变，是未来长效机制政策体系的特点（见表4.2）。

表 4.2 当前政策体系及走向

当前调整层面		主要内容	管理层面	变化方向	调整可能性
差别化信贷	首次购房 首付比例	30%及以上	中央和地方	上调首付比例	继续因城实施
	房贷利率	不低于基准利率的0.7倍	中央和地方	要求地方商行收紧优惠利率	
	公积金贷款额度	各地方政府制定	中央和地方	提高公积金额度	
	二次购房 首付比例	不低于60%	中央和地方	上调首付比例	
	房贷利率	不低于基准利率1.1倍	中央和地方	上调利率倍数	
	公积金贷款额度	各地方政府制定	中央和地方	提高改善性住房贷款公积金额度	
	二次以上购房 贷款	停贷	中央和地方	适度收紧	
行政干预	购房资格 不符合条件的外地居民购房	限购	中央和地方	适度收紧，用房产税替代	部分城市已收紧
	二次以上本地居民购房	限购	中央和地方	适度收紧，用房产税替代	部分城市已收紧
财税政策	购房退税	各地方政府制定	地方	扩大首套房退税	存在可能
	购房补贴	各地方政府制定	地方	扩大首套房补贴	存在可能
	土地增值税	预征或者清算	中央和地方	适度放松	极低
	房产税	重庆、上海先后宣布将试点	中央和地方	扩大征收	发展趋势
	二手房营业税	购买时间不足5年的全额征收，税率5.5%	中央	提高要求	可选择
	普通住房认定标准	各地方政府制定	地方	提高认定标准	可选择
保障性住房	建设规模	完全政府建设	中央和地方	加大货币化补贴或者政府购买商品房当保障房	发展趋势
	融资能力	银行贷款和地方融资平台	中央和地方	加大融资能力	存在可能
	配套和建设标准	暂无明确规定	中央和地方	制定监管规则	极低

	当前调控层面	主要内容	管理层面	变化方向	调整可能性
土地	打击土地囤置	闲置房地产用地要征缴增值地价	中央	继续严格征缴	存在可能
	土地出让	付款期限原则上不得超过一年，保证金不低于出让最低价的20%，1个月内缴纳50%出让款	中央	适度提高要求	存在可能
城镇化——户籍制度	降低户籍标准	各地方政府制定	地方	适度放松	存在可能
	购房与户籍挂钩	各地方政府制定	地方	适度放松	存在可能
网络管理	个人住房信息系统	推行不动产登记制度	中央	试点诚镇个人住房信息系统	发展趋势
租赁市场改革	培育市场供应主体	调动企业积极性，通过租赁、购买等方式多渠道筹集房源，提高住房租赁企业规模化、集约化、专业化水平，形成大、中、小住房租赁企业协同发展的格局	地方	加大租赁用地，永久租赁项目用地	发展趋势
	鼓励住房租赁消费	落实提取住房公积金支付房租政策	地方	拓宽使用范围	发展趋势
	完善公共租赁住房	保障承租人和产权人享有同等权利和义务	地方	在学区、医疗等方面保障权利	发展趋势
	支持租赁住房建设	支持房地产开发企业拓展业务范围，利用已建成住房或新建住房开展租赁业务；鼓励房地产开发企业出租库存商品住房；引导房地产开发企业与住房租赁企业合作，发展租赁地产	地方	积极鼓励开发商、中介机构经营长租公寓	发展趋势
	加强租赁住房监管	中介信息和房源信息监管	地方	加大信息监管	发展趋势

4.3.3　坚持货币政策的稳定

1.稳健的货币政策一直是房地产市场稳定的重要保证

宽松的货币政策对当前的经济疲软效果不大。经济面临的主要问题还是结构性的问题，货币政策的"放水"会导致新的过度投资和资产泡沫的产生。未来的货币政策将仍保持流动性合理充裕。2016 年 11 月末，广义货币 (M2) 余额 153.04 万亿元，同比增长 11.4%，增速分别比上月末和上年同期低 0.2 个和 2.3 个百分点；狭义货币 (M1) 余额 47.54 万亿元，同比增长 22.7%，增速比上月末低 1.2 个百分点，比上年同期高 7 个百分点；流通中货币 (M0) 余额 6.49 万亿元，同比增长 7.6%。当月净投放现金 689 亿元。从 2016 年货币投放的整体情况看，预计 2017 年货币政策整体仍将维持适度宽松的态势。估计 2016 年全年 M2 增长 11.8%，低于年初 13% 的增长目标，社会融资规模存量同比增长约 13%，全年新增人民币贷款近 12 万亿元。总的来看，货币供应量松紧适度，与实体经济信贷需求基本相适应。

2."短升长降"，"锁短放长"仍将是主要的货币工具

2016 年，央行通过降低存款准备金率、调整存款准备金考核方法以及常态化开展公开市场操作等工具和方法，熨平内外部因素引发的短期资金价格波动，较好地稳定了市场预期，利率波动性明显下降。第一，货币市场的波动性明显降低。截至 2016 年 11 月 30 日，隔夜 Shibor① 的方差值为 0.01，相比 2015 年 0.51 的方差明显下降。第二，货币市场利率处于历史较低水平。截至 2016 年 11 月 30 日，隔夜 Shibor 的平均值为 2.03%，相比 2015 年 2.01% 的平均值略有上行，仍处于过去五年以来的历史较低水平，其他各期限 SHIBOR 相比 2015 年则下行 (见表 4.3)。第三，流动性稳中趋紧，资金价格"短升长降"。

资金价格水平将得到延续，"锁短放长"，通过锁定短期资金和投放 6 个月和 1 年期 MLF 等长期资金等手段，使得货币政策将仍旧既能保证金融体

---

① 由信用等级较高的银行自主报出的人民币同业拆出利率计算确定的算术平均利率，是单利、无担保、批发性利率。

系流动性合理充裕,又能锁定低成本资金。这样的货币政策也将使得短期资金加杠杆炒作难度越来越大,但基本保持了支持实体经济的力度。预计2017年,货币政策整体仍将处在从数量型为主向价格型的转型过程中。一方面更加注重稳定短期利率、探索构建利率走廊;另一方面也需要在一定区间内保持利率弹性,发挥价格调节和引导作用。同时,注重抑制资产泡沫和防范经济金融风险,配合结构性改革做好相应的总需求管理,是2017年货币政策调整的重点。预计2017年央行不会实行大规模降息、降准,将继续运用好抵押补充贷款工具、常备借贷便利和常态化的公开市场操作、中期借贷便利操作等,加强信贷政策指导,更精准、更有针对性地支持实体经济转型升级。

表 4.3　SHIBOR 水平

各期限品种		2011	2012	2013	2014	2015	2016 (截至 11 月 30 日)
隔夜	平均值	3.27	2.82	3.32	2.77	2.01	2.05
	方　差	1.69	0.69	1.78	0.28	0.51	0.01
1 周	平均值	4.03	3.49	4.08	3.58	2.87	2.35
	方　差	2.15	0.53	1.43	0.47	0.75	0
3 个月	平均值	5.22	4.29	4.44	4.97	3.68	2.89
	方　差	0.43	0.43	0.3	0.22	0.68	0.01
1 年	平均值	4.92	4.77	4.43	4.96	3.89	3.08
	方　差	0.19	0.13	0.01	0.01	0.42	0.01

资料来源:中国人民银行。

4.3.4　以不断创新促进房地产企业转型

创新是产业持续发展的真正动力来源,是改造生产函数的必要环节,是房地产业提高效率的重要体现。从泛义上讲,房地产企业的创新包括了建筑技术革新、存量资产改造、互联网技术创新等。在房地产业步入新常态的模式下,房企应顺应时代要求,加快转型发展,打造企业核心竞争力。此类创新模式主要包括经营策略创新和商业模式创新等类型。

首先，以"房地产+"的逻辑促进房地产价值链的延伸（图4.43）。

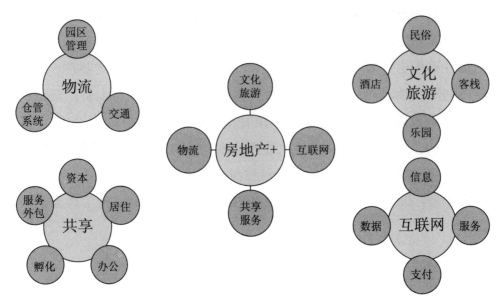

图4.43　房地产产业链的延伸

其次，新技术的应用赋予房地产产品新的价值。新技术的应用放大了房地产产品的居住功能，丰富了房地产的核心价值，更加延伸了房地产产业链。当前房地产新技术的发展见图4.44。

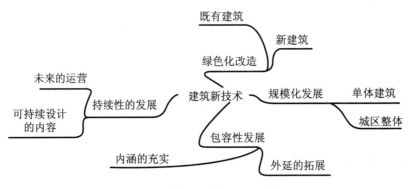

图4.44　建筑新技术的发展方向

再次，存量资产的改造创造新的价值实现方式。当前房地产市场中存量大于增量已经成为现实。在这一条件下，产业结构的调整，市场资源的重新激活与配置，是产业新的增长点。

4.3.5 积极促进租赁市场的发展

发展住房租赁市场，是房地产业发展的必然选择，也是建立长效机制的重要突破口。

第一，住房自有率降低是国外发达国家住房市场发展的普遍规律之一。德国、法国、日本、美国和英国，住房自有率分别为 47％，54％，61％，68％ 和 69％；在某些发达的城市，住房自有率则更低，如纽约的住房自有率为 34％，嘎日内瓦和柏林的住房自有率更是低至 14％。中国的住房自有率却高达 90％ 左右。住房自有率的降低，住房租赁市场的发展，是必然趋势。

第二，存量时代，租赁市场的发展是去库存的重要途径。地价高涨、供地减少、房价高涨、房地产开发投资增速减慢是房地产业进入存量时代的重要表征。

第三，大力发展租赁市场具有多重意义。首先，它是倡导住房产品回归使用属性的重要举措。使用属性的强化，有助于减弱房产投资属性所导致的潜在性泡沫风险。其次，租金是房地产产品价值的真实体现，以租金为基础，实现房地产业向资产管理业的过渡，是国际上产业发展的通行规律。最后，在城镇化发展过程中，租赁市场的发展，也是改善人口居住条件、化解由住房问题所导致的社会问题的重要路径。

第四，城镇化将带来持续的租赁需求。随着城镇化的推进，城镇人口比例的持续提高，住房需求将持续增长。在高房价压力下，住房租赁将成为市场需求的必然。

4.3.6 促进房地产金融创新

鼓励金融创新，能够为房地产市场的发展创造很多新机会。同时，也能够改变传统的房地产金融运行模式，体现了房地产业发展模式的转变和新的发展方向。一是增强和优化房地产资金来源，促进住房金融结构从"信贷为主"向"多元均衡"转换。二是促使房企由重资产向轻资产模式转变，从"以售为主"向"以租为主"转变。三是促进房地产服务业快速发展，引导房地产业发展从"粗放开发"向"集约经营"转型。

从市场情况看，房地产资产证券化产品大致可分为标准的房地产信托投资基金（real estate investment trusts，简称 REITs）、准 REITs（或类 REITs）、住房抵押类贷款支持证券、涉及收益权和债权的基础资产发行的资产支持证券等。在当前房地产"去库存"的市场环境下，通过资产证券化模式来优化资本结构、降低资金成本，已成为房地产开发商和业主的新选择。

同时，房地产金融市场需要稳健运行，2016 年出现的房地产资产泡沫风险，很大程度上和房地产金融市场紊乱的现象有关。需要意识到，房地产金融业务不是简单的商业行为，而是具备"社会公共政策"导向的金融服务。基于此类原则才可以更好地规范金融市场的运行。

规范金融市场运行，着重于三个环节：其一，商业银行领域。2016 年 10 月 21 日，银监会明确要严控房地产金融业务风险，要求加强理财资金投资管理，严禁银行理财资金违规进入房地产领域。其二，房地产中介领域。2016 年 7 月 29 日，住建部等 7 部委明确，中介机构不得提供或与其他机构合作提供首付贷等违法违规的金融产品和服务，不得向金融机构收取或变相收取返佣等费用。其三，互联网金融平台。2016 年 10 月 13 日，国务院办公厅《互联网金融风险专项整治工作实施方案》要求：房地产开发企业、房地产中介机构和互联网金融从业机构等未取得相关金融资质，不得利用 P2P 网络借贷平台和股权众筹平台从事房地产金融业务。

4.3.7 适度增加部分城市的土地供应

在供给侧结构性改革的导向下，房地产市场积极增加供地是必要的环节。当然，在总量增加的情况下，更要注意市场差异。或者说，需要对一二线重点城市增加供地，而三四线城市土地出让需要节制。当前市场分化现象比较严重，其中一二线城市的去库存周期低于 12 个月，部分小于 6 个月，亟待补库存。而三四线城市的去库存周期则大于 12 个月，部分超过 3 年水平，此类城市供地节奏可以放缓，应以去库存为导向。

土地市场的交易也需要关注市场需求的变化。在增加供地总量的情况下，需要不断优化供地结构，比如增加租赁型用房的用地出让、创客空间的用地等。此类用地增加，能够较好地吻合后续房企的创新和转型需求。例如，2016

年上海最先推出了租赁用房用地的供应，或者说自持物业用地的出让。随着租赁市场改革节奏的加快，对于此类用地的交易，很多房企对其认可程度也在加大，拿地积极性也在增强。

4.3.8 促进居民理性消费

培育合理、健康、可持续的住房消费模式，是中国房地产业发展的一个重要组成部分。通过提倡梯度消费的模式，让消费者或购房者根据自身年龄、收入来确定住房消费层次，既是比较务实的做法，也是比较理性的方式。

目前存在两种住房消费观，一是一步到位的观点，在当前房价上涨过快的情况下，"一步到位"就显得更为科学，因为对于财力有限的购房者来讲，"一步到位"更有可能满足居住理想。二是梯度消费的观点，这是一种理性的健康的置业观念。每个人根据年龄的不同，会处于单身、新婚置业、升级置业不同的人生阶段。由于生活的重心的变化，对房屋的需求往往也产生变化。随着住房商品化的不断深入与住房消费意识的逐渐提高，商品住房梯度消费体系构建的重要性和紧迫性表现得更加清晰，兴建新的住房梯度消费体系正被人们所接受与尝试。从宏观面来看，随着市场经济体制的不断健全，住房梯度消费体制从根本上改变了中国城市住房消费体系，未来会成为持久的、稳定的城镇住房消费体系。

5 新经济发展中的潜在风险与政策应对

2016 年 3 月 5 日，李克强总理在第十二届全国人民代表大会第四次会议上的政府工作报告中提出，经济发展必然会有新旧动能迭代更替的过程，当传统动能由强变弱时，需要新动能异军突起和传统动能转型，形成新的"双引擎"，才能推动经济持续增长、跃上新台阶；当前中国发展正处于这样一个关键时期，必须培育壮大新动能，加快发展新经济；要推动新技术、新产业、新业态加快成长，以体制机制创新促进分享经济发展，建设共享平台，做大高技术产业、现代服务业等新兴产业集群，打造动力强劲的新引擎；运用信息网络等现代技术，推动生产、管理和营销模式变革，重塑产业链、供应链、价值链，改造提升传统动能，使之焕发新的生机与活力。① 李克强总理提出的"新经济"概念覆盖广泛，内涵丰富，涉及一二三产业。不仅包括第三产业中的"互联网+"、物联网、云计算、电子商务等新兴产业和业态，也包括工业制造当中的智能制造、大规模的定制化生产等，还涉及第一产业中的有利于推进适度规模经营的家庭农场、股份合作制，农村一二三产融合发展等。李克强总理强调，"新经济"包含两股力量，一是利用"互联网+""双创"等培育新动能，二是要改造升级传统动能。即新经济不但可以促使中国经济产生新的动能，还可以带动传统产业转型升级。

5.1 新经济与经济发展的新动力

5.1.1 "新经济"的科学内涵

根据目前中国新经济发展状况、政府部门对"新经济"的阐述以及已有学

---

① 第十二届全国人民代表大会第四次会议《政府工作报告》。

者对新经济的解释，可以把新经济分为"新技术""新产业""新业态"和"新模式"四个方面（如表5.1所示），其中，新技术是新经济发展的基础，基于新技术产生了各类新产业、新业态和新模式。①

表 5.1　"新经济"的四个方面

四个方面	具体内容	典　型　代　表
新技术	信息技术	互联网、物联网、云计算、大数据、新一代通信等
	智能制造技术	智能机器人、增材制造、无人驾驶汽车等
	新材料技术	纳米、石墨烯等
	清洁能源技术	氢能、燃料电池等
	生物技术	基因组、干细胞、合成生物等
新产业	战略性新兴产业	节能环保产业、新一代信息技术、生物产业、高端装备制造、新材料产业、新能源产业、新能源汽车
新业态	"互联网+"行业	电子商务、互联网金融、网络约车、网上订餐、移动支付、在线教育等
新模式	共享经济	产品共享、空间共享、知识技能共享、劳务共享、资金共享、生产能力共享等

资料来源：根据相关资料整理。

5.1.2　新经济对经济发展的推动作用

改革开放以来，中国经济高速增长，创造了经济崛起的"神话"，取得举世瞩目的成就。然而，近几年，中国经济下行压力大，面临一系列制约经济发展的挑战：传统产业产能过剩、僵尸企业问题严峻；资本回报率下降、投资需求不足；人口老龄化加剧、人口红利消失；收入分配扭曲、贫富差距拉大；国外需求不振，冲击中国经济；财政政策和货币政策空间收缩等。中国经济正处于转型时期，大力发展新经济是供给侧结构性改革的重要途径，是提高全要素生产率和资源配置效率的必由之路。

---

① 黄群慧：《"新经济"基本特征与企业管理变革方向》，《辽宁大学学报》（哲学社会科学版），2016年第5期。

1. 新经济推动经济增长

新经济对一个国家或地区的经济的持续增长具有重要推动作用。从国际经验来看，传统动能发展到一定阶段就会减弱，这个时候就需要新动能异军突起以适应产业革命的趋势。凡是新经济快速发展的地区，经济持续的发展动力就会比较大。美国就是典型代表。在20世纪90年代初期，美国的就业形势严峻，1992年全年失业率达到7.4%，失业人数多达900多万。然而，美国涌现出一批信息产业巨头公司，如IBM、Intel、微软、雅虎等，从1993年开始，美国就业状况和通货膨胀率均有所下降。在以互联网为主导的新经济推动下，美国经济连续十年蓬勃增长，实现了高增长、低通胀、低失业率的最佳经济状态。

就中国而言，虽然在20世纪90年代美国新经济时期中国没有追赶上发展新经济的步伐，但抓住了这一轮发展新经济的机遇。目前，中国的新经济在很多方面领先世界：互联网金融、生活服务、交通出行、房屋短租等共享经济的平台数量迅速增长，多方面满足人们日常生活需求，深刻改变人们的生产方式，推动消费加快增长；百度、阿里巴巴、腾讯等企业在世界IT企业中具有举足轻重的地位；电子商务、物流供应、O2O等迅猛发展，提升经济发展水平。新经济逐渐成为中国经济的最强动力，对填补传统产能下滑空缺、稳定经济增长具有重要的推动作用。如果没有新经济的大发展，中国经济下行压力或更大。以战略性新兴产业为例，"十二五"时期，中国战略性新兴产业实现跨越式发展，产业增加值增速将是同期国内生产总值增速的两倍以上，占国内生产总值的比重达到8%左右 [1]，而且新兴产业具有产业关联度高、带动作用强等特征，对经济增长的直接间接贡献也相当可观。

2. 新经济推动经济结构转型升级

新经济对推动去产能、调结构具有关键意义。一方面，新经济催生新的生产、交换、消费方式，进一步推动经济转型升级。B2C、C2B等新模式推动生产方式变革，调动全社会优质资源参与工业生产，并且让用户参与生产，更准确满足用户需求；移动互联网、物联网、云计算、大数据技术等新一代信息

---

[1] 资料来源：《中国战略性新兴产业发展报告（2016）》。

技术在经济社会领域持续广泛应用渗透，改变消费模式，催生了电子商务、网络约车、网上订餐、互联网金融、移动支付、在线教育等一批新业态，传统"一手交钱一手交货"的商业模式逐渐被"免费服务赚客户＋增值服务赚利润"等新赢利模式取代；高新技术产业和战略性新兴产业蓬勃发展，是实施创新驱动发展战略的先导力量，既能创造新供给、提供新服务，又能培育新消费、满足新需求，是供给侧结构性改革的重要举措，也是"补短板"的重要内容。

另一方面，发展新经济有利于传统产业的改造提升。由于很多传统企业产能过剩，用人过多，对这些企业进行去产能，就需要把富余员工转岗，而新经济的发展提供了更多的就业岗位，有助于较大力度推动去产能进程。与此同时，新经济与传统产业的结合，形成推动经济发展的混合动能。新一代信息技术、高端装备制造等的发展和应用可以提高传统产业的生产效率，降低企业管理成本、交易成本；"互联网＋传统产业"的模式，有助于传统产业更迅速、准确满足消费者需求，适应现代化的消费模式。

5.2　中国新经济发展现状

目前关于"新经济"的统一测度还未形成共识，而且颠覆性技术层出不穷，新业态、新模式不断出现，形成测度新经济的统一口径较为困难。现有的较为权威的度量新经济的指数是北京大学国家发展研究院和财新智库、数联铭品合作的"万事达卡财新 BBD 新经济指数（NEI）"。该指数采用网络可获得的大数据，以《美国州新经济指数》（State New Economy Index）报告指标体系、硅谷指数（Silicon Valley Index）等国际知名新经济和创新指数体系为参考，立足于反映中国国情的指标体系来度量新经济在中国经济中的比重。新经济指数（NEI）估算新经济在整个经济中的重要性，即当中国经济每发生一块钱的产出时，有多少来自新经济。NEI 变化趋势反映了新经济相对于传统经济的活跃程度。新经济指数的指标体系如表 5.2 所示。

表 5.2　新经济指数（NEI）的指标体系

一级指标	二级指标	指　标　说　明
高端劳动力投入 （40%）	新经济行业人员薪酬	期内新经济行业企业招聘职位薪酬占所有企业招聘薪酬比重
	新经济行业岗位占比	期内新经济行业企业岗位招聘需求数量与当地和各行业招聘需求总和的比值
	铁路人口流入速度	期内各城市通过铁路的流入人口占该城市存量人口的比例
	航班人口流入速度	期内各城市通过飞机的流入人口占该城市存量人口的比例
资本投入 （35%）	新经济行业风险投资比例	已公开新经济行业企业获风险投资总额占所有企业获风险投资总额的比例
	新经济领域招标比例	主要招标网站新经济行业项目招标个数占所有行业项目招标个数比例
	申请新三板新经济企业注册资本比例	期内申请新三板新经济企业注册资本总额占所有企业注册资本比例
	新经济行业新增公司注册资本比例	期内新经济行业新增公司注册资本总额占所有新增公司注册资本总额比例
科技创新 （25%）	科学家与工程师	期内科研人员招聘比例
	专利数	期内新经济行业新增发明与实用新型专利比例
	专利转化率	期内新经济行业发明专利流转频次比例

资料来源：北京大学国家发展研究院官网；陈沁、沈明高、沈艳：财智 BBD 中国新经济指数技术报告。

如图 5.1 年示，根示，根据 2016 年中国新指数，2016 年新经济投入占整个经济投入的比重在 30% 上下浮动。

2016 年 6 月到 12 月新经济总量指数城市排名前 20 名如图 5.2 所示，上海、北京、深圳、重庆和广州排名前五。

另外，根据 51job、智联招聘、拉钩、赶集网等数个招聘网站的招聘信息新经济行业入职每月平均工资水平在 8 000 元左右。新经济行业的平均入职工资水平相对于全国平均入职工资水平的溢价率在 110% 左右。2016 年的溢价率变化情况如图 5.3 所示。

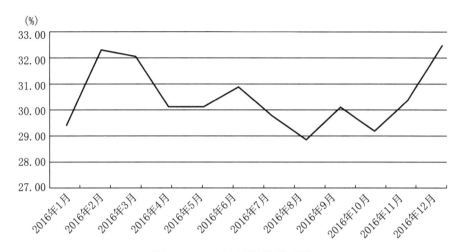

图 5.1 2016 年中国新经济指数

资料来源：万事达卡财新 BBD 中国新经济指数。

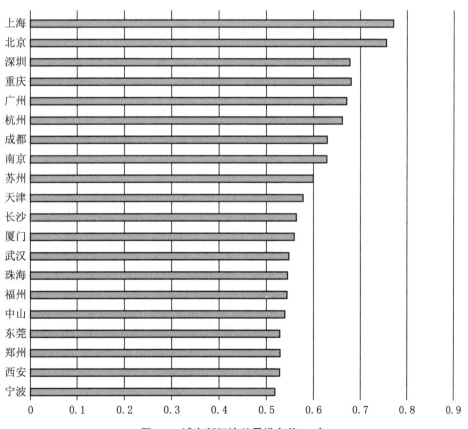

图 5.2 城市新经济总量排名前 20 名

资料来源：万事达卡财新 BBD 中国新经济指数。

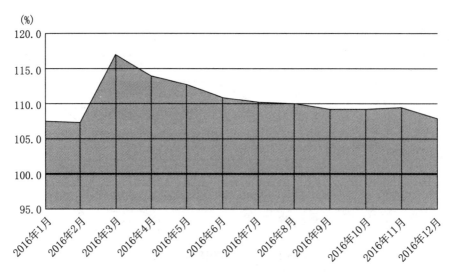

图 5.3　新经济行业入职工资水平相对于全国平均入职工资水平的溢价率

资料来源：万事达卡财新 BBD 中国新经济指数。

5.2.1　新技术发展动态与趋势

"新经济"的技术革命基础虽然还是以互联网、物联网、云计算、大数据、新一代通信等信息技术为主，但还包括智能机器人、增材制造、无人驾驶汽车等智能制造技术，以及以纳米、石墨烯等新材料技术，氢能、燃料电池等清洁能源技术，基因组、干细胞、合成生物等生物技术。①

1. 信息技术

中国互联网络信息中心发布的《国家信息化发展评价报告（2016）》，用国家信息化发展评价指数（指标体系由图 5.4 所示）对全球各国信息化发展情况的评价结果显示，中国信息化在全球的排名由 2012 年的 36 位上升至 2016 年的 25 位，排名大幅度提升。中国信息化发展在产业规模、信息化应用效益等方面取得长足进步，具有强大的信息产业基础和庞大的用户市场规模，信息化发展优势明显。北京、上海、广东、浙江、江苏等东部省市居于中国信息化发展的领先位置，其次是中部地区，西部地区相对落后。

在互联网技术方面的发展体现在以下方面：第一，宽带提速降费。伴随

----

① 黄群慧：《"新经济"基本特征与企业管理变革方向》，《辽宁大学学报》（哲学社会科学版），2016 年第 5 期。

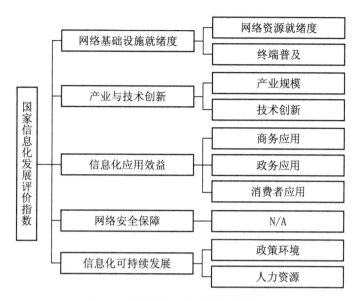

图 5.4　国家信息化发展评价指标体系

资料来源：《国家信息化发展评价报告（2016）》。

"宽带中国"战略的实施，高速宽带网络建设加速，骨干网络容量和网间互通能力提升，宽带提速效果显著。据工业和信息化部有关数据，2016 年 8Mbps 及以上接入速率的宽带用户总数达到 2.59 亿户，20Mbps 及以上宽带用户总数 2.11 亿户，光纤接入 FTTH/0 用户总数达到 2.15 亿户，比 2015 年同期分别增长 121％、262％和 95％，占宽带用户总数的比重分别达 88.1％、71.7％和 73％。第二，网络建设惠及贫困人口。2016 年，电信普遍服务试点在全国 27 个省（区、市）的 10 万个行政村开展网络光纤到村建设和升级改造，解决 3.1 万个精准扶贫建档立卡贫困村网络覆盖建设问题，推进网络扶贫，缩小城乡"数字鸿沟"。第三，终端普率提高。根据中国宽带发展联盟的《中国宽带普及状况报告》，2016 年第三季度中国固定宽带家庭普及率达到 59.6％，移动宽带用户普及率达到 67.7％，并且宽带用户普及率以季度超过 3 个百分点的速度提升。据工业和信息化部有关数据，2015 年中国每百人移动电话拥有量达到 95.5 部，每百户家庭计算机拥有量达到 55.5 台。2016 年 6 月，移动电话 4G 用户达到 7.14 亿，比上年同期增长 3.86 亿，增幅达到 118％，占移动电话用户的比重达到 54.1％。

在物联网 ① 方面，中国已经形成涵盖感知制造、网络制造、软件与信息处理、网络与应用服务等门类齐全的物联网产业体系，产业规模不断扩大，已经形成环渤海、长三角、珠三角以及中西部地区四大区域聚集发展的空间布局，呈现出高端要素聚集发展的态势。近年来，物联网产业保持较高的增速，从 2010 年的 1 000 亿元迅速壮大到 2016 年的 10 390 亿元。图 5.5 展示了近年来中国物联网行业的收入规模变化情况。

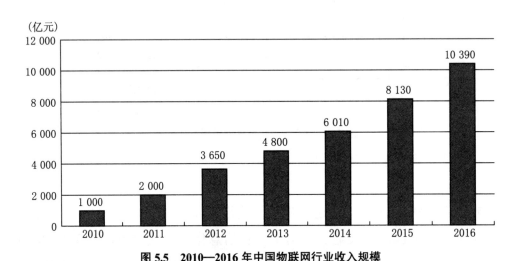

图 5.5 2010—2016 年中国物联网行业收入规模

资料来源：中国产业信息网、中国银行证券研究部。

一方面，在物联网制造业中，中国在感知制造、射频识别、工业物联网等领域取得一定成绩。在感知制造领域，已获得局部突破，与国外差距逐步缩小。我国光纤传感器在高温传感器和光纤光栅传感器在石油、钢铁、运输、国防等行业实现了批量应用，产品质量达到国际先进水平。在射频识别（RFID）领域，我国中高频 RFID 技术产品在安全防护、可靠性、数据处理能力等方面接近国际先进水平，产业链业已成熟，在国内市场占据 90% 的份额，并且中国已成功研发出自主的超高频产品并打进了国际市场。在工业物联网领域，研制成功了面向工业过程自动化的工业无线通信芯片。另一方面，在物联网服务业

---

① 物联网是指通过射频识别（RFID）装置、二维码识读设备、红外感应器、全球定位系统和激光扫描器等信息传感设备，按约定的协议，将所有物品与互联网相连接，进行信息交换和通信，以实现智能化识别、定位、跟踪、监控和管理的一种网络。

中，中国三大运营商的 M2M 服务一直是产业亮点，保持全球第一大市场地位。中国移动和中国电信把物联网业务基地升级成为物联网分公司进行市场化经营。中国联通各类近场支付卡发卡量已经超过 200 万张，基于 WCDMA 网络的企业专网提供智能公交行车监控及调度系统，用户规模超过 100 万，覆盖城市已超过 200 个。[①]

在云计算方面，阿里云在中国处于绝对领导地位，云计算业务在国内外市场不断扩展，云计算技术在世界处于领先地位。2015 年 10 月，阿里云飞天分布式计算系统（FuxiSort）在由数据库之父 Jim Gray 创办的排序基准评估竞赛 Sort Benchmark 中，打破了四项世界纪录，其中，阿里云用时 377 秒完成 100TB 的数据排序，比 2014 年的由 Apache Spark 和 UCSD 创下的世界纪录快了约三倍。2015 年"双 11"当天系统交易创建峰值达到每秒钟 14 万笔，支付峰值达到每秒钟 8.59 万笔，大幅超越了维萨和万事达的实际处理能力，远远高出二者实验室数据。支撑技术来自阿里云计算多项技术创新：全球最大规模混合云架构；全球首个核心交易系统上云；1 000 公里外交易支付"异地多活"；全球首个应用于金融业务的分布式关系数据库 OceanBase。[②]2016 年 1 月 20 日，阿里云宣布开放阿里巴巴十年的大数据能力，发布全球首个一站式大数据平台"数加"，首批推出 20 款产品，成为全球首个囊括了前中后台的大数据一站式开放平台。除了阿里云，腾讯、百度、华为等企业也积极扩展云计算业务，云计算市场具有活力。

2. 智能制造

中国发展智能制造有两大重要方向，一是以机器人、无人机、3D 打印等为代表的智能制造新兴产业，另一是传统制造业的智能化改造升级，目前中国高档数控机床、工业机器人等新兴产业发展势头良好，市场倒逼过剩产能退出的机制加速形成，传统制造业智能化技术改造工作也得到更大重视。

地方政府积极布局智能制造。在要素驱动动力不足的情况之下，智能制造已成各地制造业提质增效的有效路径。在召开的地方两会中，吉林、辽宁、内蒙古、甘肃、河北、河南、安徽、湖北、湖南、江西、江苏、浙江、福建、广东、重庆、

---

① 中国产业信息网，http://www.chyxx.com/industry/201610/456047.html。

② 根据阿里研究院报告整理。

天津、上海均提到智能制造的相关布局。其中，机器人产业、"互联网+"、新能源汽车产业等高端制造业成为地方布局制造业的必占高地。如在上海十四届人大四次会议上审议的《"十三五"规划纲要草案》中提出，"十三五"期间，要发展以机器人、高档数控机床、3D打印、智能控制系统、智能集成服务等为代表的智能制造产业；河北提出未来5年要建成1500个智能工厂、车间；江苏的目标是，到2025年，建成1000个智能工厂（车间）；研制并应用1000个首台重大装备，其中50%以上填补国内空白。

在移动智能终端方面，正向多维度发展。从2011年至2015年，中国终端企业在移动智能终端领域提交了超过8.7万件专利申请，在全球主要终端企业中占比接近50%。此外，2015年中国国产智能手机品牌华为、小米、联想占据了全球智能手机出货量的第三、四、五位，企业竞争力、品牌影响力和创新研发实力均大幅提升；而作为移动智能终端的又一新兴市场，中国国产智能可穿戴市场规模达125.8亿元，增幅达471.8%。

在智能装备产业方面，核心智能测控装置与部件进入产业化阶段。中国智能测控装置和部件在仪器仪表、包装和食品机械、工程机械、环保机械、重机、印机等智能制造装备产业重点领域取得突破性进展，核心智能测控装置与部件进入产业化阶段。其中，仪器仪表领域、包装和食品机械领域发展较为突出，但智能测控装置与部件整体技术水平依然较低，关键核心部件亟待突破。以工业机器人为例，中国工业机器人产业发展尚处于起步阶段，因缺少核心技术，使之仍处于单件小批量的生产状态，产品性价比较低。

3. 新材料

经过多年努力，中国新材料产业取得了重要成就，技术水平日益提高，产业规模不断扩大，具有自主创新能力的新材料产业体系正在形成，为中国以航空航天、轨道交通、信息、生物、新能源等为代表的高技术产业突破技术瓶颈、实现跨越发展提供了强有力的支撑。

近年来，中国新材料领域的发展表现在以下方面：第一，中国新材料产业规模不断扩大。2015年中国新材料产业规模约1.9万亿元。稀土功能材料、先进储能材料、光伏材料、超硬材料、特种不锈钢、玻璃纤维及其复合材料等产业产能居世界前列。第二，新材料研究水平进一步提高。进入21世纪以来，通过产学研用结合，一批核心关键技术取得了实质性突破，许多重要新材料的技术指标得到大幅提升，部分研究成果在相关领域进行了推广应用。第三，新材料产业区域集聚态势明显。近年来，各级政府积极推动新材料产业基地建设，加强资源整合，呈现聚集发展的良好态势，区域特色逐步显现，初步形成"东部沿海集聚，中西部特色发展"的空间格局。第四，新材料支撑重大应用示范工程的作用日益显现。各级政府组织实施了节能产品惠民、十城万盏、金太阳、物联网等重大应用示范工程，在许多领域取得成效。①

4. 新能源技术

新能源技术的发展以其推动可持续发展和新经济增长点双向利好一直受到政府的大力支持。比如在 2014 年 11 月发布的《能源发展战略行动计划（2014—2020）中，国家对短期内能源结构改革提出了明确的目标，在推动可再生能源开发利用方面提出了具体目标。

近年来，中国能源清洁化步伐不断加快。水电、风电、光伏发电装机规模和核电在建规模均居世界第一。非化石能源发电装机比例达到 35％，新增非化石能源发电装机规模占世界的 40％左右。中国新能源汽车是新能源领域的一个亮点，技术和产量都居于世界领先水平。比亚迪在基于全球领先的铁电池技术，在储能电站技术方面有着核心竞争力，目前已经打入多个国际高端市场。2016 年 1—11 月，中国累计生产新能源汽车 40.28 万辆，同比增长 44.27％，2016 年新能源汽车产量有望占全球 40％。

但是，就目前中国的能源结构而言，依然以煤炭为主，约占 65％，新能源所占比例非常小。新能源在发展过程中需要前期很大的投入，科研技术水平要求严格，这就为中国发展新能源产业带来了一定的挑战，需要国家提供多方面的支持。

5. 生物技术

中国生命科学和生物技术领域取得了一系列突破性成果。如基因领域，中国科研人员开发出一种全基因组测序方法，通过长片段阅读技术检测潜在的致病突变测序技术备受瞩目；利用 CRISPR 技术首次编辑人类胚胎基因组，为治

---

① 屠海令、张世荣、李腾飞：《我国新材料产业发展战略研究》，《中国工程科学》2016 年第 4 期。

疗儿童地中海贫血症提供可能。另外，还成功研发"人脑连接组计算系统"，实现了高性能的人脑功能连接组计算；揭示了酵母剪接体高分辨率三维结构及其工作机理；应用小分子化合物组合诱导人成纤维细胞转化为神经细胞；实现对单个蛋白质分子的磁共振探测，将电子顺磁共振技术分辨率从毫米推进到纳米；成功分离出 1 株寨卡病毒，为开发具有自主知识产权的抗病毒药物、检测诊断试剂等提供了物质基础。①

5.2.2　新产业发展动态与趋势

经济下行压力之下，高技术含量、高附加值的相关产业，依然保持着蓬勃发展的良好势头，发挥出越来越大的引领带动作用。据国家统计局统计，2016年上半年，高新技术产业增加值同比增速为 10.2%，比规模以上工业快 4.2 个百分点。其中航空、航天器及设备制造业、信息化学品制造业、电子及通信设备制造业实现较快发展，上半年增加值增速分别达 26.4%、22.3% 和 12%。另外，随着我国工业结构调整，转型升级步伐加快，战略性新兴产业加速发展。2016 年上半年，包括节能环保产业、新一代信息技术、生物产业、高端装备制造业、新能源产业、新材料产业、新能源汽车在内的战略性新兴产业增加值同比增长 11%，高于全部规模以上工业 5 个百分点；战略性新兴产业上市公司利润率达 10.5%，比上市公司总体（扣除金融业）高出 3.4 个百分点。

顺应产业结构和消费结构升级的大趋势，在电子信息、生物医药、智能制造、节能环保、新能源、新材料等高新技术的推动下，相关产品成为新的经济增长点。2016 年上半年，新型交通运输设备、高端电子信息产品和智能化、自动化设备等新产品产量迅速增长，工业机器人增长 28.2%，光纤增长 28.2%，太阳能电池增长 28%，城市轨道车辆增长 19.1%，环境污染防治专用设备增长 17.9%，光电子器件增长 17.1%，化学药品原药增长 13.1%。此外，在家电、电子类产品中，与新兴产业发展密切相关的光纤、光缆、太阳能电池、光电子器件等产品产量也实现较快增长，上半年产量同比增速分别为 28.2%、17.6%、28% 和 17.1%。

———————————

① 资料来源：《2016 中国生命科学与生物技术发展报告》。

高新技术产品具有明显优势，正推动工业向中高端加速迈进。2016年上半年中国汽车产量整体增速为6.0%，较第一季度放缓0.5个百分点。而同期应用新材料、新技术的新能源汽车实现产量的爆发式增长，2016年上半年同比增长88.7%，运动型多用途乘用车（SUV）增长39.7%。在电视产业之中也有类似情况：2016年上半年中国智能电视产量实现同比增速20.5%，显著快于同期彩色电视机产量整体增速7.5个百分点。

5.2.3 新业态发展动态与趋势

近年来，"互联网＋"行业发展迅猛，无论是传统的生产制造业，还是金融、医疗、教育等现代第三产业，都加快与互联网融合，一些企业积极打造微信、APP等移动互联网的销售平台，多渠道争取市场。电子商务、互联网金融、移动支付等新业态蓬勃兴起，突破传统的消费、融资模式，商品和资金配置更加高效，为宏观经济发展注入活力。

电子商务正逐步成为拉动消费的"主力军"。近年来高速成长，电子商务市场也逐渐成熟，日趋规范。一方面，从电子商务的增长情况来看，网上零售额 ① 迅速提高。根据国家统计局公布的数据，2014年全年网上零售额27 898亿元，比上年增长49.70% ②，占社会消费品零售总额的10.63%；2015年全年网上零售额38 773亿元，比上年增长33.3%，占社会消费品零售总额的12.88%；2016年1—11月份，网上零售额45 990亿元，同比增长26.2%，占社会消费品零售总额的14.86%。如图5.6所示，网上零售额增长速度远远高于全年社会消费品零售总额的增长速度，且网上零售额占社会消费品零售总额逐年提升，电子商务已经成为人们日常消费的重要方式之一。自2009年举办的"双11"购物节对拉动经济增长效果显著。

如图5.7所示，从2009年到2016年，天猫、淘宝"双11"单日销售额每年都有大幅提升，尤其是2016的"双11"成交额锁定在1 207亿元，无线成交额占比达到82%，交易覆盖全球235个国家和地区。

---

① 根据国家统计局的数据，网上零售额是指通过公共网络交易平台（包括自建网站和第三方平台）实现的商品和服务零售额之和。商品和服务包括实物商品和非实物商品（如虚拟商品、服务类商品等）。
② 是指名义增长，未剔除价格因素。无特殊说明，以下均为名义增长。

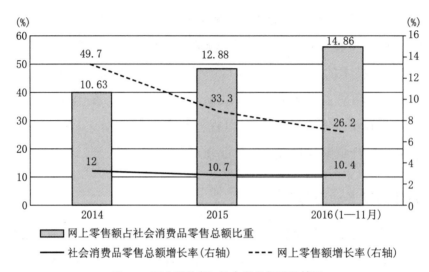

图 5.6　网上零售额、社会零售额增长情况

资料来源：国家统计局。

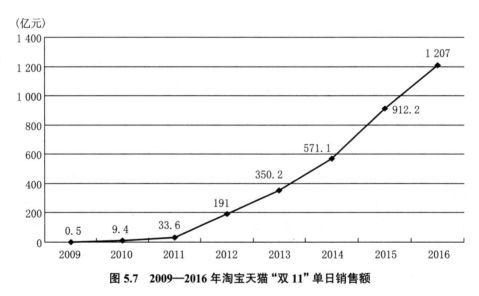

图 5.7　2009—2016 年淘宝天猫"双 11"单日销售额

资料来源：中商情报网。

　　另一方面，从电子商务的演进发展来看，经过数年发展，中国电子商务市场逐渐规范化、品质化、多元化。电子商务初步兴起时，以 C2C 模式为主，随着网购市场的成熟和消费者对产品品质和服务水平的要求提升，越来越多企业也在网上销售产品，B2C 模式占比上升，在 2015 年首次超过 C2C 模式（如

图 5.8 所示）。另外，就交易端口而言，移动端交易占比迅速提升。2015 年"双
11"当天，移动端成交占比近 69%，2016 年"双 11"当天则将近 82%。

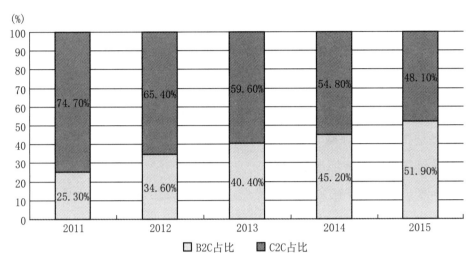

图 5.8　2011—2015 年中国网络购物市场交易规模结构

资料来源：艾瑞咨询。

　　电子商务的普及与发展是中国经济增长和转型升级的加速器。不仅有助
于优化"大众创业、万众创新"的环境，营造良好的创新创业氛围，还有助于企
业准确、高效地了解并满足客户个性化的需求，实现供需双方有效对接，为智
能制造打开渠道，助力推进实施制造强国战略。除此之外，电子商务有利于贫
困人口立足当地资源，实现就地脱贫，这对全面建设小康社会意义重大。

　　互联网金融消费的规模迅速发展。2016 年 6 月 30 日出台的《关于加大对
新消费领域金融支持的指导意见》中明确提出对消费金融发展的强力支持，为
互联网金融消费的发展前景打了一剂强心针。电商平台的消费更加灵活多样、
贴近消费者尤其是年轻一代消费者的需要。网络分期等平台的出现更是推动
了消费信贷的进一步发展。消费金融是互联网金融领域发展的核心之一，未来
的发展空间十分广阔。

　　移动支付也深刻影响人们的生活方式和经济形态。央行发布的《2015 年
支付体系运行总体情况》显示，2015 年移动支付业务 138.37 亿笔，金额 108.22
万亿元，同比分别增长 205.86% 和 379.06%，非银行支付机构网络支付业务实

现成倍增长。移动支付有利于拓展金融服务市场的深度和广度，为普惠金融提供更强的成长动力和更广大的空间。

5.2.4 新模式

2015 年 10 月，在党的十八届五中全会公报和国家"十三五"规划建议中，首次出现了"分享经济"一词，并将"发展分享经济"列入国家战略。根据国家信息中心信息化研究部的《中国分享经济发展报告 2016》对分享经济的定义，分享经济是指利用互联网等现代信息技术整合、分享海量的分散化闲置资源，满足多样化需求的经济活动总和。

近年来，分享经济在全球成为热点。从欧美发达国家不断向亚太、非洲等地区的上百个国家扩张；分享领域不断拓展，从分享汽车、房屋发展到餐饮、教育、医疗、金融等多个领域，并且向传统产业渗透；分享经济催生大量市场估值超过 10 亿美元的企业，很多公司创业 5 年以内就达到上亿甚至上百亿的市场估值。随着对分享经济的作用认识深化，许多国家的政府明确支持分享经济发展。

在中国，发展分享经济具有有利条件。首先，中国正处于经济转型阶段，城市化进程加速，很多城市尤其是北京、上海等大城市人均资源供给不足，分享经济有助于缓解这一矛盾，化解转型期的阵痛。且在经济动力转换的关键时期，分享经济对培育新的经济增长点有积极作用。其次，中国拥有庞大的网民用户和手机用户，在众多分享领域都有得天独厚的优势。最后，中国人口结构发生变化，老龄化加速发展，闲置资源增加，分享经济有助于提高资源利用率。

随着技术和商业模式的不断发展成熟、用户规模的扩大、大量资金的投入，中国分享经济已经迈入加速成长阶段。主要表现在以下方面：

第一，产业初具规模，平台企业成长迅速。2015 年中国分享经济市场规模约为 19 560 亿元，主要集中在金融、生活服务、交通出行、生产能力、知识技能、房屋短租等六大领域。在线短租市场规模在 2012 年起步时仅有 1.4 亿元，2014 年达到 38 亿元，2015 年超过 100 亿元，环比增长 163％；在 **P2P** 贷款和网络众筹领域，2013 年国内 **P2P** 借贷市场规模为 270 亿元人民币，2015 年爆发式地增长至 9 750 亿元。① 分享经济的平台数量持续上升，一些领域在短短数年间就涌现出数百家分享型企业，很多平台企业成为有竞争性的代表性企业。比如交通出行领域的滴滴出行、易到用车，P2P 网贷领域的陆金所、人人贷，技能共享领域的猪八戒、在行等。此外，房屋短租领域、资金众筹领域、物流快递领域、生活服务领域等都产生一批有代表性的平台，这些平台的出现使得分享经济渗透到日常生活的方方面面。

第二，分享经济的参与人数迅速增加，未来发展潜力巨大。2015 年分享经济领域参与提供服务者约为 5 000 万人，占劳动人口总数的 5.5%，保守估计参与分享经济活动的总人数超过 5 亿。截至 2015 年，有 2.5 亿用户注册滴滴出行，有超过 1 400 万司机使用滴滴出行平台接单，完成 14.3 亿个订单；京东众包上线 300 多天，有超过 50 万人成为注册快递员，配送订单超过千万。2015 年参与过众筹活动的人数约为 7 200 万，有超过 3 亿用户使用过 O2O 类本地生活服务。

第三，一些企业积极开拓国际市场，扩展成功商业模式的应用范围。比如 WiFi 万能钥匙在海外市场受到欢迎，截至 2016 年 2 月，在巴西、俄罗斯、印尼、马来西亚、泰国等近 50 个国家和地区的 Google Play 工具榜上排名第一，已有 223 个国家和地区的用户使用。2015 年 12 月，滴滴出行宣布与美国的出行平台 Lyft、东南亚的出行平台 Grabtaxi 和印度的出行平台 Ola 合作，四家平台协同利用彼此的技术、对当地市场的熟悉程度以及各项资源，为中国、美国、东南亚、印度的用户提供跨境出行服务。

目前中国经济步入新常态，面临结构转型，发展分享经济对促进第一、第二和第三产业的发展具有重要意义。首先，当前服务业的分享经济规模最大，分享经济可以优化提升服务业、给消费者更好的服务体验。其次，分享经济对于制造业转型升级具有重要作用：分享经济有助于转变资源配置方式，提升资源利用效率，调动全社会优质资源参与工业生产，并且可以让用户参与生产，更准确满足用户需求。最后，分析经济可以推动农业现代化进程。分享经济促使定制化农业、体验化农业、农业 O2O 等新模式的出现，有助于盘活农村闲置资源，为农村经济发展注入活力。

---

① 数据来自：《中国分享经济发展报告 2016》。

5.3 转型时期中国新经济发展的潜在风险

2016 年，随着供给侧结构性改革的不断推进，及"互联网 +""大众创业、万众创新"等重大国家战略的稳步实施，中国创新驱动发展取得显著成效，新经济、新业态迅速发展，数字经济红利日益显现。尽管新经济为中国的经济发展注入新的动力，但是与之相伴随的风险因素也日益凸显。总体来看，当前，新经济发展中的潜在风险主要体现在以下四个方面。

5.3.1 区域和城乡发展不平衡加剧

经济转型时期，中国的区域和城乡发展不平衡问题十分突出，各地区和城乡间的经济发展水平差距巨大。从地区经济总量来看，2015 年，中国经济总量最大的省份广东省 GDP 达到 7.28 万亿元人民币，接近于经济总量排在后十位的省（自治区）的 GDP 总和；从人均来看，2015 年，人均 GDP 最高的天津市已经达到 10.8 万元，是排在末位的甘肃省的 4.13 倍；而中国的城乡收入差距长期以来保持在 3 倍左右。随着新经济的快速发展，中国区域和城乡发展不平衡问题面临进一步加剧的风险，主要有以下两方面原因：

第一，中国区域间、城乡间信息化发展水平差异较大，发展新经济的基础不一，这将使得信息化水平高、经济越发达的地区更多地享受到新经济发展的红利，进一步拉大与相对落后地区的发展差距。以数字经济、平台经济为核心的新经济模式极大地依赖于一个地区的互联网基础设施发展水平和民众对互联网的应用程度，若两者发展滞后，将严重制约新经济的发展。世界银行发布的《2016年世界发展报告：数字红利》曾指出，全球数字技术迅速普及，而数字红利并未同步实现，其中一个重要原因在于：全球近 60%的人口还不能上网，基本无法在实质意义上参与数字经济。在中国，区域间、城乡间新经济发展基础差距明显。

首先，从互联网普及率来看，如图 5.9 所示，2015 年中国互联网普及率刚刚超过 50%，约有 1/3 的省（市）互联网普及率超过全国平均水平，近 2/3 的省（市、自治区）互联网普及率仍位于全国水平线之下，且处于领先地位的大多是东部沿海地区的发达省市，中西部地区则相对落后。而城乡互联网普及率的差

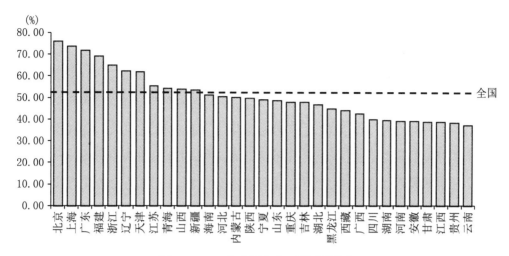

图 5.9　2015 年中国各省互联网普及率

资料来源：中经网统计数据库。

距也十分明显，据《2015 年中国农村互联网发展报告》显示，中国城镇互联网普及率已达到 65.8%，农村互联网普及率为 31.6%，尽管都呈现上升趋势，但城乡差异仍然超过 30%。

其次，从对互联网的应用能力来看，城乡居民对互联网的认知和应用能力也存在较大差异。如图 5.10 所示，中国农村网民的学历水平普遍较低，初中及以下学历的网民占到了 62.8%，而城镇网民的学历主要集中在高中及以上。

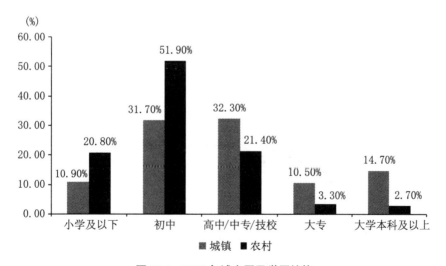

图 5.10　2015 年城乡网民学历结构

资料来源：《2015 年中国农村互联网发展报告》。

农村网民的受教育程度较低，缺乏互联网知识和应用能力。对于绝大多数的农村网民来说，互联网只是娱乐消遣的手段，而非创造财富的工具，农村网民利用互联网从事生产性活动的意识和能力还相对薄弱。2015年中国互联网络发展状况统计调查显示，城乡网民对互联网使用率的差异主要体现在商务贸易、网络金融、交流沟通等网络应用上，而在信息获取、网络娱乐等方面，城乡网民的网络使用率差异并不大。而对农村地区非网民的调查则显示，72.9%的非网民表示未来肯定不会或可能不会上网，非网民的转化难度仍然非常大。

第二，新经济发展具有规模经济的特性，同时新经济往往具有很强的技术依赖性，这使得新经济在人口密度大、信息化水平高、市场规模大的城市和地区发展更快。首先，新经济具有规模经济的特性，当市场规模足够大时，提供商品和服务的边际成本接近于零。这就使得人口密度高、市场规模大的城市和地区更有可能抢得新经济发展的先机。其次，新经济的发展具有很强的技术依赖性，这就使得科技创新能力强、信息化水平高的技术友好型城市更易获得新经济的先发优势。而信息化水平又往往与一个地区的经济发展水平呈现明显的正相关关系。如图5.11所示，若以互联网普及率作为信息化水平的一个代

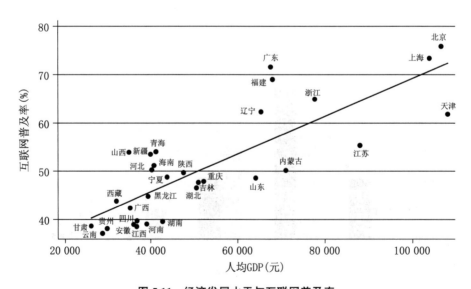

图5.11 经济发展水平与互联网普及率

资料来源：中经网统计数据库。

理变量，可以发现，一个地区的人均 GDP 越高，则当地的互联网普及率越高。而科技创新能力更是与一个地区的人力资本、金融支持、科研院所、创新企业等众多资源禀赋密切相关，而这些禀赋资源又往往集中在我国少数的大城市和经济发达地区。

由于现阶段，中国区域间和城乡间的互联网基础设施发展水平以及民众对互联网的认知应用能力存在较大差异，发展新经济的基础条件存在明显的区域和城乡分布不均衡特征，加之新经济自身发展具有很强的规模经济和技术依赖性，使得新经济发展的红利短期内难以惠及全民。在新经济迅猛发展的浪潮之中，这种基础条件的劣势可能会使本就落后的地区和农村与发达地区和城市的差距越来越大，导致区域和城乡发展不平衡问题进一步加剧。

5.3.2 贫富分化加剧

英国脱欧、特朗普当选，2016 年的一系列"黑天鹅"事件表明西方社会民粹主义和反全球化情绪日益抬头。而这背后更加令人深思的是，在新技术、新商业模式和全球化发展过程中，中等收入阶层呈现萎缩之势，精英和百姓之间的贫富差距日益拉大，而这一现象不仅在发达国家尤其凸显，在发展中国家也日益显现。

Thomas Piketty（2017）等经济学家的研究表明，1978—2015 年，全球主要国家的税前人均国民收入基本都呈现出不同程度的上升趋势，但是，不同收入组之间收入增长差距十分巨大，按收入从低到高，收入增长率呈现递增态势，收入不平等进一步加剧。如表 5.3 所示，在中国，1978—2015 年间，收入最低的 50％人口，实际收入增长率为 550％，而收入最高的 1％人口，实际收入增长率达到 2 491％；2015 年，中国最富有的 10％人口集中了 40％的国民收入，而收入最低的 50％人口拥有的国民收入仅占到国民总收入的 15％。在美国，收入最低的 50％人口在过去近 40 年的时间里，收入更是呈现负增长，而收入最高 0.1％人口的实际收入增长率达到 321％，最富有的 1％人口集中的财富越来越多。

上述事实表明，尽管在过去 30 多年间，随着全球化趋势的不断深化、新技术革命的不断演进，全球经济快速增长，但是收入的两极分化并没有因此而缩

表 5.3 收入增长与不平等：1978—2015

收入分组 （税前人均国民收入分布）	实际累计增长率：1978—2015		
	中　国	美　国	法　国
总人口	1 081%	59%	39%
最低 50%	550%	−1%	39%
中间 40%	1 040%	42%	35%
最高 10%	1 709%	115%	44%
最高 1%	2 491%	198%	67%
最高 0.1%	2 962%	321%	84%

资料来源 :USA: Piketty-Saez-Zucman（2016）. France: Garbinti-Goupille-Piketty（2016）. China: Piketty-Yang-Zucman（2016）。

小，反而在不断扩大。在未来，随着新经济的深入发展，收入两极分化以及贫富差距可能面临进一步拉大的风险。主要有以下两方面原因：

第一，以互联网、物联网为基础的新经济时代，可能出现更大范围的"赢者通吃经济"，导致贫富差距进一步加深。首先，互联网经济、共享经济等新经济模式具有很强的网络外部性，即一种产品或服务使用的人数越多，其外部性收益也就越大。由于马太效应的存在，这会使得已经占领市场先机的产品获得更大的竞争优势，往往能够占有压倒性的市场份额，从而形成"赢者通吃经济"。其次，新经济呈现出典型的规模经济特征，其相关产业往往具有较高的固定成本（如研发成本）和近乎为零的边际成本。如果边际成本接近于零，不同产品之间生产成本的差异就微乎其微，这将使得具有技术优势、研发优势、规模优势的大企业更容易占据市场的垄断地位。新经济运作模式有利于形成自然垄断，如果没有竞争性商业环境，就会导致出现更集中的市场，让主导企业从中受益。

赢者通吃的经济结构可能会使贫富差距大幅上升。一方面，在赢者通吃的行业中，资本、财富会向少数占据垄断地位的企业集中。另一方面，在赢者通吃的行业中，决定产品售价的将不再是生产成本，而是研发、设计成本。与传统产业的大规模、标准化生产不同，研发、设计的工作质量往往难以量化，这使得评估各级员工的合理工资水平更加困难。同时，公司高管的收入可能会更大幅度地增加，而普通员工的工资水平增长缓慢。由此，会进一步加剧收入的两极分化。2014年美国《外交》杂志刊载的研究文章《新的世界秩序：劳动力、资本、创新的幂率经济学》也曾指出：创造性带来的收入分配符合幂率和长尾理论，即少数赢家获得大部分回报，多数人的收入将处于平均值以下，收入差距可能会进一步拉大。

第二，以技术变革为核心的新经济时代，劳动力市场的两极化趋势将会更加明显，导致收入的两极分化进一步加剧。在新经济发展的过程中，大量使用非常规认知和交往能力的高技能职业与大量使用非常规动手技能的低技能职业的就业比例会大幅提高，而大量使用常规认知和动手技能的中等技能岗位将会大幅缩减（世界银行，2016）。一些受教育程度较高、掌握一定非常规技能、学习能力较强的中等技能劳动者可能转向收入更高的高技能岗位，而技术通常会强化这些职业的人力资本优势，使高技能劳动者更具生产力；而那些受教育程度较低的中等技能劳动者可能转而寻求低技能非常规的工作，如保洁、护理等，由于低技能劳动者的供给增加，可能会导致低技能劳动者的工资进一步面临下行压力。

由于劳动力市场的两极分化，使得财富和收入向高技能劳动者或特定行业的劳动者集中，受教育程度高、社会关系广的高技能劳动者将更多地从中受益，新经济发展的效益也将被局限在小范围内，社会不平等也可能会进一步加剧。

在《资本论》中，卡尔·马克思认为，社会的贫富分化加剧是由于资本对劳动的剥削；在《21世纪资本论》中，托马斯·皮凯蒂提出，从长期来看，财富和收入分配不平等的核心矛盾在于资本收益率大于经济增长率；而在新经济的发展中，由于技术变革而带来的赢者通吃的经济结构和劳动力市场的两极分化可能成为贫富分化加剧的重要诱因之一。对于身处转型时期的中国而言，收入分配不平等、贫富差距不断拉大的问题本就十分严峻（如图5.12所示），而且中国贫富分化问题的成因具有多样性，如果不能有效应对新经济发展中带来的贫

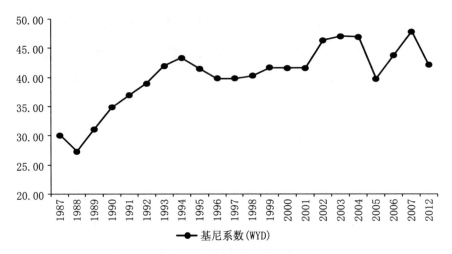

图 5.12　中国基尼系数变化趋势（1987—2012）

资料来源：世界银行数据库（Gini index data from WYD）。

富分化加剧风险，可能会造成中国社会不平等问题的进一步累积，进而引起更广泛的社会风险。

5.3.3　劳动力失业风险加剧

新经济的发展极大地改变了未来的就业生态，创造了大量新就业岗位，激活了许多新就业领域。据中国人民大学劳动人事学院测算，仅阿里巴巴零售电商平台已创造包括淘宝店主、快递、电商服务业以及上下游相关产业链共3 083万就业机会。[①]而来自波士顿咨询公司（BCG）的研究报告显示，根据测算，2035年中国整体数字经济规模接近16万亿美元，数字经济渗透率48％，数字经济就业容量达到4.15亿（见图5.13）。

尽管新经济的发展会带来巨大的就业红利，但是，在经济新常态背景下，中国经济增速逐渐放缓，内在的结构性矛盾日益显现，就业压力仍然十分突出。如图5.14所示，2010年以来，中国的城镇新增就业人口增速逐渐下降，与GDP增速呈现出明显的同向变动趋势，结构性失业、摩擦性失业问题日益严峻。除了宏观经济的压力，新经济发展中短期内潜藏的劳动力失业风险也不容忽视。

---

① 资料来源：中国人民大学劳动人事学院：《阿里巴巴零售电商平台就业吸纳与带动能力研究报告》，2016年9月。

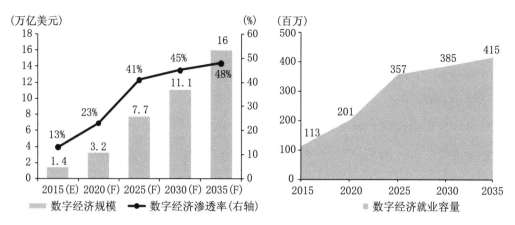

（万亿美元）

图 5.13 中国数字经济规模与就业容量（2015—2035）

注：（1）数字经济规模包含与数字经济相关的个人消费、政府支出、ICT投资、ICT进出口值、其他（C2C）等；数字经济渗透率二数字经济规模／国内生产总值。（2）总数字经济就业容量＝数字经济规模／劳动人口产出率，2015年后，劳动人口产出率以年均6%的增速预计，且假设数字经济规模中各部分的劳动人口产出率相同，汇率使用2015年中国银行固定汇率5.48。（3）2015年为估算值（E），2020年及以后为预测值（F）。

资料来源：BCG咨询报告：《迈向2035:4亿数字经济就业的未来》，2017年1月。

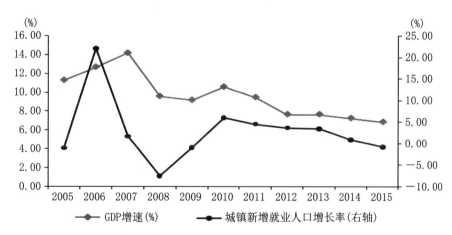

图 5.14 中国经济增速与城镇新增就业人口增长率（2005—2015）

资料来源：国家统计局网站、人力资源和社会保障部网站。

具体来看，新经济发展中存在的劳动力失业风险主要表现为以下两个方面：

1. 新旧动能转化过程中传统经济劳动力失业风险上升

2016年是中国供给侧结构性改革的深化之年，顺应生产力发展新要求，加快培育新动能、改造提升传统动能，是促进经济结构转型和实体经济升级的重要途径。在新旧动能转化过程中，加快淘汰传统产业的落后产能以及传统经济模式面临新经济模式的强有力竞争，是导致传统经济中劳动力失业风险上升的两个重要原因。

首先，从淘汰落后产能所引起的失业风险来看，中国多数产能过剩行业是劳动密集型行业，从业人员众多，若淘汰落后产能，关闭僵尸企业，将会导致大量人员失业，社会将面临严峻的职工转岗和安置问题。据人社部2016年年初估算，煤炭和钢铁两个行业化解过剩产能大约将涉及180万人的分流安置。而据高盛测算，产能过剩行业关停约20%的产能，将会导致270万—440万人面临失业风险，为城镇登记就业人口的1.2%—1.9%，占全国总体就业人口的0.4%—0.6%。表5.4列举了中国三大主要产能过剩行业2015年的去产能情况及其在未来三年内可能带来的就业冲击。

表5.4　中国三大产能过剩行业去产能情况及其就业冲击

行　业	2015年全年产量	全年累计产量同比	产能利用率	全球产量占比	就业冲击
电解铝	3 141 万吨	8.4%	78.05%	54.26%	从目前产能看，预计需要淘汰的产能总共达1 000万吨，待分流人员达17万
钢　铁	8.06 亿吨	−2.3%	67.17%	50.37%	目前中国钢铁人均年产量约为300吨/人，如果压缩1亿吨产能，约有33.33万人面临失业，压缩1.5亿吨产能，将有约50万人面临失业
煤　炭	36.8 亿吨	−3.5%	70%	47%	2016—2018年，中国将关闭约4 300家煤矿（总产能约为每年7亿吨），分流人员100万人，约占整个行业就业人口的17%

资料来源：民生证券研究院报告《中国式去产能全景图》，2016年2月。

尽管新经济的发展可以为从传统经济中分流出来的人员提供大量新的就业机会，但是这些失业人员中仍有大部分是只掌握常规技能的技术工人，或者是年龄较大、受教育程度较低、再就业能力较弱的人员，对于他们来说在新经济领域寻找到一份稳定的工作仍然难度较大。加之新经济领域目前存在的一些监管约束，使得传统经济改造过程中，失业风险较为集中的地区，失业人员再就业的压力更大，这也有可能进一步造成地区性失业风险上升。

其次，新经济模式对传统经济模式形成的强有力竞争，短期内也会进一步加剧传统经济的失业风险。例如，电子商务对实体商铺的冲击，智能制造对传统制造业的冲击，网约车对传统出租车行业的冲击等。由于新经济带来的新技术、新模式、新产品创造了新的需求，也更加适应新时期消费者的消费理念，因而在与传统经济竞争的过程中往往占据优势地位，而传统经济中的部分就业人员也将在新经济发展的冲击下面临一定的失业风险。如图 5.15 所示，随着电子商务的快速发展，中国的实体店经营面临明显的冲击，实体商铺的就业人数也逐渐减少。从销售规模来看，2011—2015 年，中国连锁零售企业的商品销售额呈现微弱的下降趋势，而同期电子商务销售额大幅增长，2015 年销售额突破 9 万亿元；从就业规模来看，连锁零售企业的从业人数自 2012 年以来，一直呈现下降趋势，而电子商务服务企业直接就业人数自 2011 年以来迅猛增长，2015 年直接就业人数达到 260 万人，首次超过连锁零售企业的从业人数。

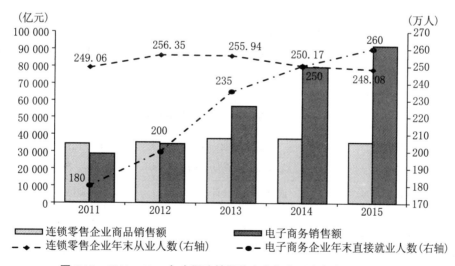

图 5.15　2011—2015 年中国连锁零售企业与电子商务企业发展状况

资料来源：Wind 数据库，《2015 年中国电子商务市场数据监测报告》。

加快培育新动能，改造旧动能，实现新旧动能的平稳接续，是实现中国经济长期可持续发展的必然要求。对于转型期的中国而言,传统经济体量巨大,在新旧动能转换中,势必有大量传统经济中的就业人员被分流出来,如何推动这些传统经济中的失业人员适应新经济的发展模式,是一个亟待解决的问题。如果不能有效推进传统经济劳动者向新经济领域平稳过渡,中国的结构性失业风险和隐性失业风险可能会进一步加剧。

2. 技术性失业风险加剧

技术性失业是指由于技术进步,导致生产中越来越广泛地采用资本、先进技术,越来越多地使用机械设备替代工人的劳动,对劳动需求减少而引起的失业增加。从历史发展的角度而言,技术变革导致的下岗与失业是经济发展的有机组成部分。随着新经济的发展,互联网、物联网、区块链、3D打印、云计算、人工智能等新技术将在人类生产生活中得到广泛应用,大量常规性、重复性工作将会被机器所替代。世界银行(2016)研究显示,从技术角度看,发展中国家约有2/3的工作岗位易被自动化技术取代;而中国目前55%—77%的就业易在未来因技术含量低而被技术替代,技术性失业风险将会进一步上升。

以汽车司机为例,随着无人驾驶技术的逐步成熟,未来专职司机这一职业可能会逐渐消失,而与之相关的其他行业比如保险业务、汽车维修等也可能面临严重的失业冲击,整个行业可能会被重新定义。可以预见的是,由于技术进步而导致失业风险将不会是某个岗位或某个行业的问题,而是整个产业网络的调整和变革。

表 5.5 未来易被新技术取代的就业岗位

工作内容	当前就业岗位	未来替代技术与模式
从事中间交易行业	零售人员、仓储物流等	平台经济、智能供应链等
主导信息交易的公司	银行职员、会计审计等	互联网金融、区块链等
大量从事常规性、重复性服务业工作的白领	人力资源、电话营销等	人工智能系统、大数据
大量从事常规性、重复性、危险性制造业工作	普通技术工人等	机器人、3D打印、智能制造、新能源等
当前属于非常规性、专业性、技能性工作	司机、家政服务人员、保安、翻译等	无人驾驶汽车、智能家居、生物识别技术、人工智能

资料来源:根据相关资料整理。

5.3.4 新金融风险凸显

近年来,在中国新经济发展过程中,金融科技(Fintech)发展十分迅猛。埃森哲数据显示,2015 年全球金融科技产业投资增长 75%,增加约 223 亿美元;而同期中国金融科技产业投资增长 445%,增长接近 20 亿美元。目前,由于金融科技的发展刚刚起步,因此全球对于金融科技尚无一个统一规范的定义。金融稳定理事会(FSB,2016)认为金融科技是指技术带来的金融创新,它能创造新业务模式、新技术应用、新产品模式,从而对金融市场、金融机构以及金融服务供给产生重大影响。根据具体应用领域,Fintech 一般可以分为五大类,如表 5.6 所示。

表 5.6 Fintech 的主要应用领域

应用领域	主 要 内 容
支付清算	包括网络和移动支付、数字货币、分布式账本技术等
投融资	包括股权众筹、P2P 网络借贷、分布式账本技术等
金融市场基础设施	包括智能合约、大数据、云计算、数字身份识别等
投资管理	包括电子交易、智能投顾等
保 险	包括保险分解、联合保险等

资料来源:朱太辉、陈璐,《Fintech 的潜在风险与监管应对研究》,《金融监管研究》2016 年第 7 期。

金融科技创新的快速发展有利于优化金融资源配置,提高金融服务效率,满足多元化的投融资需求,提升金融服务的普惠性。但与此同时,金融科技创新也引发了新的风险问题,给金融监管带来新的挑战。具体而言,金融科技发展中潜在风险因素主要表现为以下四个方面:

1. 经营风险、道德风险和违约风险仍然存在

金融科技是互联网信息技术在金融领域的应用和创新,但它并没有改变金融本身的风险特性。传统金融所面临的经营风险、道德风险和违约风险在金融科技领域依然存在,而且由于金融科技业务的技术更加复杂,开放性更高,涉及的客户范围更广,加之监管措施尚不完善,使得这些传统金融风险表现更加隐蔽。

以 P2P 网络借贷为例，P2P 行业是中国金融科技领域发展最为迅猛的一个行业，2015 年，中国的 P2P 借贷规模达到 1 499 亿美元，占中国分享经济市场的比重高达 91%，而美国 P2P 借贷市场规模仅占分享经济市场的 4%。[①] 但是，在 P2P 的快速发展之下，一些风险问题也日益凸显，2015 年以来，中国互联网金融领域一系列风险事件集中爆发，多家互联网金融机构相继曝出兑付危机、卷款跑路、涉嫌非法吸收公众存款、非法集资诈骗等，部分平台涉案资金规模高达百亿元，引起了政府的高度重视。[②] 就风险来源而言，P2P 网贷主要存在两方面的风险：第一种风险主要是来自平台方的经营风险和道德风险。经营风险主要包括：安全性风险、信用风险、流动性风险和政策合规性成本等。而道德风险主要表现为三个方面：一是诈骗和卷款跑路；二是挪用资金用于平台自融、投资或代偿坏账；三是利用资金池中的沉淀进行放款，或利用短期资金进行长期放款，一旦出现集中提现，极易出现资金链断裂。2016 年 8 月，银监会等 4 部委发布了《网络借贷信息中介机构业务活动管理暂行办法》，明确要求平台不允许设立资金池，同时为 P2P 网贷的合规性设立硬性指标。第二种风险主要是来自借款人的逾期或违约风险。一方面，由于中国的征信体系尚不完善，行业统一的信用评级体系缺失，引发了新型融资模式的信用风险；另一方面，在征信体系不完善的情况下，个人违约成本相对较低，且信息造假缺乏有效识别，因而很多借款人因无法还款出现逃跑现象。

2. 技术风险和操作风险更加突出

金融科技建立在互联网、大数据、云计算等先进技术之上，大量应用技术创新和业务外包，技术风险和操作风险会更加突出。比如，终端安全风险、平台安全风险、网络安全风险等。而技术风险和操作带来的最大问题是信息安全问题，信息泄露、丢失、被截取、被篡改，影响到信息的保密性、完整性、可用性。而这些信息安全问题进而又会造成用户隐私泄露，威胁用户资金安全。美国金融稳定监管事会（FSOC）已将信息科技安全列为影响金融稳定的一个主要风险（Branson，2016）。

[①] 数据来自张孝荣、孙怡：《中国分享经济全景解读报告》，腾讯研究院，2016 年 3 月。
[②] 杨飞：《互联网金融专项整治风暴来袭：商业银行业务机会和潜在风险并存》，《中国银行业》2016 年第 7 期。

3.潜在系统性风险传染性更强

首先，与传统金融业务模式相比，金融科技相关业务具有明显的长尾效应、规模效应、范围效应和网络效应，当风险发生时，这些效应反过来会放大风险，并增强风险的传染性。其次，与传统金融业态相比，金融科技影响下出现的新金融业态服务的客户主体更广，涉及的投资者风险承担能力较小，投资金额小而分散，在经济下行时期可能更快收缩投资，从而放大金融顺周期，引发更大的系统性风险。

4.监管风险日益显现

随着金融科技的深入发展，中国金融行业的监管风险也日益显现，这种风险主要来自混业经营模式与分业监管模式的不匹配。在金融科技领域，其业务模式具有很强的交叉性特征，往往是跨行业、跨部门、跨市场、跨区域经营。而目前，中国的金融行业仍然实行分业监管模式，这就很有可能出现"多头监管"和"监管真空"的现象，进一步强化了金融科技行业的监管风险。加之我国目前尚未形成系统的针对金融科技行业的监管体系，使得金融科技行业的风险准备金、坏账率、风险评级、信息披露以及出资人权益保护等内容尚未得到有效监管，可能会进一步导致监管风险的累积。

5.4 中国新经济发展的风险防范与政策应对

5.4.1 重视新经济发展的空间协同性，促进区域协调发展

由于中国区域间、城乡间信息化发展水平差异较大，发展新经济的基础不一，加之新经济发展具有规模经济的特性和技术依赖性，使得中国的新经济发展呈现出明显的空间非均衡性。在经济越发达，信息化水平越高，市场规模越大，人口密度越大的地区，新经济的发展往往越快，而这又进一步加剧了区域间和城乡间发展不平衡的矛盾。因此，在大力推进新经济发展的过程中，要更加重视新经济发展的空间协同性，借助新经济的力量促进区域经济的协调发展。

第一，进一步提升新经济发展所需基础资源的空间分布均衡性，实现新经济成果的全民共享。新经济是典型的知识密集型和技术密集型经济，其发展离

不开技术、人才、资本的大力支持。而对于一个地区来讲，发展新经济最为基础的两种资源是互联网基础设施和具备较高互联网素质的人力资本，而这两类资源在中国的东西部和城乡间分布又极不平衡。基于此，首先，要提高中西部地区和农村地区的互联网硬件基础设施供给，降低互联网的使用成本，进一步提升欠发达地区的互联网普及率；同时，要不断完善中国互联网发展的相关制度建设，推进互联网发展的法制化、规范化和透明化，进一步提高中国互联网"软"基础设施水平，通过互联网软硬基础设施建设，建设一个"可及、可负担、开放安全"的互联网发展环境。其次，要进一步提高农村地区互联网知识的普及程度，通过正规教育或民间传播等多种途径，提高农村居民尤其是学龄儿童对互联网的认知和应用能力，进行基本数字化知识"扫盲"，着力提升全民的互联网素质，以适应新经济的发展要求。

第二，有效利用新经济发展的空间差异性，抓住国内产业结构转型升级的发展机遇，通过地区间的产业转移，促进区域间经济的协调发展。值得注意的是，由于新经济自身具有一定的规模经济特性和技术依赖性，所以新经济发展具有一定的空间差异性本身也是新经济发展的内生结果，是市场经济规律使然。因此，重视新经济发展的空间均衡性并不是强调不同地区新经济发展程度的均等，而是发展机会的平等。相反，应有效利用新经济发展的空间差异性，发挥不同地区的禀赋优势，错位发展。在大城市等具有新经济发展优势的地区，应加快产业结构的转型升级，大力发展高端制造业和服务业，为新产业和新业态的发展营造良好的制度环境；同时，加快部分成本不断升高的传统制造业向中西部地区转移，带动当地经济发展，而传统制造业的改造升级也会为欠发达地区带来更多新经济红利。

第三，在中西部地区打造一批具有特色的新经济发展中心城市，通过中心城市的辐射效应，以点带面，促进中西部地区整体新经济水平的提高，推动区域经济协调发展。例如，贵州发挥自身优势大力发展大数据产业，创建了国家级大数据产业集聚区，2016年上升为国家重点建设的国家大数据（贵州）综合试验区。贵州省《政府工作报告》数据显示，2016年，在大数据引领之下，贵州电子信息制造业增加值增长71.3%，软件和信息服务业营业收入增长35%，电子商务交易额增长30%。此外，成都、重庆、西安等西部中心城市也是重要的国家级创新中心，在国家的创新驱动发展战略中占有重要地位。

5.4.2 营造市场环境与机会平等的社会环境，减轻贫富分化加剧风险

由于互联网经济、共享经济等新经济模式具有典型的规模经济特征和极强的网络外部性，因而极易形成"赢者通吃"的经济结构。而在赢者通吃的经济结构中，少数人占有多数收入将会成为一种常态，社会的财富和收入两极分化可能会进一步加剧。因此，在大力发展新经济的过程中，处理好"赢者通吃"与贫富分化加剧这对矛盾是促进新经济健康发展的重要前提。本研究认为，应对这对矛盾需要把握两个关键点：一是正确认识新经济发展中赢者通吃现象的必然性及其与传统垄断的区别；二是减轻由"赢者通吃"的经济结构导致的贫富分化加剧风险，关键在于促进机会平等。前者关系新经济发展中的"效率"问题，后者关系新经济发展中的"公平"问题。

第一，新经济发展中的赢者通吃现象不同于传统经济中的厂商垄断行为，有效治理需发挥市场力量，关键在于降低市场准入门槛，营造公平、自由、开放的市场竞争环境。传统经济学认为，垄断会导致市场失灵，因而政府常常会通过价格管制、反垄断法等反垄断政策对企业垄断行为进行干预。然而，对于新经济发展中的新产业和新模式而言，由自然垄断而形成的"赢者通吃"，并不一定会带来效率损失，反而是市场充分竞争的结果。因为对于这些高技术企业来说，决定生存的不再是生产成本，更为重要的是用户体验和不断创新。

因此，对于新经济发展中的赢者通吃现象，首先要有一个正确的认识，不能将其片面地等同于垄断，更不应以传统的反垄断标准对其进行盲目干预。关键是要以保护创新和竞争为导向，降低企业的进入门槛，消除企业进入和退出的壁垒，改善营商环境，营造一个公平竞争、自由进退、对外开放、宽容失败的市场环境。同时，反垄断标准也应与新经济的自身特性相适应，例如，市场集中度可能不再是反垄断审查的决定性因素，而是要看企业行为是否有利于促进竞争和创新。在这一方面，美国利用反垄断法规来促进新型互联网行业竞争与创新的案例，值得我们学习和借鉴。

第二，提高教育、医疗等公共服务质量，促进公共服务均等化；进一步完

善"托底性"社会保障；增强社会代际流动性，防止阶层固化，努力创造机会平等的社会环境。一定程度上来说，"赢者通吃"是人类社会日益进步的一个必然现象。尽管，新经济发展中形成的赢者通吃的经济结构不一定带来效率的损失，反而会促进效率的提升；但是，这种赢者通吃的经济结构却导致贫富分化拉大的风险进一步加剧。而减轻由"赢者通吃"导致的贫富分化加剧风险，关键不在于打破赢者通吃的经济结构，而在于创造一个人人机会平等的社会环境。这种机会平等主要体现在三个方面：首先，进一步提高教育、医疗等公共服务的质量，尤其是加大对科技教育的投入力度，同时，进一步促进优质公共服务的均等化；其次，进一步完善医疗、养老、失业等"托底性"社会保障制度，确保普通人的基本生活能有所保障；再次，进一步消除阻碍社会代际流动的制度障碍，防止阶层固化，要让每一个人都等获得平等的发展机会，促进新经济的包容性增长。

5.4.3　建立与新经济发展相适应的就业促进与保障机制，有效防范失业风险

在新经济时代，由于技术变革，劳动力市场两极分化趋势会进一步加剧，中等技能劳动者岗位会大幅缩减，同时，由于技术进步，一些就业岗位会彻底被机器和先进技术所取代，造成劳动力的失业风险进一步上升。加之，中国当前正处于经济结构转型的关键时期，在新旧动能转化过程中，传统经济面临的劳动力失业风险进一步加剧。因此，建立与新经济发展相适应的就业促进与保障机制，有效防范失业风险，是推动新经济健康发展的重要前提。

首先，建立适应于新经济发展的就业培训机制。随着新经济的发展，越来越多的工作会依赖互联网和人工智能设备等先进技术，以及复杂的人际网络来完成，因此，掌握现代经济所需要的技能类型是获得工作的重要前提（见表 5.7）。一方面，在职业教育和高等教育阶段，学校要更加重视对学生相关能力培养，提高其未来的就业能力；另一方面，对于那些传统经济中的失业人员，政府应为其提供相应的激励和社会培训机会，提高其再就业的能力。同时在新经济时代，企业和劳动者都应建立起终身学习的机制。

表 5.7　现代经济需要的技能类型

认　　　知	社会与行为	技　　　术
识字、算术以及高级认知技能（如逻辑推理、创造性思维）	社会情感能力与人格特质	动手能力强,应用材料、工具与设备
纯粹的解决问题的能力与掌握解决问题的知识	愿意体验的开放心态、有责任心、情绪稳定、开朗随和	通过高等教育、培训或在职学习培养的技术能力
语言能力、计算、解决问题、记忆与思维速度	自我管理、有勇气、良好的心态、决策与人际交往能力	专业化技能

资料来源:《2016 年世界发展报告:数字红利》。

其次,完善社会社会保障体系,适应劳动力市场的变化。在审慎评估的基础上,对于在新旧产能转化过程中失业且再就业困难的家庭或个人,可以给予一定的社会援助;同时也要不断调整和完善中国现行的社会保障制度,维护社会的公平正义。此外,分享经济等新经济模式尽管提供了大量的就业岗位,促进了隐性就业和自由职业者的规模化发展,但是这种就业并非传统的劳动雇用关系,就业者也往往缺乏社会保障和正规的维权渠道,因此,政府要进一步探索和完善新型就业模式下的社会保障制度。

5.4.4　深化金融监管体系改革与创新,有效防范新金融风险

科技创新离不开金融的有效支持,同时,科学技术也为金融发展提供了强大动力。在新经济发展过程中,金融与技术紧密结合,一方面优化了金融资源的配置效率;另一方面,新金融风险也日益凸显。因此,金融科技的健康发展需要坚持鼓励创新与风险防范双管齐下,进一步深化金融监管体系的改革与创新,有效防范新金融风险。

第一,鼓励金融科技创新,培育良好生态体系。目前,从全球范围来看,许多国家政府和监管当局对金融科技发展主要采取以鼓励创新为导向的政策措施,大致可以分为以下三种模式(详见表 5.8):监管沙盒模式、创新中心模式和创新加速器模式,旨在培育良好的金融科技生态体统,通过政府、监管机构、金融科技机构、传统金融机构等多方合作,鼓励金融科技的发展,提高金融市场与金融体系效率。

表 5.8　各国发展金融科技的主要模式

主要模式	代表国家（地区）	主　要　内　容
监管 沙盒模式	英国、澳大利亚、 新加坡	允许在可控的测试环境中对金融科技的新产品或新服务进行真实或虚拟测试。该模式在限定的范围内，简化市场准入标准和流程，豁免部分法规的适用，在确保消费者权益的前提下，允许新业务的快速落地运营，并可根据其在沙盒内的测试情况准予推广
创新中心 模式	英国、澳大利亚、 新加坡、日本、 中国香港	支持和引导机构（含被监管和不受监管的机构）理解金融监管框架，识别创新中的监管、政策和法律事项。这一模式可操作性更强，预计未来将有大量国家和地区推出类似的制度安排
创新加速器 模式	美国加州	监管部门或政府部门与业界建立合作机制，通过提供资金扶持或政策扶持等方式，加快金融科技创新的发展和运用

资料来源：廖岷：《全球金融科技监管的现状与未来》，中证网，2016 年 8 月 19 日。

第二，探索与金融科技发展相适应的监管理念和法律框架。金融科技的发展对传统的金融监管理念和法律框架造成了根本性的冲击，如何确立与金融科技发展相适应的金融监管体系，目前仍是各国积极思考和探索的问题。2016 年，金融稳定理事会首次正式探讨了金融科技的系统性风险与监管问题，并提出一个金融科技分析框架：（1）需要对各类金融科技产品及其机构的创新内容和机构特征进行充分分析；（2）对金融科技发展的驱动因素加以区分；（3）要注意前瞻评估金融科技对金融稳定的影响。这一框架为各国探索金融科技监管体系提供了有益的参考。对于中国而言，现行的金融监管体系与金融科技的发展之间仍有很多不相适应的地方，例如分业监管模式与金融科技行业的混业经营特征相矛盾；自上而下的监管体制与区块链技术分布式、去中心化特征相矛盾等。如何处理好这些矛盾，平衡好金融科技创新与风险防范之间的关系，是中国金融监管体系改革的主要方向。

第三，对不同类型的金融新业态采取具有针对性和差异化的金融监管方案。由于不同的新金融业态的发展特点不尽相同，因而各国在实际监管中也采取了具有针对性的金融监管方案。表 5.9 列举了美国、英国、日本等主要发达国家在 P2P 网络贷款和股权众筹融资这两个典型的新金融业态上的主要监管措施，以及这两种金融业态的监管重点。目前，中国对这两种业态的监管措施也在不断完善，2016 年 8 月，银监会等 4 部委发布了《网络借贷信息中介机构业务活动管理暂行办法》，进一步促进了 P2P 网络借贷的规范发展，而我国的股权众筹融资监管细则目前尚在制定当中。

表 5.9　典型新金融业态监管的国际经验与监管重点

典型新金融业态	国际经验	监管重点
P2P 网络借贷	美国：美国证券交易委员会（SEC）对 P2P 平台信息披露有严格要求；州一级监管部门的严格监管，对 P2P 借贷实行多层监管体系，P2P 在美国面临三大类法律的监管：证券监管法案、银行监管法案和消费者信贷保护法案 英国：P2P 网贷适用《消费信贷法》，监管原则包括平台在提供贷款前应向借款人提供贷款安排的详细解释；确定主要风险；平台应在贷款之前对借款人的信用状况进行评估 日本：主要通过"地下金融对策"系列法律对 P2P 网贷进行监管	1. 建立基本市场准入标准； 2. 设立 P2P 网络贷款平台行为的负面清单； 3. 加强信息技术监管，建立网络安全事件的分级预警机制和应急处置机制； 4. 建立风险提示与客户分级机制，进一步完善 P2P 网络借贷平台对出借人的风险评估和信息披露，同时规范平台自身的经营管理状况披露机制； 5. 建立资金的第三方存管机制
股权众筹融资	美国：《创业企业融资法案》允许小企业通过众筹融资获得股权资本，对符合条件的众筹融资可以豁免证券法下的发行注册要求 法国：《众筹融资指引》规定涉及证券认购或股权投资的，应遵循证券；涉及贷款的，应遵守银行法规 日本：《金融商品销售法》和《金融商品交易法》，规定了金融商品销售者的义务和缔约的行为规则	1. 设立股权众筹融资中介机构和发起人行为的负面清单； 2. 明确照顾说明书要素； 3. 明确发起人的信息披露义务； 4. 投资者适当性管理和投资者分类制度

资料来源：姚余栋、杨涛：《共享金融》，中信出版社 2016 年版；及其他相关资料。

此外，积极利用信息科技创新，推动发展"金融科技监管创新"；提高跨业和跨国的监管合作，增强金融科技监管的协调性，也是防范新金融风险的有力举措。

5.4.5　加快培育新动能，促进新旧动能平稳接续，实现经济发展稳中求进

当下，中国经济正处于新旧动能转换和"双引擎"形成的关键时期。加快推进供给侧结构性改革，一方面，培育壮大新经济，发展新动能，打造新的经

济增长点；另一方面，积极利用新经济的蓬勃力量，推动传统经济和传统产业改造升级，尤其是促进实体经济更好地适应经济转型，实现新旧动能平稳接续，已经成为中国经济面临的一个战略性、全局性的问题。

一方面，进一步创新政府管理方式，探索包容创新的审慎监管制度，为新经济的发展创造有利的制度环境。另一方面，坚持创新驱动实体经济发展，促进新旧动能的有序转化，保持经济转型的平稳转换，实现"稳中求进"的发展目标。首先，坚持紧紧依靠科技创新和技术进步改造提升实体经济的质量和效益；其次，坚持全面深化改革，进一步降低企业的制度性交易成本，营造有利于创新创业和实体经济发展的国际化法制化规范化的营商环境；最后，进一步深化供给侧结构性改革，加快实体经济的结构性调整，加快清理"僵尸企业"，推动实体经济结构优化。

5.4.6 加强全球合作与全球治理，促进新经济的包容性增长

2015 年世界互联网大会上，国家主席习近平曾指出，网络空间是人类共同的活动空间，网络空间前途命运应由世界各国共同掌握。各国应该加强沟通、扩大共识、深化合作，共同构建网络空间命运共同体，并在此基础上提出"四点原则"和"五项主张"。网络空间是新经济发展的基础，在新经济时代，人类将更加深入地迈向全球合作与全球治理时代，通过"互联互通、共享共治"的协同治理模式，实现新经济在全球范围内的包容性增长。

6　僵尸企业的治理与振兴实体经济

　　"僵尸企业"（zombie firm）指那些已经丧失了自我发展能力和市场活力的企业。通常这些企业处于停产或半停产状态，连年亏损，甚至濒临倒闭。僵尸企业之所以"僵"而不死，主要是它们依赖非市场因素生存，靠政府补贴、银行续贷等方式获得给养。僵尸企业的产生与经济下行密切相关，自从 2008 年全球金融危机以来，僵尸企业再次开始在众多国家大量出现。随着中国经济进入新常态，经济增长速度由高速增长转变为中高速增长，产能过剩问题日渐突出，在产能过剩行业中存在的大量的僵尸企业，是中国提升行业整体生产效率、实现经济转型升级面临的亟需解决的重要问题。僵尸企业不仅自身经营存在较大问题，还会伤害健康的非僵尸企业，使其陷入财务困境，并且最终导致一些健康的企业也变为僵尸企业。其对实体经济的"病毒传染性"危害更大，僵尸企业不仅会降低资源的利用效率，更重要的是挤占健康企业的市场份额和资源，特别是对健康企业在融资成本方面的挤出效应更加显著。由于僵尸企业的存在，大量的金融资源流向了僵尸企业，导致健康企业的融资成本提高，投资率下降，给经济体埋下长期的隐患，这就有可能导致经济僵尸化，再多的资源投入也难以推动经济增长，日本"失去的 20 年"就是前车之鉴。因此，对于处于新常态的中国经济来说，僵尸企业的处置是振兴实体经济的重要抓手，僵尸企业退出市场，不仅能够减少低效企业的比重，提升经济的质量，而且能够提高资源的配置效率，使效率高的企业配置到更多的资源，提高经济的整体效率。

6.1　僵尸企业的识别与特征

　　僵尸企业这一现象并非中国所特有，20 世纪 80 年代美国发生储蓄贷款危机之后，20 世纪 90 年代末日本资产价格泡沫破灭之时，都存在僵尸企业的情况并引发了大量讨论,日本企业的僵尸化现象甚至被认为是导致日本经济停滞 20 年的重要影响因素之一,实际上,"僵尸企业"概念的盛行也来自日本 20 世纪 90 年代经济金融危机的解析,学界目前普遍认同的定义是指由于资金提供者或政府的帮助,应该退出市场却没有退出市场的生产率低下且收益为负的企业。从管理部门的角度来看,2016 年 2 月,国家工信部将"僵尸企业"明确定义为"已停产、半停产、连年亏损、资不抵债,主要靠政府补贴和银行续贷维持经营的企业"。上述对僵尸企业定义的内涵一致,基本上包含了以下主要特征:一是经营陷入困境,自生能力基本丧失。僵尸企业的生产经营遇到了非常大的困难,大多资不抵债,陷入停产、半停产状态,受制于市场环境、企业生产条件和企业创新等因素的影响,企业不具有自我救赎和创新重生的能力,只能依靠外部力量维持。二是问题的长期性,大多数企业已经病入膏肓。僵尸企业的问题不是当前发生和形成的,在出现停产、半停产之前,已有较长时期的经营困难,甚至是连年亏损、资不抵债的情况。与一般企业所处的成长阶段不同,僵尸企业长期属于"淘汰企业"的行列。三是僵尸企业往往会形成较大的系统性风险。一般而言,当企业无法维持经营时,都会按照《破产法》退出市场,通过破产保护,为企业提供良好的退出机制,并为社会资源的重新配置和有效使用创造条件。而这些企业之所以会成为"不破不退"的僵尸企业,就在于这些企业背后往往牵涉非常复杂的政企、银企关系,并由此带来潜在的社会稳定问题,一旦启动破产退出程序,就会释放风险,导致较大的社会问题。这些风险的存在制约了僵尸企业的退出。

6.1.1 僵尸企业的识别方法

上述的特征给识别僵尸企业提供了一定的标准,如企业长期亏损、靠政府补贴和银行贷款生存等。为了尽量精准识别"疑似僵尸企业"[①],我们采用 1998—2013 年中国工业企业数据库这一大样本,并采用两种不同的方法来识别僵尸:利息法和利润法。僵尸企业的第一种识别方法是利息法,利息法又称 CHK 方法,由学者 Ricardo J. Caballero、Takeo Hoshi 和 Anil K. Kashyap 提出,其

---

① 这里用疑似僵尸企业一说,原因在于尽管从理论上讲僵尸企业的标准比较容易制定,但在具体识别时由于数据方面的局限,并不能完全一致地进行识别,但按照下面的方法识别的这些企业都具有僵尸企业的核心特征,从动态的角度来看,这些企业也是我们经济转型中需要重点治理的企业。

核心就是计算出一个理论最低的利息，如果企业的实际利息支出低于该理论最低的利息，则表明企业主要依靠银行贷款为其"输血"而保障企业生存，识别此企业为僵尸企业。然而该方法可能会存在对僵尸企业的误判，因此日本学者 Shin-ichi Fukuda 和 Jun-ichi Nakamura 对上述方法进行优化，本研究的利息法既是基于优化后的方法进行估计。第二种识别方法是利润法，这种方法基于国务院定义的标准，即企业连续三年亏损及不符合产业结构调整方向。考虑到不符合产业结构调整这个标准难以量化，并且相当一部分的僵尸企业依赖于政府补贴生存，因此本研究所用利润法的定义是，如果一个企业如果连续三年利润总额减去补贴收入为负即为僵尸企业，这样的处理体现了政府补贴对僵尸企业的影响，也更加容易测算。本章接下来将对两种僵尸企业识别方法进行阐述。

1. 利息法

本章的利息法基于 Shin-ichi-Fukuda 和 Jun-ichi Nakamura 优化后的 CHK 方法，识别方法可以分成三个步骤：

第一步，计算出每个企业的理论最低利息，如果企业的实际利息支出小于理论最低应付借款利息将会被识别成"疑似"僵尸企业。即

$$Interest_t - R_{min,t} \times Liability_{t-1} < 0$$

其中，$Interest_t$ 是当年企业的实际利息支出，$R_{min,t}$ 是理论最低利率，$Liability_{t-1}$ 是前一年企业计息负债总额（我们用长期负债总额作为其替代指标）。理论最低利率 $R_{min,t}$ 是中国统计年鉴里当年 1—3 年贷款基准利率、3—5 年贷款基准利率和 5 年以上贷款基准利率的平均值（即三种贷款利率的权重均为 1/3）再乘以 0.9，乘以 0.9 的原因在于从 1998 年 11 月起央行规定金融机构贷款最低只能下浮 10%（此规定到 2013 年全面废除）。因此 $R_{min,t} \times Liability_{t-1}$ 表示的是基于理论最低利率企业应付的最低利息。然而，第一步中可能存在对僵尸企业的误判，即可能将正常企业误判成僵尸企业，或者将僵尸企业误判成正常企业。前者可能发生在央行采取宽松货币政策的时期（如 2008 年金融危机之后），部分正常企业的借款利率可能低于理论最低利率；或者发生在企业所在的集团旗下拥有银行的情形下，集团内部的借贷利率可能会低于理论最低利率。后者则是因为银行可能会对僵尸企业进行再贷款以保证其能够正常还利息，从而使得僵尸企业被识别成正常企业。考虑到这两种不同的情况，我们

加入了下面两条识别标准，以作为对上述两种情况的不同处理。

第二步，通过第一步识别标准的"疑似"僵尸企业如果其息税前收入减去政府补贴后不小于理论最低利率，则不会被进一步识别成僵尸企业。

第三步，通过第一步识别标准的正常企业如果其息税前收入减去政府补贴后小于理论最低利息，其借款超过其资产的一半，并且其当年借款比上一年有所增加，则会被认定为僵尸企业。

根据以上三个步骤，本研究识别出的僵尸企业数量及比重如表 6.1 所示。

表 6.1　利息法僵尸企业数量及比重

年　份	非僵尸企业	僵尸企业	合　计
1999	112 908 (80.24)	27 806 (19.76)	140 714
2000	113 940 (81.27)	26 259 (18.73)	140 199
2001	113 788 (83.01)	23 285 (16.99)	137 073
2002	130 565 (86.05)	21 166 (13.95)	151 731
2003	141 781 (88.99)	17 535 (11.01)	159 316
2004	139 720 (85.39)	23 907 (14.61)	163 627
2005	220 936 (92.79)	17 158 (7.21)	238 094
2006	237 399 (93.81)	15 678 (6.19)	253 077
2007	264 693 (95.1)	13 624 (4.90)	278 317
2011	127 489 (98.04)	2 549 (1.96)	130 038
2012	149 701 (97.59)	3 702 (2.41)	153 403
2013	156 109 (97.53)	3 959 (2.47)	160 068
合计	2 173 754 (91.11)	212 185 (8.89)	2 385 939

注：1. 括号中为比重，下同。

2. 2008、2009 和 2010 年由于缺少政府补贴的数据所以无法判别，下同。

3. 2011 年之后工业企业数据库的企业入选标准从原来的主营收入 500 万元以上提高到主营收入 2 000 万元以上，所以 2011 年之后僵尸企业的比重相比起 2007 年之前会有一个明显的下降，下同。

表 6.1 显示，中国的僵尸企业的数量和比重在 1998—2007 年间都在不断下降，比重从 19.76％下降到 4.9％，说明僵尸企业的问题在逐渐缓解。这一阶段是中国经济高速发展的阶段，也是中国着力实现经济转型和制度创新的阶段，在一定程度上减少了僵尸企业的产生。在 2011 年以后中国僵尸企业的比重有所增长，从 1.96％增长到 2.47％，尽管涨幅不大，也在一定程度上表明了僵尸企业问题的严峻性，这与中国经济降速、改革进入攻坚期不无关系。总体而言，在工业企业数据中，中国僵尸企业的比重在 9％左右，这一比重也显示了中国处置僵尸企业的任务的艰巨性，而且不仅在于较高的僵尸企业的比重，更重要的是这些企业通过"病毒式"传染的方式损害正常企业的经营活动，影响经济整体的效率。合理、有效地处置这些僵尸企业，是振兴实体经济的重要措施。

2. 利润法

这种方法主要根据国务院的标准，即企业连续三年亏损及不符合产业结构调整方向。考虑到第二个标准难以量化，并且相当一部分的僵尸企业依赖于政府补贴生存，因此如果一个企业连续三年利润总额减去补贴收入为负即认定为僵尸企业。这样的处理主要体现了政府补贴对僵尸企业的影响，即如果没有政府的补贴，僵尸企业难以在市场上存续，识别公式如下：

$$Profit_t - Subsidy_t < 0$$

其中，$Profit_t$ 是企业当年的利润总额（而非净利润，净利润＝利润总额－所得税），$Subsidy_t$ 是企业当年所接受的补贴收入（其中 2008、2009 和 2010 年没有此变量的数据）。

表 6.2 表明，利润法测算出的僵尸企业的比重和年度变化趋势与利息法的基本吻合，中国工业企业僵尸企业的比重从 2000 年的 14.61％下降到 2007 年的 6.17％，但测算样本最近几年的僵尸企业比重有所回升，从 2012 年的 2.43％小幅增长到 2013 年的 3.48％。整体上僵尸企业的比重在 8.37％，与上述利息法识别的类似，可见中国工业企业僵尸比重基本在 9％左右的水平，需要引起足够的重视，避免这些企业所带来的风险扩散，造成经济的僵尸化。

表 6.2 利润法僵尸企业数量及比重

年 份	非僵尸企业	僵尸企业	合 计
2000	104 629	17 901	122 530
	(85.39)	(14.61)	
2001	103 172	15 448	118 620
	(86.98)	(13.02)	
2002	107 776	14 013	121 789
	(88.49)	(11.51)	
2003	119 617	13 593	133 210
	(89.8)	(10.2)	
2004	120 916	11 872	132 788
	(91.06)	(8.94)	
2005	139 006	12 018	151 024
	(92.04)	(7.96)	
2006	203 032	16 215	219 247
	(92.6)	(7.4)	
2007	217 446	14 309	231 755
	(93.83)	(6.17)	
2012	95 444	2 375	97 819
	(97.57)	(2.43)	
2013	127 864	4 607	132 471
	(96.52)	(3.48)	
合计	1 338 902	122 351	1 461 253
	(91.63)	(8.37)	

6.1.2 国有控股企业僵尸企业比重较高

按照中国工业企业数据库的企业所有制分类标准，我们将企业所有制分成六大类：国有控股、集体控股、外资控股、港澳台控股、私人控股和其他。如表6.3所示，无论是利润法还是利息法，国有控股企业中僵尸企业的数量和比重都是最高的，分别是21.74%和27.85%，明显高于其他所有制类型的企业（均为10%以下），说明僵尸企业在国有控股企业中比较盛行，国有企业由于预算软约束的特征，能够获得较多政府补贴和银行信贷。在利润法中，僵尸企业比重第二高的是集体控股企业为8.27%，外资控股企业、港澳台控股企业和其他类型企业的比重相差不大，都在6.5%上下，而私人控股企业的僵尸企业比重最低，仅为3.7%。而在利息法中，不同所有制类型企业的僵尸企业比重排序也相差不大，只是其他类型企业上升到第二位（8.13%），集体控股企业下降到第三位（6.61%），外资控股企业、港澳台控股企业和私人企业的僵尸企业比重最低，都在4%以下。僵尸企业的所有制特征分布表明国有控股企业是僵尸企业最集中的地方，而私人控股企业则仍然是中国经济中最具活力的企业类型。

表 6.3 僵尸企业的所有制分布

利　润　法			利　息　法		
控股情况	非僵尸企业	僵尸企业	控股情况	非僵尸企业	僵尸企业
国有控股	191 543	53 217	国有控股	245 836	94 899
	(78.26)	(21.74)		(72.15)	(27.85)
集体控股	53 141	4 790	其他	780 871	69 136
	(91.73)	(8.27)		(91.87)	(8.13)
其他	535 856	38 815	集体控股	83 036	5 874
	(93.25)	(6.75)		(93.39)	(6.61)
外资控股	63 849	4 610	外资控股	113 256	4 378
	(93.27)	(6.73)		(96.28)	(3.72)
港澳台控股	62 913	4 342	港澳台控股	108 767	3 947
	(93.54)	(6.46)		(96.5)	(3.5)
私人控股	431 145	16 552	私人控股	814 758	16 789
	(96.3)	(3.7)		(97.98)	(2.02)

6.1.3　僵尸企业在公共行业和劳动密集型行业分布较多

我们采用的行业分类标准是 2002 年国民经济行业分类标准（GB/T 4754-2002），并列出了两种方法的僵尸企业比重前 15 名行业（如表6.4所示）。利息法和利润法两种方法中排名前三的都是水的生产和供应业（分别为 33.90% 和 24.14%），电力、热力的生产和供应业（分别为 25.6% 和 12.58%），燃气生产和供应业（分别为 22.58% 和 23.54%），说明在这些公共行业中僵尸企业比较集中，这可能和这些公共行业的非营利性和长期亏损需要政府补贴与银行支持有关。僵尸企业分布比较集中的行业还包括印刷业和记录媒介的复制（分别为 13.50% 和 9.71%）、饮料制造业（分别为 13.26% 和 10.81%），食品制造业（分别为 11.79% 和 9.05%）和非金属矿物采选业（分别为 10.34% 和 9.12%）等，这些行业都是属于劳动力密集型行业和附加值比较低的行业，这些行业中的企业盈利能力较差，在中国经济转型过程中更容易发展成为僵尸企业。

表 6.4　僵尸企业 4 位码细分行业前 15 名

利　息　法		利　润　法	
二位码行业	僵尸企业比重（%）	二位码行业	僵尸企业比重（%）
水的生产和供应业	33.90	水的生产和供应业	24.14
电力、热力的生产和供应业	25.60	燃气生产和供应业	23.54
燃气生产和供应业	22.58	电力、热力的生产和供应业	12.58
印刷业和记录媒介的复制	13.50	饮料制造业	10.81
饮料制造业	13.26	印刷业和记录媒介的复制	9.71
煤炭开采和洗选业	11.85	烟草制品业	9.20
食品制造业	11.79	非金属矿物制品业	9.12
非金属矿物制品业	10.84	食品制造业	9.05
有色金属矿采选业	10.34	化学纤维制造业	8.31
化学纤维制造业	9.23	专用设备制造业	7.87
烟草制品业	9.04	农副食品加工业	7.79
医药制造业	8.79	有色金属冶炼及压延加工业	7.75
农副食品加工业	8.76	医药制造业	7.51
非金属矿采选业	8.50	交通运输设备制造业	7.44
石油和天然气开采业	8.49	黑色金属冶炼及压延加工业	7.43

6.1.4　僵尸企业的地域分布主要集中于中西部省份

中国各省份的僵尸企业比重的分布如表 6.5 所示。僵尸企业的比重最高的省份均是经济发展比较落后的中西部省份，如贵州（分别为 24.33%和 19.37%）、海南（分别为 24.28%和 23.73%）、青海（分别为 24.09%和 21.99%）、云南（分别为 20.48%和 20.04%）等，僵尸企业的比重基本都在 20%以上。这些中西部省份除了经济发展比较落后，还存在产业结构单一、市场经济活力较低和政企关系比较"暧昧"等问题，而这些恰好都是造成僵尸企业的重要原因之一。与之相反，在经济比较发达的东部沿海省份，如浙江、江苏、广东、上海等，僵尸企业的比重相对较低，都在 8%以下。从实体经济的转型发展来看，中西部地区的任务更为艰巨，如果僵尸企业的问题得不到妥善处置，则实体经济的发展将会面临更大的风险，这也是经济落后的中西部地区在新常态下经济转型和产业升级的困惑所在。这些区域在市场化进程上的滞后使得其转型的历程将会漫长而曲折。

表 6.5　僵尸企业的省份分布

省　份	利息法（%）	利润法（%）	省　份	利息法（%）	利润法（%）
贵　州	24.33	19.37	内蒙古	12.82	8.31
海　南	24.28	23.73	北　京	12.42	9.54
青　海	24.09	21.99	天　津	10.91	11.34
云　南	20.48	20.04	河　南	10.80	6.73
新　疆	19.47	17.77	四　川	10.16	7.54
黑龙江	19.43	14.82	重　庆	10.15	9.88
山　西	18.95	10.26	河　北	9.03	7.59
陕　西	17.94	18.49	安　徽	8.75	7.93
甘　肃	17.89	11.38	辽　宁	7.52	7.56
广　西	17.33	17.28	广　东	7.24	5.74
吉　林	16.75	12.29	上　海	6.61	5.81
西　藏	16.64	7.05	山　东	5.21	3.18
江　西	16.39	11.11	福　建	5.06	5.66
湖　北	14.83	9.09	江　苏	4.86	4.65
湖　南	13.18	9.89	浙　江	2.79	2.66
宁　夏	13.16	16.44			

6.1.5　僵尸企业主要集中在老企业

我们将企业的年龄每隔 5 年分为一档，僵尸企业比重的年龄分布如表 6.6 所示。两种识别方法下企业年龄在 6—10 年之间的企业成为僵尸企业的概率均最低，分别只有 5.32％和 4.70％。相对来说，企业年龄在 20 年以下的企业成为僵尸企业比重较低，均不足 8％。在此之后随着企业年龄的增长，僵尸企业的比重也在不断地提高，特别是企业年龄在 46—50 年之间，僵厂企业的比重都达到了最高点，分别为 29.33％和 21.87％。由此可见，僵尸企业分布最为密集都是年龄比较大的企业，这些企业基本在 20 世纪五六十年代成立，其中大部分也都是国有控股企业和集体控股企业，"老大难"是这些企业的典型特征，这给这些企业的处置带来了更大的难度。

表 6.6　僵尸企业的年龄分布

企业年龄	利息法（%）	利润法（%）
1—5	6.09	6.09
6—10	5.32	4.70
11—15	6.14	4.78
16—20	7.67	5.45
21—25	11.76	8.12
26—30	17.42	11.68
31—35	23.68	16.53
36—40	23.41	19.08
41—45	28.23	20.97
46—50	29.33	21.87
＞50	23.88	17.73

6.1.6　僵尸企业主要集中于小型企业

我们借鉴《统计上大中小型企业划分办法（暂行）》（国统字〔2003〕17 号）和《国家统计局关于印发统计上大中小微型企业划分办法的通知》（国统字〔2011〕75 号）的标准按主营收入将企业分成大型、中型和小型企业。其中大型企业指主营收入 4 亿元以上，中型企业指主营收入在 2 亿—4 亿元之间，小型企业指主营收入在 2 亿元以下。僵尸企业的规模分布如表 6.7 所示。从中可以看出，两种方法都表示小型企业的僵尸企业比重最高，分别为 8.95% 和 8.77%，而大型企业最低，分别为 2.22% 和 2.93%，中型企业则处于两者之间。小型企业由于优质资产较少，在成长的过程中通常是"野蛮"生长，行走在市场的"灰色地带"，当市场风险增加时，由于抗风险能力较差，极容易出现经营的困难，并陷入年年亏损的恶性循环中。尽管大型企业的比重不算最高，但由于大型企业的规模以及影响力较大，其带来的经济、社会风险也成倍于小企业。

表 6.7　僵尸企业的规模分布

规　　模	利　息　法		利　润　法	
	数　　量	比重（%）	数　　量	比重（%）
大　　型	3 020	2.22	2 057	2.93
中　　型	54 702	3.86	41 030	4.17
小　　型	45 866	8.95	35 522	8.77

6.2 僵尸企业的形成与危害和风险

6.2.1 僵尸企业的成因

从上述识别的过程来看，中国的僵尸企业现象由来已久，这与中国经济转型的特征有着直接的关系，改革开放以来，虽然中国市场化不断深化，但不可否认的是中国市场制度还很不完善，市场配置资源的能力还没有完全发挥，政府部门对经济的干预程度较深，导致政企不分、资源配置扭曲的现象长期得不到缓解。众多僵尸企业不能退出市场，在很大程度上源于转型经济的预算软约束。从僵尸企业形成的表面现象看，其直接受外部的冲击显现出来，但本质在于其自身效率的低下导致其抗风险能力较差。僵而不死说明有非市场的因素在支撑企业继续留在市场，使得市场无法及时出清。总体而言，对于中国来说，僵尸企业的形成与难以处置更多地还在于制度性的因素。

第一，政府对经济的过度干预导致众多企业在市场的灰色地带"野蛮成长"，抗风险能力较差。尽管我们市场化的改革在不断推进，但计划经济遗留下来的政府决策主导发展方向、政府配置资源的经济发展方式还有很大的市场。特别是在市场化的初期，政府对经济的干预较深，给政企合谋带来了较大的空间。通过与政府建立"良好"的关系，能为企业带来土地、税收等各种资源获取上的好处，因此，企业也热衷于将资源用在维系政府关系上。这就造成了企业内部资源的错配，企业在创新等资源的配置上就会被挤占，企业的竞争力提升有限，形成一个恶性循环。当市场环境有所恶化时，由于整体技术含量不高、产品附加值低，无法实现资源合理配置，不能提供社会需要的产品、服务以及劳动者充分就业的机会，难以接入新的社会产业链和价值链，企业就容易陷入经营亏损、复苏能力有限的困境，进而形成僵尸化。

第二，政府与潜在僵尸企业的利益捆绑。正是由于政府过度干预市场，破坏了市场的功能，与潜在的僵尸企业形成了利益共同体，面对"僵尸企业"的破产危机，政府特别是地方政府出于政绩和社会稳定的考虑，不愿企业倒闭破产，在地方财政收入增速放缓甚至下降的情况下，失业救济等支出将使地方政府面临更大的财政收支压力，从而对僵尸企业难以痛下"杀手"。持续利用财政补贴或动员债权银行支持等手段，寄希望企业能够继续维持、风险在短期内不爆发。毫无效率的不断输血最终导致亏损企业成为僵尸企业。

第三，市场化退出机制的不完善。按照市场化的原则，僵尸企业本应该是退出市场的，但造成现阶段这部分企业"僵而不退"的原因在于市场化的退出机制不完善，导致这类企业积重难返，企业难以拿到"死亡证书"。首先，2007年中国才正式施行《破产法》，依法破产的历史并不长，且最高法院至今尚未出台对《破产法》的司法解释，使《破产法》的一些具体实施细节仍不完善，在具体操作中仍有不少模糊地带。其次，按照司法程序破产的企业数量相对较少。2006年以来，全国法院受理的破产案件连续6年下降，2015年回升到3 000多件。同期，通过其他渠道退出市场（包括未依法年检而被吊销或非经依法清算而径直注销）的企业却持续上升，通过司法渠道破产退出的企业不足1%。①

同时，破产案件的审理周期冗长，社会成本较高。据上海市浦东新区法院统计，2011—2013年期间，审结的28件破产清算案件平均审理期为347天。②

同时，社会保障制度不完善，生产要素市场发展滞后，各项政策措施不配套，致使政府、企业、银行、法院，对僵尸企业市场出清望而生畏，对企业依法破产或依法重整更是很少问津。

第四，银行出于不良贷款的考虑，难以对僵尸企业贸然"断供"。僵尸企业的另一个重要成因在于银行不断地对其供血，对于银行而言，主要担忧出现大规模的不良贷款。银行给企业每一笔贷款，都是作为银行的资产存在于银行的资产负债表中。一旦贷款企业的还款能力出了问题，对应的贷款就会被当成不良贷款。按照目前的规定，每一笔不良贷款都需要银行拿出一部分资本金作为风险准备金。由此银行的自有资本就会减少，资本充足率就会下降，更有甚者，一笔严重的不良贷款就有可能会直接影响到银行的经营③。因此，为了避免出现不良贷款，银行会在企业刚遇到困难的时候给企业提供一笔资金，如果银行的某些客户之间有较多的商业信用往来，那么为避免某一客户倒闭导致客户之间出现连锁反应，银行就会不得已提供低息贷款。当贷款额度较大时，一家

---

① 李一心：《当分类对待"僵尸企业"》，《上海国资》2016年第5期。

② 巩亚宁：《国有"僵尸企业"清理的难点和对策》，《上海国资》2016年第8期。

③ 何帆、朱鹤：《僵尸企业的识别与应对》，《中国金融》2016年第5期。

企业倒闭可能意味着多家企业同时倒闭。这时，银行就不得不救助困难企业，避免出现更多的呆账坏账，由此形成连锁反应，不敢贸然断供。与此同时，占用了"廉价"的信贷资金却不产生效益，周而复始地借新还旧来输血已经成为常态。银行为了补偿利差收益损失，不得不向其他企业提出较高的融资成本，导致优质企业难以获得所需的贷款，严重影响实体经济的发展。

6.2.2 僵尸企业的危害和风险

僵死企业不仅拖累企业自身的发展，影响到整体的行业效率，更具有挤占优质资源，影响正常企业经营绩效的弊端。如果僵尸企业的问题长期得不到解决，就有可能造成经济转型的僵尸化，给中国经济的转型升级带来巨大的风险和挑战。

首先，僵尸企业造成资源错配，降低经济资源配置效率。僵尸企业能不断得到政府的补贴和银行的信贷，但其效率却低下，而生产效率高、经营状况好的企业却难以获得这些资源，这种资源错配将会造成劣币驱逐良币的效应，影响经济长期发展。而且，僵尸企业代表的落后产能又得不到淘汰，产能过剩问题难以得到根本解决。僵尸企业不能"入土为安"，中国去产能经济战略工程就无法取得实质性进展，尤其无法腾挪出有限的、宝贵的社会实物资源、信贷资源和市场发展空间，无法盘活现有经济存量，从而严重影响新增经济质量提高。资源的错配也是中国经济转型过程中面临的重大问题，从这一角度来看，处置僵尸企业确实是供给侧结构性改革的"牛鼻子"，只有合理解决僵尸企业，才能释放经济改革的活力。

其次，僵尸企业的存在导致市场机制的扭曲。僵尸企业并不是靠市场经营的高效率获得资源的配置，而是靠非市场的补贴和信贷输血来获取资源。"僵尸企业"的存在扭曲了市场激励机制，导致低效驱逐高效，使企业失去了提高效率、寻找有效出路、主动进行破坏性创新的动力。僵尸企业侵占了其他企业的资源与机会，抑制整个行业创新需求的资金和动力，破坏了市场优胜劣汰的机制和公平竞争的环境，对市场发挥资源配置决定性作用机制的塑造是一个巨大的挑战。

再者，僵尸企业挤占了大量资源，加大了经济系统性风险。僵尸企业处置的难处在于其占据了经济中的大量资源,在资产、就业方面具有较大的比重,资产负债率也较高,但这些企业的效率却比较低下(见表 6.8),在增加值、利润、收入、新产品产值和出口方面都要远远低于非僵尸企业。一方面,僵尸企业往往涉及"三角债"或担保等关联责任,持续输血会导致金融风险蔓延,掩盖银行等金融机构坏账率,危及金融稳定,可能最终引发更大的金融危机。另一方面,僵尸企业较差的经营绩效将会不断地拖累整体经济的发展效率,带来经济僵尸化的风险。

表 6.8　僵尸企业与非僵尸企业的核心指标对比

变　量	利　息　法		利　润　法	
	非僵尸企业	僵尸企业	非僵尸企业	僵尸企业
R&D(万元)	46.5	20.4	56.2	21
就业人员(人)	330	410	365	411
资产(万元)	14 049.3	14 029.9	16 489.3	12 101.1
负债(万元)	8 034.9	9 807.8	9 399.3	9 313.2
资产负债率	57%	70%	57%	77%
出口交货值(万元)	2 752.2	896.3	3 276.6	852.8
新产品产值(万元)	711.3	241.2	853.7	223.9
利润(万元)	1 021.4	−263.2	1 192.8	−520.1
收入(万元)	21 277.8	13 183.4	23 762.7	12 711.3
增加值(万元)	642.2	274.6	731.3	293.7

6.3　僵尸企业治理的国际经验

处置僵尸企业的难点在于其退出后的相关机制、配套政策是否完善,是否能够帮助僵尸企业平稳地退出市场,又不带来较高的失业率或加重债务。美国、日本曾出现类似情况,其经验教训具有一定的借鉴意义。在僵尸企业治理过程中,应明确政府的作用:积极引导,战略规划,适当干预,但不过分干预。通过美国、日本政府处置僵尸企业的经验启示可知,政府参与的时机、程度和方式都很重要。在参与时机上,政府参与越早越好,把僵尸企业对经济造成的不良影响降到最低限度;在参与程度上,既要关注产业重生,又要"落地"到企业重建;既要重视僵尸企业处置前的债务问题,又要重视僵尸企业出局后的再就业问题；在参与方式上，应区别对待，避免过多的行政干预。僵尸企业处置的难点在于既涉及银行不良资产处置问题，又关乎企业重建、产业再生和职工安置等问题。基于这些难点，政府需要从法律完善、配套政策、成立专门机构、制定产业再生计划、就业保障等多维度、多方面构建处置僵尸企业的混合型政策框架。

6.3.1 日本处置僵尸企业的经验教训及启示

20 世纪 90 年代，日本"泡沫经济"破灭，股市和楼市暴跌，出现大量负债累累、濒临倒闭的僵尸企业，这些企业主要依靠银行借贷存活。日本银行为防止大量呆账坏账的出现，选择持续放贷给僵尸企业，由此造成了日本经济长期陷入低迷甚至停滞。日本处置僵尸企业的过程可分为两个阶段：第一个阶段是 1990—2000 年，这一阶段日本政府对大量僵尸企业及银行不良资产问题的危害和认识不足，选择了放任不管，在银行持续给僵尸企业提供放贷后，长期积累的银行不良资产问题终于集中爆发，大量银行面临倒闭。在没有政府的支持下，日本银行业各机构共同出资，成立了共同债权收购公司，目的是处理日益暴涨的不良资产问题，但因为力量不足，终究收效甚微，银行不良资产问题进一步恶化。1996 年，日本政府意识到了银行大量不良资产问题的严重性，成立整理回收银行，颁发相关政策，开始积极引导改革，但已错过处置僵尸企业和银行业不良资产的最佳时机，日本银行不良资产总额由 1992 年的 40 万亿日元飙升到 1999 年的 80.6 万亿，且仍在上升，银行业的金融中介功能下降，企业资金筹措困难，大量企业倒闭，对经济发展产生了较大的负面影响，日本经济陷入长期低迷期。自此，日本政府用了长达 10 余年来解决银行巨额不良资产问题。第二阶段是 2001—2005 年，日本政府颁发了《关于今后的经济财政运行及经济社会结构改革基本方针》（2001 年）、《反通货紧缩综合对策》（2002年），通过《产业再生机构法》（2003 年），成立产业再生机构，从稳定金融、保障就业、产业再生、企业重建等方面多管齐下稳定经济发展。

日本治理僵尸企业的经验教训对中国有如下启示。

一是日本的失败教训表现为当大量僵尸企业出现、不良资产上涨时，政府处置不及时，其滞后性最终造成了银行不良资产问题大范围的爆发，造成大量

表 6.9　日本处置"僵尸企业"的总体方案

		主要内容
模式	先银行业自救,后政府主导	政府、银行、企业通力合作
政策	《稳定金融体系的紧急对策》(1997)	强化和重组整理回收机构机能;全面清理金融体系的不良资产;创设债权交易市场;赋予整理回收机构以通过信托、证券化等方式处理不良资产
	《关于今后的经济财政运行及经济社会结构改革基本方针》(2001)	银行自身自查不良资产,并在三年内,将无法清理的不良资产转移到整理回收银行;完善相关法律促进企业再建与重组;解决僵尸企业倒闭后的就业问题
	《反通货紧缩综合对策》(2002)	严格审查银行不良资产,2002 年 9 月前的旧不良资产在两年内处理完毕;2002 年 9 月后的新不良资产在三年内处理完毕;治理僵尸企业,采取重建或破产
法规	新《外汇法》(1998)、《银行法》(1998)、《早期健全法》(1998)	促进日本银行业的国际化、公开化和自由化,化解银行巨额不良资产,决定对破产金融机构不再保护
	《金融再生法》(1998)、《公司更生法》(1952)、《产业再生机构法》(2003)	《公司更生法》的亮点:设立财产管理人和调查委员,进行财产调查过程中的取证、鉴定与监督等;召集关系人会议,法院就公司更生问题听取各方面意见,制订更生计划方案,再听取工会、主管行政厅、专家等方面的意见修改更生计划方案
	《零短工劳动法》《雇佣派遣法》《合同工保护法》	经济低迷,很多企业雇用临时工和派遣职工,与日本传统终身雇佣制度不同,这几部法律的颁发,一方面满足企业发展实际需要,一方面从法律上保护临时工等"非正式从业者"
	《能力开发促进法》《职业训练法》《教育训练补贴》	促进劳动者适应就业岗位变化。建立职业培训机构、加强职工指导
专门机构	整理回收银行(1996)、整理回收机构(1999)	整理回收机构由整理回收银行与住宅金融管理公司在 1999 年重组合并而成,主要是处理银行不良资产
	产业再生机构(IRCJ)(2003—2008)	主要对负债过重、濒临倒闭的企业进行重组处置,帮助企业重建,恢复产业活力;IRCJ 存续时间为五年,两年内审查确定所有需要重组的企业名单,在成立五年内企业重组或转让全部完成

银行、企业破产,对经济发展产生了严重影响。

二是日本的成功经验表现为从法律完善、政策配套、成立专门机构构建了混合型政策框架,涵盖了金融重生、产业再生、公司重建、就业保障、人力资源培训等方面,其中《金融再生法》《公司再生法》《产业再生机构法》从银行、企业、产业等共生角度给出明确的政策指向，一切都围绕"再生、重建"的主题，帮助日本企业获得重生，产业恢复了活力。

三是在僵尸企业处置上，日本的一个政策亮点是制定《产业再生机构法》，对企业重建、经营资源再利用、经营资源融合、资源生产性革新等方面进行明确规定，并依照该法律成立产业再生机构。产业再生机构站在企业重建、产业再生的战略高度而不是银行、企业或政府机构各自立场上，处理银行和企业之间的债务问题，僵尸企业破产出局不是根本目的，关键问题是促进企业重建、产业再生。产业再生机构既有公司的特点，又有政府性质，是处理政府、银行、僵尸企业共生关系的第三方机构，具有独立性，在处置僵尸企业债务关系时，保持中立，能有效防止地方政府和银行因自身利益在处置僵尸企业时的拖延和隐瞒问题。产业再生机构有健全的监管制度，设有内审部门和守法室，主要负责评估和监管，同时还接受社会监督，产业再生机构的每一个决定都会在新闻媒体上公布。

四是日本在处置僵尸企业时，把预防失业和促进再就业列为政府重点目标，从完善相关劳动法、加强职工培训、发放教育训练补贴等多方面保障就业。

6.3.2　美国处置僵尸企业的经验教训及启示

美国在处置僵尸企业方面，既有成功经验，又有失败教训。失败教训主要是 20 世纪 80 代末美国对航空业僵尸企业的破产保护。1978 年《取消航空业国家管制法案》通过，美国航空业由限制竞争转向鼓励竞争，掀起了航空业"兼并风"，同时也出现了大量中小型航空公司，新增公司过多，造成市场竞争非常激烈，"低价战"成为常态，加之受经济形势日益恶化、油价上涨的影响，很多航空公司严重亏损，无力偿还巨额债务，纷纷申请破产保护。经营困难、无生存希望的航空业僵尸企业本应退出市场，但美国政府给予了保护，保障其继续生存，避免破产，由此导致航空业的亏损状况进一步恶化，陷入长期低迷。美国处置僵尸企业的成功经验是处理 2008 年的汽车业僵尸企业事件，一方面对公司重整希望大的"僵尸企业"给予救助进行重整，另一方面让无力生存的企业退出市场。2007 年次贷危机后，美国金融业、汽车业、零售业等许多行业都出现了僵尸企业，美国及时出台了《2008 年经济紧急稳定法案》，投入 7 000

多亿美元,制定了不良资产救助计划(TARP)。针对不同行业的僵尸企业问题,制定了不同的产业救助计划,如资本购买项目、汽车产业融资项目、住房救援计划、小企业债券购买项目等,分别对金融业、汽车业、房地产业等行业进行了政策性救助。美国财政部还成立了专门的执行机构——金融稳定办公室,由国会监管小组、TARP特别督察长、金融稳定监管委员会等多家监管机构进行监管。在这次危机中,美国汽车业遭受了沉重打击,美国汽车业三巨头——通用、福特和克莱斯勒——都面临破产。在汽车产业融资项目中,美国财政部直接提供贷款给通用和克莱斯勒两家公司,以股东身份帮助其重建,两家公司很快扭亏为盈,政府也分到了红利,美国汽车业很快恢复了活力。

表 6.10 美国处置僵尸企业的总体方案

		主 要 内 容
模式	政府主动引导	政府主导引导,政府、银行、企业通力合作
政策	不良资产救助计划(TARP)	资本购买项目、监管资本评估项目、目标投资项目、资产担保项目、小企业债券购买项目、汽车产业融资项目、住房救援计划等
法规	《2008年经济紧急稳定法案》	涉及7 000多亿美元的金融救援方案,有完善的审查监察制度、透明性高
	破产法中的公司重整制度	美国公司破产方式有两种:一种是破产清算,另一种是破产重整。公司重整制度是以企业复兴为目标的再建型债务清理制度,制定专门的债务清理和免责制度,包括自动冻结制度、经管债务人制度、债务人提出重整计划的专有期以及强制批准制度等
专门机构	财政部成立的金融稳定办公室	政府部门
	多家监管机构	国会监管小组、TARP特别督察长、金融稳定监管委员会

美国治理僵尸企业的经验教训给中国以如下启示。

一是即使在市场化程度较高的美国,在处置僵尸企业问题时,政府也应积极干预,但政府干预是有时限的,应及时主动退出,防止过度干预。

二是美国在处置僵尸企业的具体做法上,针对不同行业成立专项资金救助计划,并成立专门的处置机构,设立多家监管机构进行监管。对重整有望成功的中小型僵尸企业,美国政府协调银行等金融机构给予融资帮助,如小企业债券购买项目;对具有重要战略意义的大型企业,包括一些"大而不能倒"的企业，政府通过持股国有化或直接注资进行直接救助，如汽车产业融资项目。

三是美国公司有非常严格的重整流程，按照美国《破产法》，公司重整流程为：进入破产法庭申请破产重整；审查重整申请；制定重整计划；2/3 债权总量以上和 1/2 债权人以上或 2/3 股权总量以上的股东人数通过重整计划；破产法院审查批准重整计划。只有在重组计划通过并批准时，才能得到政府的救助。另外，如果企业重组失败进行破产清算，必须偿还政府贷款本息，一方面降低政府救助风险，一方面刺激企业自救。

6.4 处置僵尸企业的政策建议

当前，僵尸企业问题作为产能过剩现象的"牛鼻子"，其解决的时间、方式和程度不仅关系到实体经济的健康发展，也关系到中国供给侧结构性改革的深入推进，以及新常态下中国经济增长动力转换的问题。处理僵尸企业，涉及银行贷款、地方政府财税、民生就业等多方面的复杂利益关系，需要从经济社会发展全局的角度，构建统一的政策处理框架，既保证僵尸企业的有序退出，又确保不发生系统性风险。处置僵尸企业后续问题，主要涉及债务清理、不良资产处理、生产设备回收、资本回收、职工安置等问题。一个完善的退出机制，其实质就是一套完整的预防措施，应该包括以下方面内容：第一，大量僵尸企业破产出局，必然面临债务清理，造成银行不良资产问题激增，因此，完善的退出机制应包括对银行等金融机构不良资产的处置措施。第二，本着经营资源再活用的原则，制定生产设备回收计划，对产能过剩型僵尸企业设置补贴机制等，主要原则是社会资源利用最大化，同时兼顾僵尸企业债务人的利益。第三，日本在处置僵尸企业时，都是把预防失业和促进再就业作为重要目标，而建立职业培训机构、加强职工指导、开发人力资源都是预防失业和促进再就业的重要措施。通过完善退出机制，才能把处置僵尸企业可能造成的危害降至最低。本研究认为，治理僵尸企业的对策，可以分为短期"治标"的政策和长期"治本"的措施。

6.4.1 治理僵尸企业的短期措施

第一，统一僵尸企业标准，分类制定对策。建立科学合理的僵尸企业识别标准,提高僵尸企业处置效率。虽然僵尸企业问题从 2012 年起陆续见诸报端,各地政府乃至中央政府也相继出台政策下达处理僵尸企业问题的指导意见,然而时至今日,中国仍没有形成科学统一的识别僵尸企业的标准。2015 年 12 月 9 日,国务院常务会议上首次将僵尸企业定义为"持续亏损 3 年以上且不符合结构调整方向的企业",但是该识别范式没有考虑到新兴行业的成长性企业在建立初期难以实现盈利的情况,因此该标准易将僵尸企业问题扩大化。2016 年 7 月,人大国发院报告中提出若企业获得的贷款利息率低于正常的市场最低利息率,那么该企业在当年就是僵尸企业。[1]   此外,各省市在处置僵尸企业问题中,也各自规定了本地的僵尸企业识别标准,虽然多数省份将连续亏损三年以上、靠政府补贴或银行续贷等维持生产经营、资产负债率超过 85% 等列为识别僵尸企业的核心指标,但各地的标准仍有差别:如广东的认定标准还包括连续三年以上欠薪、欠税、欠息、欠费,生产经营困难造成停产半年以上或半停产一年以上的规模以上工业企业等相关指标,重庆则将长期没有业务的"空壳公司"纳入处置范围,青海则经营活动产生现金净流量连续三年为负数以及产能利用率低于50% 等指标列入识别僵尸企业的指标内容。[2]因此,需要制定出在全国范围内适用的、可操作性强、科学合理的量化指标,作为处理僵尸企业问题的指挥棒,同时严格执行环保、能耗、质量、安全等相关法律法规和标准。

第二,分类处置僵尸企业,防止"一刀切"。建立统一的僵尸企业识别标准并不代表在处理过程中对所有僵尸企业一视同仁。僵尸企业按照不同的分类标准可以划分出不同的类别,一方面,从僵尸企业的"病情"来划分,可分为"有望型"和"无望型",前者指部分企业虽然满足僵尸企业的识别条件,但是拥有一定数量的知识产权、土地等其他有形或无形资产,企业仍拥有相对较高的公允价值,这类企业可以通过积极促进企业间的并购来达到资源整合的目的;后者代表的部分企业则是长期停产、扭亏无望、且有形和无形资产价值较低,这类企业则要坚定不移地启动破产退出机制。另一方面,从僵尸企业面临的主要矛盾来划分,僵尸企业可分为"债务型"和"就业型",前者指部分债务

---

[1] 聂辉华等:《我国僵尸企业的现状,原因与对策》,《宏观经济管理》2016 年第 9 期。

[2] 21 世纪经济报道:《地方去产能路线图初现僵尸企业认定标准出炉》2016 年 3 月 9 日,http://finance.qq.com/a/20160309/011155.htm。

问题较为严重、债券债务问题较为复杂的僵尸企业，这类企业承担就业较少，处理的过程中重点是有关银行及其他债权人的不良资产剥离问题；后者指承担大量就业的企业，在处置这类僵尸企业的过程中，需要为下岗职工再就业制定完善的补贴及再就业扶持计划，安排好就业兜底工作。

第三，设立临时性僵尸企业处理机构，提高处置效率。处置僵尸企业问题涉及银行等金融机构、地方政府、企业管理者、员工等利益主体，难以由现有的一家机构主导。若依靠地方政府、银行来处置僵尸企业，将不可避免存在隐瞒或拖延情况。对此，可以参考日本处理僵尸企业的经验，设置类似日本产业再生机构的临时性僵尸企业处理机构，站在相对超脱、中立的立场，公平、公正地快速处置僵尸企业，避免陷入各利益相关者推诿的困境。通过产业再生机构，可以从激发产业活力层面，对社会资源进行最有效的整合，以深入帮助企业退出或重建其经营策略，助其快速扭亏为盈，提高处置僵尸企业的有效性、战略性和经济性。另外，在严格的审查和监管制度下，通过产业再生机构处置僵尸企业，可以有效解决政府在处置僵尸企业时责任主体不清的问题，从而降低政府风险。日本的经验告诉我们，政府只注资抓政策，是难以解决僵尸企业问题的。日本正是在成立"公私合营"的产业再生机构后，才有效防止了僵尸借贷，把处置企业的目标着重放在重建上，快速恢复了企业活力。负责审查僵尸企业的运行状况，对僵尸企业进行分类鉴别，判断其是否符合被救助的条件，对符合条件的僵尸企业则推进其重组和合并进程。该机构聘用经济、金融、智库领域经验丰富、权威性高的专家学者，保证在处理僵尸企业的同时也考虑到对产业结构调整和升级的长期影响。

第四，强化银行预算约束，解决不良贷款问题。日本处理僵尸企业的经验表明：欲治僵尸，先治银行。[1] 僵尸企业之所以能长期"僵而不死"，银行对它的"输血"是重要原因。在某种程度上，银行已被僵尸企业所"俘获"，若银行不对僵尸企业继续贷款，则已有的贷款会立即转化为银行的不良资产。同时，在整体信贷资源有限的情况下，对僵尸企业的不断"输血"降低了其他实体企业可获得的信贷资源，挤压了其他实体企业的生存空间。针对这种情况，央行

---

[1] 何帆、朱鹤：《应对僵尸企业的国际经验（二）——以日本住专为例》，《金融博览：财富》2016年第9期。

要强化商业银行的预算约束，完善信贷质量考核指标。现有的《贷款分类指导原则》于 1998 年制定，将贷款划分为 5 级，包括 2 级正常贷款和 3 级不良贷款，分类仍相对较粗，且对贷款的分类标准大多是定性描述，实际应用中主要依赖银行的主观判断，准确性不强，另外，对不良贷款无法进行早期预警。因此，首先，央行应适时出台《贷款分类指导原则》的更新版本，对新时期银行信贷面临的风险与问题进行更有针对性的指导。其次，减少行政力量对商业银行贷款流向的干预，制定相关法律法规提高商业银行的决策独立性，从源头上减少不良贷款产生的概率。再次，针对已经形成的不良贷款，除了常规的清收、重组等措施外，应积极利用资产管理公司以及资产证券化等手段进行处理。

第五，完善破产制度，提高司法程序破产效率。现阶段，中国关于处置僵尸企业的法律依据主要为《企业破产法》，但该法在很多细节上还不完善。在具体执行过程中，可操作性还存在模糊的地方，譬如如何判断企业仍有再生重建的可能性。在这一点上日本《公司更生法》有明确要求要听取工会、主管行政厅、专家等方面的意见；中国《企业破产法》规定重整计划主要由债务人或管理人提出，"债务人或者管理人未按期提出重整计划草案的，人民法院应当裁定终止重整程序，并宣告债务人破产"；而美国、日本则规定，在债务人没能提出重整计划的情况下，债权人可以制定重整计划，只要企业有重整意愿，就以防止企业破产为优先目标，通过严苛的流程和标准筛选重建可能性大的企业。僵尸企业处置案件涉及的相关利益者众多，而法官审理经验不足，美国的做法就是成立专门的破产法庭，来集中审理企业破产重整案件。为更快处置僵尸企业，需要建立专门的破产法庭，培养这方面有经验的法官。借鉴美日等国的经验，中国应完善企业重整制度，简化司法流程，降低司法处置成本。因此，在促进僵尸企业有序破产清算方面，一方面，最高法院及其他有关部门应出台《企业破产法》的相关司法解释和实施细则，以指导司法部门处理破产案件，提高司法效率。另一方面，各级法院应成立专门的破产法庭，简化司法流程，集中审理企业破产重组案件，积极培养专门审理企业破产案件的法律人才，从而促进僵尸企业有序重组和退出。

第六，完善就业和社保托底机制，确保僵尸企业退出"软着陆"。相较于 20 世纪 90 年代的国企改革时期，当前中国的社会保障制度已取得了长足的进步。但是，仍需各级财政和社会保障部门未雨绸缪，提前制定相应对策措施以面对大批僵尸企业倒闭情况的发生：首先，对于有劳动能力的下岗职工，各级政府应积极提供就业培训和再就业机会，优先给予僵尸企业职工创业支持。其次，设立企业员工安置基金，从原有对僵尸企业的补贴和僵尸企业破产清算后获得的土地出让金等收入中专门划拨出部分资金作为职工安置基金。再次，完善劳动、社保、医疗保险体系的一体化联网服务，减少下岗职工办理各项保险的交易费用和成本。最后，对于已丧失劳动能力的下岗职工，则要在其养老和医疗等方面提供相应的社会救助。

6.4.2 治理僵尸企业的长期之道

一是积极调整产业结构，提高产品附加值。僵尸企业问题虽然涉及银行不良贷款、地方政府政绩诉求等利益关系，但最根本的是企业丧失了竞争优势，其背后是产品技术含量较低，产品供给结构难以满足消费需求升级的变化。僵尸企业问题往往和产能过剩问题交织，僵尸企业比重较多的行业是产能过剩行业，上述行业中的企业占用了大量的社会资源，挤压了实体经济。因此，要建立防范僵尸企业死灰复燃的长效机制，最根本是要坚定不移地调整产业结构和促进产业结构升级：在传统产业方面，对传统产业进行技术改造和关键技术的攻关，提高钢铁等传统产业的技术水平和产品附加值；在战略性新兴产业和高端制造业中，则要加强共性技术和前沿技术的研发，注重培养企业的自主创新能力，提高产业政策的精准性，避免只"做大"而不"做强"企业。

二是深化国企改革，降低产业进入壁垒。从僵尸企业的所有制分布来看，国有企业中僵尸企业占比较高，这与经济危机后大规模刺激政策以及国企在财政补贴和信贷资源方面的优势不无关系。因此，要建立防范僵尸企业的长效机制，一方面，要进一步深化国企改革特别是混合所有制改革，积极推进国有资本和社会资本的整合重组，提高国企的效率和活力，同时确保其他所有制企业与商业类国企在获取资源和市场竞争中的平等地位，确保市场在资源配置中起基础性的作用。另一方面，降低不必要的行政性进入壁垒，破除行政垄断。除了进一步对自贸区的外商投资"负面清单"进行瘦身外，尽快将自贸区的先行先试经验在全国范围内推广，将外商投资"负面清单"在全国范围内、在不同所有制资本中统一实施，以拓展产业资本可投资的领域和空间，减少资源错配程度，激发国企及其他所有制企业的活力和创造力。

三是降低实体企业制度性成本，改善实体经济环境。较高的资产负债率不仅是僵尸企业的特征之一，也折射出当前实体经济普遍面临的成本较高的问题：第一，实体经济面临的融资成本较高。中国当前的融资渠道仍以银行信贷融资为主，在整体信贷资源有限的前提下，商业银行在放贷过程中，必然偏向于大型企业和国有企业，使中小企业和民营企业所能获得的信贷资源较为稀缺，融资成本也较高。第二，实体经济也面临相当程度的制度成本。中国在知识产权保护、营商环境等方面仍有不少尚未完善的地方，从而推高了企业家从事实体行业的风险。实体企业在经营过程中要承担大量的税收。第三，从事实体经济面临较高的机会成本。近年来金融市场、房地产行业的高收益现象，间接提高了从事实体经济的机会成本。因此，在降低融资成本方面，除了要从制度上强化银行预算硬约束和差异化信贷，也要积极拓展企业的多种融资渠道，完善股票市场和债券市场等多层次金融市场，减少企业对银行信贷的依赖，降低实体经济融资成本。在降低制度成本方面，除了要探索合理降低企业税负的改革方案，也要把建设法治化的市场营商环境放在更加重要的位置，提高各级政府的服务水平，让企业家对从事实体经济的回报产生合理预期。在降低机会成本方面，坚定不移地防范虚拟经济过热和泡沫化，引导资本市场回报率向实体经济回报率回归，平衡虚拟经济与实体经济发展。

四是大力推进选择性产业政策向功能性产业政策的转变。旧常态下中国实行的直接挑选赢家的产业政策符合当时的经济社会国情，取得了较好的效果：一方面，过去中国作为追赶型经济体，发达经济体的产业和技术发展路径对中国的经济和产业发展有较好的参考作用，通过政府实施选择性的产业政策，能在较短时间内迅速提升所选择产业的实力、缩短与发达国家的距离，产业政策的效率较高。另一方面，改革开放中中国的要素禀赋结构是劳动力相对过剩，资本相对缺乏的状态，通过政府对某些特定产业的扶持，给予财税、土地、人才等方面的优惠政策，能迅速形成资本，弥补制约经济和产业发展的短板。当前，经过 30 多年的发展，中国经济已步入经济新常态，产业政策实施的土壤已发生变化：首先，中国与发达国家的技术差距不断缩小，甚至部分产业领域中国已处于世界技术前沿，产业和技术的发展路径不再有成熟的国际经验参考，此时继续实施歧视性的、选择性的产业政策难度较大，政府很难保证选择的正确性。其次，资本短缺已得到相当程度的弥补，传统上为地方政府的标尺竞争服务的产业政策易导致的重复建设、产能过剩和僵尸企业问题逐渐突出。在新常态下，要实现经济发展向创新驱动转变，产业政策需要由选择性向功能性转变。功能性产业政策是指政府通过弥补制约产业升级的瓶颈，如软硬件基础设施、产业共性技术等领域，来达到促进产业升级的目的。这些领域往往需要大量投资、投资风险高、收益慢且有较为明显的外部效应，较少有企业愿意涉及，在这些领域市场是失灵的。政府通过功能性产业政策，向这些领域倾斜资源，实现技术、基础设施上的重点突破，将使整个产业中的所有企业受益，在这些领域，产业政策依然大有可为。

僵尸企业问题在当前中国步入新常态的背景下显得尤为严重，僵尸企业不仅存在自身经营难以为继的困境，更为重要的是其主要靠政府补贴和银行信贷输血维系生存。这就会导致资源的严重错配，使得低效企业交易配置到资源，而高效企业则面临着较高的融资成本和融资难的问题，产生"劣币驱逐良币"的效应，最终影响到经济效率的提高和实体经济的转型发展。中国的僵尸企业不仅比重不容忽视，而且由于其地域、行业分布较高，多数具有较大的社会负担，导致处置这些僵尸企业面临着老大难的问题，处置不当极易导致系统性的风险。处理僵尸企业，涉及银行贷款、地方政府财税、民生就业等多方面的复杂利益关系，需要从经济社会发展全局的角度，构建统一的政策处理框架，既保证僵尸企业的有序退出，又确保不发生系统性风险。重点在于建立制度性的僵尸企业处置机制，短期来看，对僵尸企业宜分类处置，防止"一刀切"。对于拥有一定数量的知识产权、土地等其他有形或无形资产，具有相对较高的公允价值的企业可以通过积极促进企业间的并购来达到资源整合的目的；对于长期停产、扭亏无望、且有形和无形资产价值较低，这类企业则要坚定不移地启动破产退出机制。同时，设立临时性僵尸企业处理机构，提高处置效率，在此过程中要完善就业和社保托底机制，确保僵尸企业退出"软着陆"。长期而言，完善市场机制，积极推进简政放权的工作，降低实体企业的制度性成本，切断政府、银行与企业的"畸形脐带输血"机制才是根本之道。

7 经济增长中区域分化加剧与 "东北现象"和"西南现象"

近年来,中国经济步入了以"中高速、优结构、新动力、多挑战"为主要特征的新阶段,区域经济发展也呈现出一系列"新常态"现象。中国区域经济全面降速的同时,地区分化亦不断显现,并主要表现为南北分化,南北区域分化成为近年来中国区域经济增长的主要特点之一。在中国经济新常态和区域分化不断加剧背景下,东北经济的断崖式下跌和西南地区的高速度增长形成了强烈对比和鲜明反差,这正是当前中国区域经济增长分化的一种突出表现,值得给予高度关注和深入分析。

7.1 分化加剧:中国区域经济增长新格局与新态势

自2008年金融危机以来,世界和中国都在发生新的深刻变化,中国经济发展进入了新常态和新周期。与此同时,中国区域经济格局也呈现出许多新的变化和特点,由此可以从中分析和把握今后一段时期内中国区域经济增长的基本格局和发展态势。

7.1.1 总体格局:全面降速,分化凸显

总体来看,金融危机以来,中国区域经济增长格局出现了一些较为显著的变化和调整,主要表现在以下三个方面。

1. 区域增长全面降速

"十一五"时期,中国经济高速增长,全国各省区的 GDP 增速均保持在两位数以上,而且,经济增速超过 13% 的省份共有 15 个。随着全球金融危机的爆发,受国际市场需求低迷和国内经济转型调整的影响,中国区域经济呈全面下降态

势。"十二五"期间，全国所有省区的经济增速均滑落到了 13% 以下，并有近一半省区经济增长速度下滑至两位数之下，经济增长率高于 11% 的省区仅有 5 个。进入"十三五"，这一下降态势并未得到遏制，反而仍在延续。相比 2015 年以及整个"十二五"时期，2016 年全国绝大多数省区的经济增速均出现了不同程度的下降，全国仅三个省区的 GDP 增长率在 10% 以上。而且，2016 年中国出现了负增长省区，这是近几十年来中国少有的出现负增长省区的现象（见表 7.1）。

表 7.1 "十一五"和"十二五"时期各省区经济增速比较（%）

	"十一五"	"十二五"	两个五年的差值	2016 年
北　京	11.22	7.54	−3.68	6.70
天　津	16.06	12.40	−3.66	9.00
河　北	11.66	8.48	−3.18	6.80
山　西	11.10	8.00	−3.10	4.50
内蒙古	17.38	10.06	−7.32	7.20
辽　宁	13.90	7.84	−6.06	−2.50
吉　林	14.90	9.38	−5.52	6.90
黑龙江	11.98	8.32	−3.66	6.10
上　海	11.08	7.46	−3.62	6.80
江　苏	13.52	9.58	−3.94	7.80
浙　江	11.84	8.16	−3.68	7.50
安　徽	13.46	10.78	−2.68	8.70
福　建	13.56	10.72	−2.84	8.40
江　西	13.16	10.48	−2.68	9.00
山　东	13.08	9.40	−3.68	7.60
河　南	12.84	9.64	−3.20	8.10
湖　北	13.68	10.76	−2.92	8.10
湖　南	13.86	10.44	−3.42	7.90
广　东	12.30	8.50	−3.80	7.50
广　西	13.90	10.08	−3.82	7.30
海　南	12.86	9.46	−3.40	7.50
重　庆	14.92	12.84	−2.08	10.70
四　川	13.68	10.80	−2.88	7.70
贵　州	12.36	12.52	0.16	10.50
云　南	11.82	11.12	−0.70	8.70
西　藏	12.44	11.68	−0.76	10.00
陕　西	14.62	11.08	−3.54	7.60
甘　肃	11.18	10.58	−0.60	7.60
青　海	12.92	10.80	−2.12	8.00
宁　夏	12.64	9.88	−2.76	8.10
新　疆	10.58	10.76	0.18	7.60

注：各省份"十一五"和"十二五"的经济增速为每个省区五年的算术平均值。图 7.1 同。
资料来源：各相关年份《中国统计年鉴》。

从"十二五"和"十一五"的增速变动幅度来看，全国有 18 个省区经济减速高达 3% 以上，其中有三个省区减幅超过了 5%，减幅最大的前十个省份分别为内蒙古、辽宁、吉林、江苏、广西、广东、山东、北京、浙江、黑龙江，其 GDP 增速分别下降了 7.32%、6.06%、5.52%、3.94%、3.82%、3.80%、3.68%、3.68%、3.68%、3.66%。在区域经济全面降速态势下，全国仅贵州和新疆两个省份的经济增长率略有上涨，分别为 0.16% 和 0.18%，而这两个省份长期以来一直都是经济增长最少的省份（见图 7.1）。

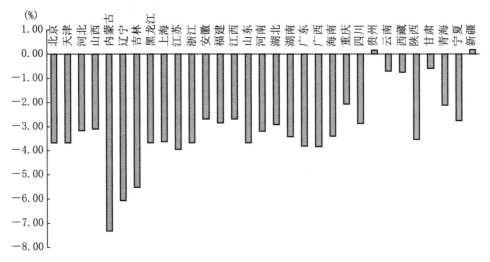

图 7.1 "十一五"和"十二五"时期各省区 GDP 增速差距

资料来源：各相关年份《中国统计年鉴》。

2. 区域分化日益显著

在区域经济全面降速的同时，区域间的分化态势也变得更加显著。中国区域经济分化既反映在不同板块之间，更体现在南方与北方之间。从东、中、西以及东北经济四大板块来看，东北板块与其他三个板块之间的增速分化十分明显，东北地区经济增速放缓幅度要显著大于其他三个板块。2008年和 2009 年，东北经济增速分别为 13.7% 和 12.7%，位列全国四大板块之首。2010 年全国经济增速进入下行通道以来，东北地区经济下滑速度要明显快于其他三个板块。2010 年，东北地区经济增长速度比中部和西部地区分别慢了 0.5 和 0.2 个百分点，但要比东部地区快 0.6 个百分点。由此之后，东北增速下降幅度不断加大，与其他三个板块的差距持续拉大。2015 年，东北三省经济增速仅达 5%，与东、中、西三大区域间的增速差距分别扩大到了 2.9、2.7 和 3.8 个百分点。2016 年，东北经济继续下滑，下滑幅度也进一步加大，其与东、中、西三大板块间的差距也进一步拉大到了 4.1、4.2 和 4.9 个百分点（见图 7.2）。相对而言，东、中、西三大板块之间的经济增速略有区别，但分化并不十分明显。因此，从板块之间来看，近年来，中国区域经济分化主要体现为经济全面降速过程中东北地区经济出现了较为严重的掉队和塌陷现象。

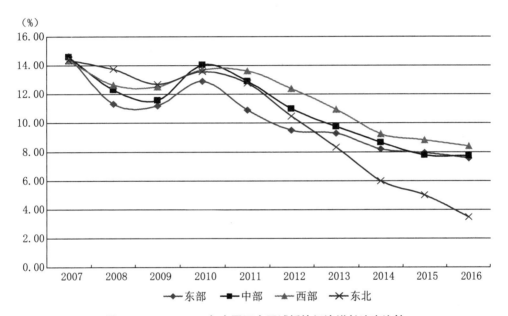

图 7.2 2007—2016 年中国四大区域板块经济增长速度比较

注：在本章中，四大板块的地域划分如下，东部地区主要包括北京、天津、河北、上海、江苏、浙江、山东、广东、海南、福建 10 个省份；中部地区主要包括山西、安徽、江西、河南、湖北、湖南 6 个省份；西部地区主要包括内蒙古、广西、重庆、四川、贵州、云南、西藏、陕西、甘肃、青海、宁夏、新疆共 12 个省份；而东北板块主要指黑龙江、辽宁、吉林 3 个省份。各板块的经济增速为相关省区经济增速的算术平均值。

资料来源：各相关年份《中国统计年鉴》。

与以往中国区域经济增长差距和分化主要体现在东西部区域之间不同，自进入这一轮经济下行通道以来，中国区域经济增长的一个重要变化就在于，南北之间的经济增长分化表现得十分显著。总体来看，西南地区、中部的南方省区、东南沿海地区经济增长要普遍好于西北、中部北方省区以及东北地区。具体来看，第一，经济增速"南快北慢"。通过对比南方和北方省区的经济增长态势可以看出，2008 年南方省区经济增速低于北方省区 0.5 个百分点，2010—2012 年间两者 GDP 增长率基本上持平。但到了 2013 年，南北省区经济增长速度开始出现了明显分化，南方省区 GDP 增速超出北方省区 0.7 个百分点。2016 年，两者之间经济增速差距被进一步扩大，达到了 1.8 个百分点（见图7.3）。第二，经济份额"南升北降"。伴随南北方省区经济增速的变化，其各占全国的经济比重开始产生相应的调整。20 世纪八九十年代，南方省区生产总值占比保持上升。2002 年之后，随着北方省区经济增长速度的加快，其所占份额有所提高。但 2012 年以来，南方省区经济所占比重开始逐年上升，2016 年南方省区经济占全国的份额已超过 60%（见图7.4），达到 20 世纪 80 年代以来的占比最高值。而随着北方省区经济增速的不断回落，北方经济占全国经济的比重更是每况愈下，目前已不足全国的 40%。

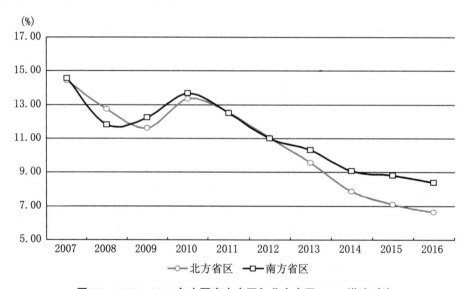

(%)

图 7.3　2007—2016 年中国南方省区与北方省区 GDP 增速对比

注：本章中，南北方省区划分如下，南方省区包括上海、江苏、浙江、安徽、福建、江西、湖北、湖南、广东、广西、海南、重庆、四川、贵州、云南和西藏；北方省区则是指北京、天津、河北、山东、河南、山西、内蒙古、辽宁、吉林、黑龙江、陕西、甘肃、青海、宁夏、新疆。各板块的经济增速为相关省区经济增速的算术平均值。

资料来源：各相关年份《中国统计年鉴》。

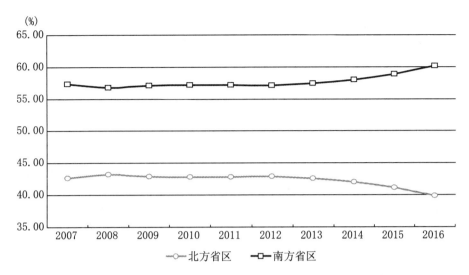

图 7.4　2007—2016 年中国南方与北方省区经济占全国比重情况

资料来源：各相关年份《中国统计年鉴》。

区域分化不仅体现在板块之间，省区之间经济增长的差异化也更加明显。总体而言，一些结构调整步伐相对较快、新经济发展较好、民营经济比较活跃、产业竞争优势较强的省区经济运行保持相对平稳，受外部经济环境的影响比较有限。而一些重工业、资源型产业比重较高，产业结构较为单一的省份，经济下行压力不断加大。尤其是东北和少数中西部省份经济出现持续下滑，人口、人才、资金等生产要素资源呈现出净流出态势。从 2016 各地区 GDP 增速来看，超过 10％的有重庆（10.7％）、贵州（10.5％）和西藏（10％），超过 9％的有天津和江西，在 8％—9％之间的有 7 个地区，在 7％—8％之间的省区 12 个，吉林、河北、北京、上海、黑龙江增幅均在 6.0％—6.9％，山西增长 4.5％，而辽宁是全国唯一一个负增长的省份（−2.5％）。由此不难看出，在推动经济由投资拉动型向消费和高科技拉动型转型升级的背景下，全国各省区之间的增长差异进一步明显。东部沿海省份的经济增长相对较快，这些省份有更多的先进制造业、高科技产业以及中央政府希望大力扶持的初创企业。而那些产业结构较为单一、国有企业占主导地位、市场高度垄断的地区由于传统动力弱化、新动力生成不足，造成经济增长困难。因而，地区之间的增速极差和标准差有扩大的趋势。

3. 区域差距不断扩大

自改革开放以来，中国区域经济差距持续扩大，东北地区、中部和西部地区一直长期落后于东部沿海地区，中国四大区域板块经济绝对差距持续扩大已成为一种稳定态。1980 年东部、中部、西部和东北地区人均 GDP 分别为 865元、364 元、360 元、650 元，到 2016 年东部、中部、西部和东北地区人均 GDP分别提升到 76 460 元、40 029 元、40 410 元和 51 967 元，人均 GDP 的绝对差距大幅扩大（见图 7.5）。总的来看，中国区域经济发展格局大体可以分为三个不同阶段，第一个阶段是从改革开放之初到提出西部大开发战略，这一时期中国经济发展战略主要是从经济效益出发，以沿海地区为全国经济发展的战略重点，由此导致了区域经济差距的不断扩大。第二个阶段，主要从提出西部大开发到经济发展进入新常态，这一时期中央相继实施西部大开发、东北振兴、中部崛起三大战略以协调区域发展。在此期间区域发展差距依然在不断扩大，但扩大趋势已有所遏制。从相对差距上看，东部与中部、西部和东北地区三大板块的人均 GDP 比值从 2000 年的 2.5 倍、2.3 倍和 1.3 倍缩小到 2011 年的 1.9 倍、1.8 倍和 1.2 倍。第三个阶段则是从中国经济进入新常态开始至今，中部地区、西部地区与东部地区的差距呈现出收敛的趋势，但东北地区与东部地区的差距却进一步扩大，从 2012 年的 1.2 倍扩大到了 2015 年的 1.3 倍。

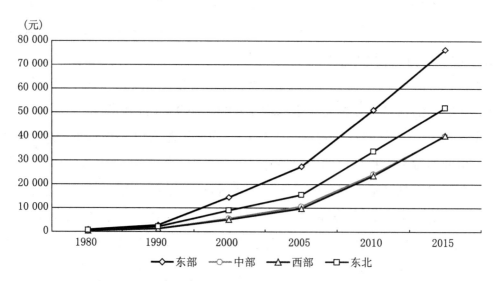

图 7.5　1980 年以来中国四大区域板块的人均 GDP 变化情况

资料来源：各相关年份《中国统计年鉴》。

7.1.2 发展趋势：持续分化，格局重构

区域经济增长分化既有周期性因素的影响，但更为主要的是结构性因素所致。从目前发展的基本态势来看，未来一段时期，区域分化特别是南北分化的态势仍将延续，中国经济重心也将随之进一步南移，由此带来区域经济增长格局的重大调整。同时，随着中国经济的转型升级，区域发展的路径将被重塑。

1. 区域分化将进一步加剧

首先，支撑北方省区及资源型省份快速增长的阶段已经过去，传统重工业大省增速下滑，资源型城市出现负增长，这种趋势可能在今后一段时期持续。中国经济发展正处于传统动力弱化而新动力生成的转换期，外需疲软、内需回落、房地产调整及产业结构调整等因素的综合影响，对区域发展带来了新挑战。国家整体投资增速放缓，导致了以工业化中期阶段为主的中西部地区和东北地区产能过剩十分严重，尤其是东北地区压力更为突出。综合来看，这些经济增速较低、增长较为困难地区具有如下几点共性：产业结构较为单一、国有企业占主导地位、市场高度垄断。相比沿海省份，中西部、东北资源型大省的产业结构多元化和所有制结构多元化程度均较低，而且两者之间有一定的正相关性，使其承受宏观经济冲击和波动的能力极差。在全国宏观经济形势整体向好时，上述地区尚能够保持快速增长，然而一旦出现下行冲击，地区单一经济结构弊端随之显现，短期内难以实现复苏增长。尽管国家会出台一系列政策对其支持，但产业培育需要时间，因此，在"三去一降一补"继续的大背景下，估计增幅有限。

其次，东南沿海发达地区继续吸引高端要素集聚，并引领全国新经济发展，将领先全国其他地区率先复苏。在中国经济转型和产业升级趋势下，创新成为区域发展的新动力。以互联网和智能制造为核心的新技术和新经济本质上具有较强的网络集聚效应，先发地区可利用其技术、资本、人才等方面的有利条件，吸引更多要素资源向该地区聚集，其先发优势将被进一步强化。对高端经济要素的集聚和吸引能力，决定了未来东南沿海省份经济发展潜力要远大于北方省区。事实上，最近几年，东南沿海发达省份经济呈现出缓慢的企稳态势，浙江、广东、上海、江苏等东部沿海省市的新兴产业已有了引领经济发展的迹象。东部沿海发达地区在传统产业转移、劳动力成本不断上升的情况下，

积极布局电子信息、装备制造、航空航天、新能源汽车、船舶制造、海洋工程装备、精品钢材等先进制造业，如今效应已逐步显现。据统计，2016年上半年，东部地区规模以上工业增加值同比增长6.4%，快于全国规模以上工业0.4个百分点。广东地区制造业规模以上增加值增速为7.5%，高于规模以上工业增加值0.7个百分点，同比提高0.2个百分点。江苏、浙江高新技术产业增加值增速分别为7.2%、8.7%，高于规模以上工业增加值0.8和2个百分点。[①]

此外，贵州、重庆等西南一些产业经济结构调整开始较早的省区增长态势较好，随着这些地区经济结构调整效应的不断释放，不难预期，以贵州、重庆为代表的西南省区快速发展的势头仍有望继续保持。

2. 区域经济格局面临调整

当前，中国区域经济空间格局正在发生着重大调整，大交通、大物流的发展极大地促进了区域间的经济联系，改变了区位条件，特别是高铁网络的编织使得中国区域可达性格局逐步由航空主导型向高速铁路主导型转变，这对于原有的区域经济空间格局产生了冲击。此外，区域战略、区域规划和区域政策的密集出台和实施对于区域经济空间格局的优化也有积极影响。特别是，随着国家新三大区域战略和诸多区域规划的颁布实施，"一带一路""长江经济带"和"京津冀地区"对国内区域发展新格局的引领作用将进一步凸显。通过双边、多边、区域、次区域开放合作，加快实施自由贸易区战略；打造横贯东中西、联结南北方的对外经济走廊，推进长江经济带、丝绸之路经济带、海上丝绸之路建设，扩大内陆边疆地区开放；以循环产业和生态产业为主导，探索构建长江经济生态产业示范带，推进长三角地区生态产业梯度转移，使长三角地区对长江经济带沿线地区经济发展的带动作用进一步发挥。"一带一路""长江经济带""京津冀协同发展"三大战略实施，将构建新的经济增长带和增长极，促进形成区域发展新格局。

3. 区域发展路径正在重塑

其一，产业转移将进一步加速。2016年国家发改委发布《中西部地区外商投资优势产业目录》修订稿，明确提出这一产业目录的主要原则是支持中西

---

① 杨苾、藏波：《区域经济结构性分化，未来将形成新增长带增长极》，《上海证券报》2016年9月20日。

部地区承接产业转移，发展外向型产业集群；立足中西部地区产业基础和劳动力、资源等优势，增加对当地经济发展有显著带动作用的产业条目；改造提升传统产业，促进服务业发展，严格控制产能过剩项目等。随着第三批自贸区的设立，西部发展的方式、动力引擎会发生非常大的改变。随着西部口岸的进一步开放，西部地区产品可以直接输送到国际市场，节省了人力物力成本，因此，产业将会加速向西部转移。

其二，区域经济一体化将加速。由于新一代信息技术、现代交通技术的快速发展，支撑区域经济发展的资本、劳动、技术等要素流动的速度和强度都在显著增强，流动方式也出现了重大变化。传统上更多是地理邻近区域之间，通过产品或者劳动力的地理转移而实现，在新技术条件下，超越地理空间、跨越式流动的特征将越来越显著。这一变化将导致经济活动的地理边界日趋模糊，资源要素可以在更大的空间范围内实现优化配置。区域之间的经济联系更加复杂化，由传统基于不同产业链而形成的线性关系向基于价值链的网络关系转变。

其三，区域发展路径将被重塑。由于生产活动模块化、数字化、智能化程度的不断提高，一个地区的经济发展对劳动力的技能、基础设施（主要指信息通信设施和公共服务设施）的先进水平和制度条件提出了更高的要求。要素的知识性、不可替代性和不可复制性成为决定一个地区竞争优势的重要因素。低成本劳动力、廉价的土地、能源资源，以及地理区位等传统优势，都将由于生产组织方式、商业模式的变革而被替代，对经济活动空间布局的影响力已明显趋于减弱。在此背景之下，基于传统比较优势，主要依托本地资源的"自身消耗型"的区域发展路径，越来越难以适应新常态下区域发展环境的变化。无论是发达地区，还是欠发达地区，都积极主动向"创造型"的发展路径转变，以适应新时期区域竞争的要求。[1]

7.2 急转直下："东北现象"的症结表现与困局成因

在中国经济步入下行周期出现的区域分化中，东北经济的快速回落和塌陷

---

[1] 胡少维：《创新发展路径促进区域协调发展》，《上海证券报》2017 年 1 月 7 日。

现象尤为令人关注。随着中国经济进入新常态，由于经济结构和体制矛盾的特殊性，东北三省经济出现了一系列困难和问题，导致经济增长出现了明显的减速。在全国四大区域板块中，东北经济最先下调，且下调幅度也最大，至今仍深陷衰退泥潭难以自拔，被称为"东北现象"或"新东北现象"。

7.2.1 "东北现象"的来龙去脉

东北地区在中国经济体系中占有举足轻重的地位。"北大仓"为解决全国人民温饱问题提供了重要保障，东北丰富的森林、煤炭、石油、铁矿资源为新中国建设打下了坚实基础，东北工业率先发展为新中国初始的经济稳定和产业发展做出了卓越贡献。然而从1990年前后开始，东北老工业基地因不适应体制转轨和市场化过程，一度普遍陷入困境，被称为"东北现象"。

"东北现象"这一概念最初由辽宁大学冯舜华教授在20世纪90年代提出。20世纪90年代初，国家采取紧缩性的经济财政政策对全国经济进行治理整顿。与以往的经济紧缩政策带来的影响较为均衡不同，这次全国性的经济治理整顿对各地经济发展造成的影响存在很大的差异。如华南和华东地区经济的增长速度虽有下滑，但下降幅度不大，仍保持一定的增长势头，只是由于生产资料价格上升导致效益下降。海南等沿海省份也大体相似。西北和西南等原来工业基础比较薄弱的省区却保持了高于全国平均速度的增长率。而与此形成鲜明对照的是，辽宁、吉林、黑龙江这些传统的老工业基地出现了零增长和负增长的现象，并且难以走出低谷。这种极度反差的状态被称为"东北现象"。

2003年，中央为促进区域协调发展颁布实施了"振兴东北等老工业基地战略"，振兴战略对东北地区的经济发展起到了显著的促进作用。2003—2012年的10年间，东北地区一直保持高速增长，年均经济增速达到12.7%，超过全国水平。然而，从2013年开始，东北经济增速迅速下跌，2016年跌至3.5%。社会媒体把近年来东北老工业基地在振兴过程中经济再度下滑的现象称为"新东北现象"，与改革开放中期以后、2003年振兴东北战略提出以前东北的经济发展缓慢、并落后于其他地区的"东北现象"相对应。经过十多年的经济振兴努力，东北依然面临如此严峻的形势，引起了国家和社会的高度关注。

7.2.2 "东北现象"的症结表现

1. 经济增速"断崖式"下跌

东北地区经济自 2003 年国家实施振兴东北等老工业基地战略以来,经历了近十年的相对较快的高增长,直到 2012 年以前东北地区都以高于东部、稍低于中西部地区的经济增速保持良好的增长态势。2013 年成为东北经济的重要转折点,东北三省 GDP 增长率快速跌破 10%,在全国四大区域板块中排名末位。2016 年,东北经济继续急转直下,由 2015 年的 5% 进一步下降到 3.5%,低于全国平均水平(6.7%)3.2 个百分点,出现了明显的增速失控,被媒体称为"断崖式"下跌(见图 7.6)。

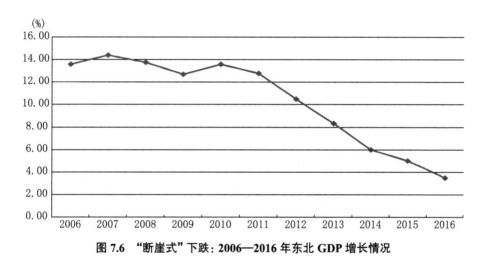

图 7.6 "断崖式"下跌:2006—2016 年东北 GDP 增长情况

资料来源:各相关年份《中国统计年鉴》及官方公布的统计数据。

东三省中,除吉林经济增速略好于全国平均水平外,辽宁和黑龙江均处在全国水平以下。其中,辽宁 GDP 出现了明显的负增长(-2.5%)。从经济增速排名来看,2016 年辽宁、吉林、黑龙江的 GDP 增长率分别排在全国倒数第一、倒数第三和倒数第七位(见图 7.7)。从数据中可以看出,河北、山西和内蒙古等省份也面临着较大的经济下行压力,但并未出现东三省这样整个区域板块经济增速显著下滑的问题,由此可见,东北经济形势十分严峻。

通过对比四大板块占全国经济总量的份额,可以发现东北板块已出现整体

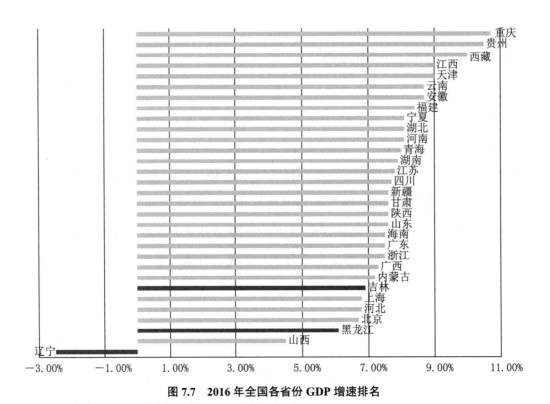

图 7.7　2016 年全国各省份 GDP 增速排名

资料来源：官方公布的统计数据。

"塌陷"。中西部地区近年来受到国家政策倾斜，即便是在全国经济下行的背景下，其经济总量占全国的份额也呈现出稳步上升态势。东北地区 2007—2012 年也有小幅上升，提高了约 0.34 个百分点。但从 2013 年起这种形势出现转折，占比逐年开始下降。从 2016 年的数据来看，东北三省经济占全国经济总量份额已跌破 7%，只有 6.8%（见图 7.8），首次低于东北国土面积和人口数量占全国的比重。

2. 重点产业明显放缓

"十二五"以来，东北地区工业经济增长呈现跳崖式下滑趋势，优势传统产业再次进入"寒冬"，"保增长、促转型、谋升级"任务异常艰巨。2015 年辽宁工业增加值负增长 12.7%，吉林和黑龙江分别增长 5.3% 和 0.4%，增速严重下滑。工业生产者出厂价格指数（PPI）持续低于全国平均水平，工业领域通货紧缩形势严峻。从微观层面看，东北企业盈利能力迅速减弱，失业压力加大。2015 年辽宁、吉林和黑龙江规模以上工业企业利润总额分别下滑 38%、16%

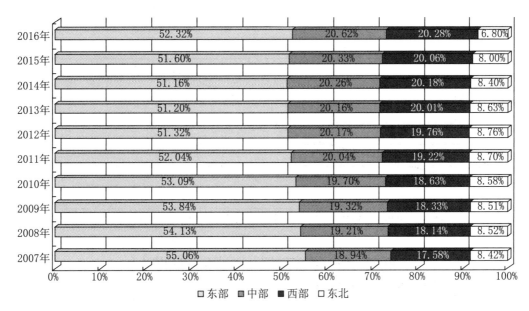

图 7.8　四大经济板块占全国经济比重变化情况

资料来源：各相关年份《中国统计年鉴》及官方公布的统计数据。

和58％，亏损企业数量大幅增加。[①] 在就业方面，2015年东北地区省会城市平均失业率已经达到7％，比全国平均水平高出2—3个百分点。此外，东北停产待工和国企职工分流安置问题日益严重，潜在的失业率大幅飙升。

在本世纪初经历两轮产能扩张后，中国经济面临普遍的产能过剩与总需求不足问题，处于产业链上游、产能易增难减的重工业尤其严重。东北经济素以煤油装备等重工业为主，在经济景气时期，特别是2008年底"4万亿"刺激政策以后，重工业过剩产能不仅没有及时调整，反而进行新一轮扩张，导致在本轮下行调整中，出现产能利用率低、债务费用高企、营运资金紧张等困难局面。

3. 财政收入大幅下降

东北地区经济增速的快速下滑，直接影响到三省的财政收入增长。自2013年以来，东北地方财政收入增速明显下滑，尤其是辽宁，2015年辽宁省地方公共财政预算收入下降了33.4％，财政收入增速居全国末位。吉林和黑龙江省的表现比辽宁稍好，但财政收入增长速度也不可避免地出现了较为明显的回落（见图7.9）。

---

① 《东北经济为何断崖式下滑？》，环球军事网，http://www.huanqiumil.com/news/59982.html。

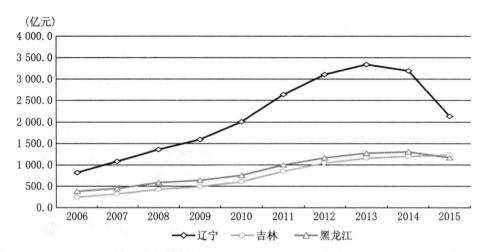

图 7.9　东北三省地方财政一般预算收入增长情况

资料来源：各相关年份《中国统计年鉴》及官方公布的统计数据。

与此同时，居民收入增长放缓。振兴东北战略实施以来，东北地区居民收入持续增长，生活水平有了较大改善。但随着东北经济呈现放缓态势，由于经济增长与收入增长的正相关关系，居民收入受到一定影响。从城镇居民收入看，三省城镇人均可支配收入增速均低于全国平均水平，与发达地区的收入差距依然显著。

4. 固定资产投资严重萎缩

近年来，中国投资增速出现了明显减缓，而东北地区面临的问题甚至比全国要严峻得多。受能源价格下行、部分重工业产能过剩的影响，东北三省在固定资产投资方面均出现了不同程度的萎缩。2015 年东北三省固定资产投资完成总额约为 4 万亿元，比 2014 年下降了 11.1%，尤其是辽宁省固定资产投资仅完成 1.7 万亿元，比 2014 年下降了 27.8%。进入 2016 年，这一情况没能得到扭转，甚至仍在恶化。据统计，2016 年，全国固定资产投资增速首次回落到 10% 以下，而东北地区固定资产投资同比下降了 23.5%，降幅远远高于全国水平（见图 7.10）。其中，辽宁投资同比下降幅度高达 63.5%，出现了"腰斩式"下跌。吉林增长 10.1%，但增速同比回落 2.5 个百分点；黑龙江增长 5.5%，增速略有提升。①

另外，民间投资最能反映出市场的走势判断。当前，中国民间投资正经历"冰

---

① 《2016 年东北地区固定资产投资同比下降》，国家发改委网站，http://www.sdpc.gov.cn/jjxsfx/201701/t20170125_836955.html。

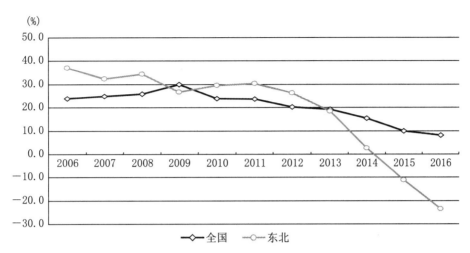

图 7.10　全国和东北地区固定资产投资增速变化

资料来源：国家统计局网站。

火两重天”的严重分化。统计数据显示，2016 年中国民间固定资产投资增长 3.2%，其中，东部地区增长 6.8%，中部地区增长 5.9%，西部地区也有 2.4% 的增长，而东北地区则大降了 24.4%。民间投资区域表现分化与经济转型紧密相关，民间投资的大幅下降反映出东北地区经济转型步伐已大大落后于全国大多数地区。

5. 人口和人才长期净流出

从某种程度上而言，“新东北现象”的背后是人口危机。从人口经济学角度来看，一个地区的人口流失与经济下滑有着非常密切的关系，而且两者之间相互作用，形成恶性循环。根据 2010 年第六次全国人口普查数据，东北三省人口净流出 180 万。而 2000 年全国第五次人口普查时，东北地区人口净流入 36 万。① 人口长期净流出，导致人才大量流失，这对东北振兴无疑是釜底抽薪。长期以来，东北老工业基地各类国有企业拥有一支规模较大、经验丰富、实践能力强的专业技术人才队伍，但由于企业经营不佳、工资待遇较低、发展机会较少等原因，很多专业技术人才源源不断地流向东部沿海发达地区。一方面技术工人跳槽现象客观上折射了东北地区优势传统产业相对衰退；另一方面，大量技术人才流失也给企业带来很大的挑战，如用工成本上升，技术工艺外泄等。并且，人才流失容易产生“群体扩散效应”，少数人跳槽很容易带动一帮人

---

① 张占斌：《经济新常态下的“新东北现象”辨析》，《人民论坛》2015 年第 8 期。

跟着离职，从而引发更大的"失血"。①

7.2.3 "东北现象"的形成原因

东北出现"断崖式"下跌，并引发"板块塌陷"，已引起中央和社会各界的高度关注。对于东北经济面临的困局，学界从多个角度进行理论解释，并形成了诸多的理论观点，归纳起来，主要有如下几类。

1. 宏观环境影响说

例如，张占斌② 认为，与其他板块相比，东北地区受宏观经济大环境的影响更大。当前，中国经济发展进入"三期叠加"阶段，经济减速换挡的特征极为明显，而东北地区资源型产业、重化工产业、重型装备制造比重较高，经济增速必然受到影响。以吉林省工业结构为例，汽车、石化、冶金、建材、装备制造等占比近70%，这种经济结构极易受市场和环境变化的制约。2012 年以来，吉林省发展增速逐年走低。东北地区的产业特点决定了：当国家工业发展快，对其需求大时，增长就快；当产能过剩问题比较突出时，对其负面影响就大。

2. 经济结构失衡说

有不少学者认为，东北地区产业结构、需求结构、区域结构不合理是"新东北现象"产生的主要原因。刘晓光研究发现③，东北经济之所以在本轮调整中迅速恶化且困难程度远超其他地区的深层次原因，是其深陷"单一经济结构困局"。这主要表现在两个方面：一方面，产业结构过于单一。东北经济发展高度依赖资源产业和重工业，现代服务业发展滞后。传统的资源型产业结构和粗放型经济增长方式，使东北形成了较为单一的产业结构。目前，东北重工业占比仍维持在80%左右，且多集中在钢铁、煤炭、石油等产能过剩行业，产品也多处于产业链的底端。这种单一的产业结构，特别是大型重工业企业尾大不掉，导致东北经济应对波动风险的能力极弱。另一方面，所有制结构相对单一。长期以来，在东北经济格局中，央企、国企占比高，企业规模大，民营企业多依附其上下游发展，受到国企体制的限制，发展相对迟缓。例如，黑龙江国有及国

---

① 叶振宇：《东北地区经济发展态势与新一轮振兴》，《区域经济评论》2015 年第 6 期。
② 张占斌：《经济新常态下的"新东北现象"辨析》，人民论坛，2015 年第 8 期。
③ 刘晓光、时英：《东北如何走出"单一经济结构困局"？》，中国经济网，2016 年 4 月 14 日。

有控股企业增加值占工业增加值的比重高达近70%，远高于全国不到20%的平均水平。不仅如此，东北的国有企业多处于资源型行业，受经济周期影响较大。这种长期依赖国企的经济发展模式使得东北地区民营经济发展受限，有影响力的民营企业较少，难以形成规模。非公经济发展滞后导致市场化机制难以实现，使得东北经济难以像广东、江苏等省份那样在短期内迅速调整。另外，张占斌、赵超等也认为，"新东北现象"是结构问题长期积累的集中爆发。①

3. 内生动力不足说

徐青民认为②，东北之所以能够得到一段时期（东北老工业基础振兴战略实施的前10年）的快速发展，与国家政策倾斜、宏观调整环境宽松、国际国内市场需求紧密相关。东北地区的经济发展，主要依靠巨量投资拉动与政府强势推动，但缺乏有效的市场需求和市场内生动力推动。一方面，东北地区民营经济受扶持较少，导致经济发展缺乏活力；另一方面，东北地区对创新重视不足，投入偏低。目前，东北三省研发投入强度不及全国平均水平，甚至低于中西部地区，且这种差距越来越大。可以说，东北经济发展，本地缺支撑、域外缺开拓，且创新动力不足。

4. 思维模式制约说

杨晓猛从文化的视角，论述了思维模式是影响和制约东北经济的重要因素。③ 研究认为，计划经济体制惯性中的东北思维模式，似乎远离创业精神、市场活跃度及商业文化太多。相对长三角和珠三角，东北的"官文化"太重、"商文化"缺乏。"官文化"还会带来"等靠要"的思维模式，而不是有问题想办法解决。樊杰等也持类似的观点，认为东北文化和体制机制滞障作用显著，软环境趋于恶化，已经成为制约地区发展最大的短板性因素。长期的计划经济体制，以行政为主导的经济运行机制，"等靠要"意识显著，导致了东北人对权力的过分崇拜，滋生了权力至上的"官本位"思想；另外长久以来，东北丰厚的森林矿藏和富饶的土地资源使人们满足于自给自足的生产方式，既缺乏商品交换

---

① 张占斌：《经济新常态下的"新东北现象"辨析》，《人民论坛》2015年第8期；赵超：《"新东北现象"如何解？》，《国际商报》2016年1月4日。
② 徐青民：《"新东北现象"探析》，《吉林日报》2015年9月8日。
③ 杨晓猛：《"新东北现象"症结与出路的思考》，《经济研究》2016年第8期。

意识,商业观念淡薄,市场化意识不浓,私营企业缺少发展动力。①

5. 政府职能错位说

徐青民分析指出,从表面看,产生"新东北现象"主要是外部需求不足、投资拉动减弱所致,实质上是10年振兴没有解决并且进一步加剧的各种矛盾集中爆发的结果,其中最突出的问题是经济结构不合理、体制机制不健全、政府行为不规范。政府行为不规范具体包括:第一,崇拜GDP,盲目上项目,把经济增速当成施政主要目标。一些地方只顾投资不顾还债,只顾速度不顾效益,项目投产之日,便是亏损之时,使国家的宝贵资金变成"沉没成本",也使政府背上巨额债务。第二,简政放权难,部门权力利益化。一些地方政府揽权太多,管得太死,层层设卡,效率低下。第三,政府职能错位。一些地方政府在服务上不到位、在行使权力上不规范,用有形的权力之手排斥和取代市场"看不见的手"。不少地方领导热衷于组团招商,层层下指标提速,纷纷出台不切实际的发展战略和奋斗目标,命令下级执行,强迫企业就范。

6. 制度供给约束说

许多学者研究指出,东北落后的深层次原因在于传统体制的束缚,而体制创新是振兴东北老工业基地的关键。② 对于此次东北经济出现困局,所谓的投资不足、国有企业、产业结构问题、人口流出和老龄化问题都没有触及问题的本质,东北发展问题的根本原因在于制度路径依赖。③ 在中国经济发展进入重化工业阶段时,东北地区原本有着得天独厚的产业优势,但前提是正视东北地区长期存在的体制机制问题。④ 丁晓燕认为,东北地区现有的经济体制基本上是为实现规模和速度扩张服务的,没有体制机制的转型、政府行为方式的转变,传统的经济增长模式还会不断被复制。⑤ 张嵎喆和周振认为,当前制约东北地区新兴产业发展的主要矛盾在于制度供给约束,即市场环境体系建设不完善,各类管制、限制和"玻璃门"使得资源无法顺畅进入新兴领域,或者即使进

---

① 樊杰、刘汉初、王亚飞等:《东北现象再解析和东北振兴预判研究——对影响国土空间开发保护格局变化稳定因素的初探》,《地理科学》2016年第10期。

② 林木西、时家贤:《体制创新——振兴东北老工业基地的关键》,《东北大学学报(社会科学版)》2004年第4期。

③ 骆振心:《东北困局如何破》,《经济观察报》2015年7月13日。

④ 周民良:《振兴东北:体制改革是关键》,和讯网,2007年8月9日。

⑤ 丁晓燕:《怎样改变"新东北现象"》,《中国经济报告》2016年第6期。

入新兴领域的各类资源面对分配制度的不合理也难以为继，无法获得适当报酬的扭曲型利益格局对资源的流入流出提供了不恰当的信号，难以实现"以政策启动市场、以市场驱动产业"。总体而言，东北地区基层政府在政府服务意识、办事效率和优质的商务环境等制度供给方面都有很多值得改进的地方。此外，经济性管制的逐步放松、竞争格局的强化和全球化停滞等外部环境的变化，要求东北地区的新兴产业发展必须依靠政府政策的有效推动，这对东北地区政府的转型提出了更高的要求，即从过去的外生优惠政策接受者转变为自发式内生制度的创新者。①

综上所述，学界对于"东北现象"的产生原因从多个理论视角进行了解释和分析。实际上，东北经济发展中出现的问题不是单一因素可以解释的，而是多方力量作用的结果。在笔者看来，近年来，东北地区经济增速急速下降既有外部因素作用，如国内外市场需求不振，也有长期积累的产业结构失调、地方政府的产业发展惯性思维以及国有企业体制改革滞后等内在因素的影响。"东北现象"的出现与形成，既是原有结构效应和体制效应的最大程度释放，同时又是中国经济进入新常态后外部效应的催化结果，是既有因素与新生因素的叠加，如国内消费需求转化导致对重化工业品需求的剧减、人口红利比全国提前消失、新技术变革对传统行业的冲击等。东北地区经济发展存在的深层次问题如不能尽快解决，势必导致东北地区经济的进一步恶化，显然根本出路还是在于深化改革、扩大开放，提升经济增长的活力和效益。②

7.2.4 "东北现象"的破解之道

东北地区当前遇到的困难和问题，归根结底仍然是体制机制问题，是产业结构、经济结构问题，解决这些困难和问题还要靠深化改革。习近平总书记在辽宁考察时为东北经济开出了药方：深入实施创新驱动发展战略，增强工业核心竞争力，形成战略性新兴产业和传统制造业并驾齐驱、现代服务业和传统服务业相互促进、信息化和工业化深度融合的产业发展新格局，为全面振兴老

---

① 张嵎喆、周振：《制度供给约束与新兴产业发展——基于东北地区经济振兴的逻辑》，《宏观经济研究》2016年第 12 期。

② 陈耀、王宁：《新常态下振兴东北需要再造新优势》，《党政干部学刊》2016 年第 3 期。

工业基地增添原动力。《国务院关于近期支持东北振兴若干重大政策举措的意见》，为新十年东北振兴进行了新的战略布局。"一带一路"作为中国崛起的重大决策，为东北老工业基地振兴提供新的战略支点；由"工业4.0"革命引发的新工业革命浪潮，将倒逼东北奋起追赶。为此，我们提出破解东北困局、加快东北老工业基地振兴的如下几点建议。

1. 激发改革活力，完善体制机制

没有体制机制的转型、政府行为方式的转变，传统的东北经济增长模式还会不断被复制，重复上演，必须建立健全推动经济转型升级的制度环境，进一步释放改革红利。要以深化改革为动力，坚决破除不适应市场经济发展的体制机制。全力打造企业这一市场经济的微观基础，完善国有企业治理模式和经营机制，切实增强企业内在活力、市场竞争力和发展引领力。全力打造统一开放、公平竞争、充满活力的市场体系，建立健全市场价格机制、竞争机制、投融资机制、准入机制等，让市场在资源配置中发挥决定性作用。东北地区正处在转型升级的关键阶段和"倒逼"节点，政府要为经济转型升级提供法治环境，明确政策导向，清除文件和规章制度管束，形成以平等、自由、权利、公平为基本理念的、系统完备的制度安排，促进生产要素在行业间、地区间的合理流动。

2. 调整经济结构，促进经济转型

全面推进经济结构优化升级，加快构建战略性新兴产业和传统制造业并驾齐驱、现代服务业和传统服务业相互促进、信息化和工业化深度融合的产业发展新格局。在所有制结构上，创新发展一批国有企业，重组整合一批国有企业，积极促进央企与地方协同发展、融合发展。支持探索发展混合所有制经济，特别是要大力扶持民营经济发展。东北经济发展的最大弱项就是民营经济总量不足、结构不优、发展缓慢。东北要充分抓住国家的新政策、新机遇，乘势而上，把大力发展民营经济上升到高度的战略地位。在产业结构上，要促进装备制造等优势产业提质增效，向高端化、集聚化和智能化升级；积极培育新产业新业态，形成多点多业支撑的局面；大力发展生产性服务为重点的现代服务业，引导和支持制造业企业从生产制造型向生产服务型转变。努力用转型导向取代速度导向，用创新驱动取代投资拉动，进一步提高经济增长质量和效益，提升就业水平和民生质量。

3. 激发内生动力，转向创新驱动

当前，世界经济正在进入工业 4.0 时代，新工业革命浪潮风起云涌，与世界先进的制造业相比，东北经济增长乏力，主要是推进东北加快技术进步的内生动力不足，多年来形成的传统发展模式制约了工业的转型升级。世界工业4.0 时代的到来，为东北工业经济破解难题提供了难得的历史机遇，使弯道超车、提质增效变成可能，成为发挥后发优势、加快推动工业经济转型升级的最有利时机。一方面要提高企业自主创新意识，积极推动"万众创新"，真正营造出一个崇尚科技创新的氛围。另一方面，要发挥东北地区科教资源的优势和潜力，围绕"产、学、研"一体化，将高校、科研院所嵌入"创新联盟"，使创新成为企业的核心竞争力。

7.3 逆势而上："西南现象"的特征表现与成因解构

与"断崖式"下跌的东北地区不同，重庆、贵州等部分西南省份在全国经济步入新常态的趋势背景下逆势而上，领涨全国，成为近年来中国区域经济增长中的一大突出亮点，被称为与"东北现象"相对应的"西南现象"。如今，重庆、贵州的经济发展路径和模式成为中国区域经济转型的重要样板之一。那么，为何全国经济愁云惨雾之际，这些深处西部内陆腹地、产业基础又相对较弱的西南省份却能一枝独秀，引领全国？西南省区的后来居上有哪些成功经验和启示？梳理和解构"西南现象"背后的"密码"，对中国许多省份尤其中西部欠发展地区经济转型具有重要参考价值，对协调中国区域经济发展也具有重要现实意义。

7.3.1 "西南现象"的特征表现

近年来，重庆和贵州等西南省份的经济发展确实呈现出不少异于全国其他省份和地区的亮点和特色，引起社会各界的广泛关注和热议。这主要体现在如下几个方面。

1. 经济逆势跃升，增速领先全国

"十二五"以来，中国经济逐渐转向新常态，经济下行压力不断加大。经济新常态下，全国各地区都面临"三大转换"（增速转换、结构转换、动力转换），经济增长普遍进入下降通道。但深处西南内陆地区的重庆、贵州、西藏等省市区则逆势而动，多年来始终保持两位数以上的高速增长态势，经济增长一枝独秀，领跑全国，堪称奇迹。"十二五"期间，全国经济平均增速为7.9%，而重庆和贵州分别达到了12.8%和12.5%，分列全国第一位和第二位。2016年，中国经济增速已下滑至6.7%，重庆和贵州的GDP增长率却依然保持10%以上的高增长，分别为10.7%和10.5%，继续领涨全国（见图7.11）。除重庆和贵州外，其他几个西南省份的经济增速也有着较为良好的表现。其中，西藏2016年经济增长了10%，排在全国第三位，与重庆和贵州一起成为全国仅有的三个经济增速达到两位数的省份。而云南、四川、广西三省的经济增长率虽不及重庆、贵州和西藏那样突出，但也处在全国平均水平以上。西南诸省，尤其是重庆和贵州，在宏观经济逆势之中保持高速增长态势，创造了后发地区领跑全国的经济奇迹，成为近几年来经济下行压力未减、区域分化持续扩大背景下，中国区域经济增长的最大亮点之一。

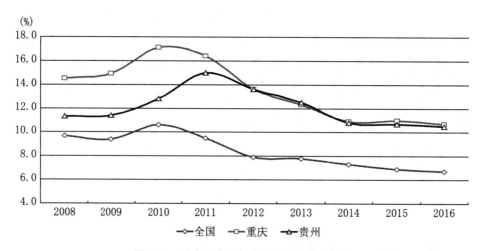

图 7.11　重庆和贵州与全国 GDP 增速比较

资料来源：各相关年份《中国统计年鉴》及官方公布的统计数据。

2. 产业异军突起，转型走在前列

除了经济增速方面的突出表现，"西南现象"创造的另一经济奇迹则在于，在区位优势并不显著、产业基础相对薄弱的情况下，重庆和贵州较早地推动产业结构调整和经济转型升级，大力发展新兴产业，许多产业"从无到有""从有

到大""从大到强",实现弯道超车和后发赶超。经济新常态下,谁先转型升级,
谁就先拔得头筹。通过加快经济转型,推动产业升级,尤其是无中生有式地发
展新兴和特色产业,是重庆和贵州两省跨越式发展所遵循的共同路径。回顾重
庆近年来的发展,很多产业都是"从无到有",异军突起,引进新兴产业成功落
地生根成为重庆产业发展的重要特色。近年来,重庆敏锐把握全球产业结构性
调整蕴藏的巨大机遇,顶住制造业"高端回流""中低端分流"的双重挤压,通过
垂直整合上下游产业链,"从无到有"吸引了惠普等世界知名电脑品牌商、代工
企业及近千家零部件配套企业,一举建成世界级笔记本电脑产业基地,并加快
向涵盖"芯、屏、器、核"的智能终端基地升级。① 目前,重庆已经成为全球最大
的笔记本电脑生产基地以及全国最大的汽车制造基地,同时还是中国最大的仪
器仪表生产基地、最大的内河船舶研发基地、中国大型变压器生产基地。重庆
市经信委的数据显示,2015 年,重庆市电子核心部件、物联网、机器人及智能装
备十大战略性新兴产业实现产值 1 664 亿元,对工业产值增长贡献率达 30%。②

　　而贵州作为西部欠发达省份,也较早开始寻求产业转型调整,重点是抓住
大数据革命的历史性机遇,先于全国其他地区率先发展大数据产业,成为弯道
超车、后发赶超、跨越发展的典范。正是由于大力发展大数据产业,才有了过
去五年贵州全省地区生产总值年均保持两位数增速,主要经济指标连续高于西
部、位居全国前列的成绩。同时,贵州吸引了中国移动、中国电信、中国联通
三大运营商相继落户,包括 IBM、惠普、富士康、微软、阿里巴巴、浪潮、腾讯、
华为、百度等在内的 200 多个知名企业巨头纷纷入黔发展。数据显示,截至
2015 年底,贵州省大数据电子信息工商注册企业达 1.7 万家;全省以电子信息
产业为主导的园区达 25 个;大数据信息产业规模总量突破 2 000 亿元,实现两
年翻番;软件和信息技术服务业收入比 2010 年增长 7 倍,年均增长 48.5%。③

　　3. 改革后来居上,开放跻身前沿

　　重庆和贵州均深处中国内陆腹地,非沿边靠海,区位优势并不突出,在改
革开放进程中也一直处于边缘和"末梢"地位。近年来,这些西部省份,尤其

① 吕永刚:《重庆经济领跑全国之谜》,《群众》(下半月版) 2017 年第 2 期。
② 《重庆经济,缘何增速又是全国第一?》,九派新闻网,http://www.jiupaicn.com/2016/0304/35634.html。
③ 《大数据金融发展领跑全国,"贵州样本"引广泛关注》,和讯网,http://house.hexun.com/2016-12-29/187548102.html。

是重庆，着力加强体制机制改革，大力推动经济发展模式和制度创新，坚持运用改革和创新手段，解决经济长周期中反复存在的深层次矛盾和问题，不断释放发展新动能。例如，重庆在全国率先推行的地票交易制、住房供给双轨制、农民工户籍制度等一系列政策创新和制度改革，为重庆经济转型升级提供了强劲动力。再如，重庆创新发展了大规模的加工贸易模式，打破加工贸易"两头在外"的传统思路，在电子信息等外向型产业中创造出"一头在外"的"整机＋配套"的垂直整合模式，实现了重庆电子信息等外向型产业的爆发式增长。又如，重庆在国内首开先河，将销售、结算等功能纳入电子信息产业链，引进惠普、富士康等龙头企业的结算中心，深度融合外向型产业的产品链和价值链，有力推动了相关要素的最优化配置。目前的重庆早已成为国家级的综合配套改革试验区，跻身中国改革创新的前沿阵地。在开放方面，尽管地处内陆腹地，但重庆一方面通过产业升级，让重庆制造在国际市场更具竞争力；另一方面打通国际通道，比如渝新欧的国际铁路大通道以及多个国家级口岸和保税区，构建开放平台融入全球市场。由此，重庆正走出内陆，从昔日的开放"末梢"一举成为内陆开放高地。一个内陆城市，虽有直辖市之利并携长江之便，但毕竟远远比不上许多改革开放相对较早的东部沿海发达省市。故其通过开创新路，一举成为改革前沿和开放高地，更彰显出重庆模式的独特魅力。

7.3.2 "西南现象"的成因解构

重庆和贵州等西南省区的经济快速增长，正在创造被赞誉的"重庆经验""贵州速度"。梳理重庆和贵州的经济成长脉络不难发现，重庆和贵州创造的经济奇迹并非不解之谜，而是顺应大势、塑造特色优势、释放多元发展动能的自然结果。这里以重庆为例，解析重庆经济高速增长背后的内外动因。我们认为，重庆经济的成功基因，关键在于四个方面。

1. 主动谋求转型升级

主动和及早调结构促转型，是重庆经济之所以能够逆势上扬、始终保持高速增长的关键前提。产业结构优化升级堪称重庆经济得以快速增长的最根本原因。经过近年来的精心布局，电子信息和汽车制造两大产业已占据重庆经济的半壁河山。而反观钢铁、煤炭等过剩行业，在重庆总体经济中的比例则不断下降。近年来，与国内其他省市一样，重庆的煤炭、钢铁等产业同样面临新常态下的困境，但因所占比例较小，对整体经济的冲击就小。而电子信息和汽车制造在上半年继续发挥重庆经济主引擎作用。与此同时，重庆实施创新驱动战略，紧跟全球科技革命和产业发展趋势，前瞻性布局战略新兴产业，构建优势产业链条，引导新兴产业集聚，推动战略新兴产业发展发展。在创新驱动发展战略带动下，重庆产业高级化趋势明显，高新技术产业发展迅猛。2015 年，重庆高技术产业工业增加值增长近 20%。符合消费升级要求的高端、智能、高技术产品产量保持快速增长。[①]

2. 深耕扎牢实体经济

在"中国制造"的"4.0 时代"，"重庆制造"依然保持着乘势而上的态势，着力寻找"制造强市"的路径。实体经济的不断壮大，对重庆的经济增速起到了不可忽视的作用。近年来，无论中国经济的高地即东部沿海地区，还是在经济上行期以重化工业和能源资源型经济为主的中西部省份，经济均出现了增长乏力、新动能培育不足等系统性问题。而重庆从 2014 年起，经济增速逆市窜升至全国首位至今。究其原因，是因为重庆始终不脱离制造业发展，以实体经济作为区域经济发展的强大支撑。重庆经济增长的竞争优势所在，是将制造业作为经济增长的着力点，制造业有动力，经济增长也就有了内生动因。目前，重庆制造业产值占工业总产值的 90% 以上，规模工业增加值增长持续高于全国 4 个百分点以上的良好势头，已连续 6 年位居全前茅。

3. 始终依靠改革创新

社会制度尤其是产权交易创新，如地票制度、城乡统筹推进等，为重庆 GDP 增速带来新动能。近年来，重庆以体制机制改革创新为牵引，着力破解影响资源优化配置和市场活力发挥的瓶颈。例如，推出政府产业引导股权投资基金，完善基础设施建设投融资 PPP 模式，完善要素市场等改革，着力解决发展动力问题。推出金融风险防控，渝新欧通道及其口岸建设、农村集体资产量化确权等改革，着力解决发展瓶颈问题。推出工商登记制度、小微企业扶持机制、行政审批、国资国企等改革，为企业减负，着力激发经济市场活力；推出医

---

① 《重庆经济，缘何增速又是全国第一？》，九派新闻网，http://www.jiupaicn.com/2016/0304/35634.html。

疗服务体系等改革，着力解决民生问题。从在全国的影响力和实际成效来看，重庆成效显著的制度或社会创新主要有少有以下几个方面。其一，渝新欧铁路。重庆协调国家相关部委，将几十年前就有的中国内陆到新疆的铁路，运作成为欧亚之间的运输大通道，直接降低了企业运输成本，有效解决了重庆的交通短板。其二，"地票制度"。重庆市政府成立土地交易所，通过市场机制，将农村建设用地进行产权交易，有效解决了城市化、工业化用地指标，也增加了农民财产性收入。最近，重庆产权交易创新又拓展到新的领域，如新能源车、用光伏电池，或者风力发电等。其三，农民工户籍制度改革。重庆将农民工转化为城市居民，实现就业、养老、医疗、住房、子女教育等五个一体化，提升了劳动生产率，增加了城市消费。[①] 正是在这些重要改革和创新措施的综合作用下，重庆经济增长才得以领全国之先，持续保持高速。

4. 坚持扩大对外开放

借助国家战略的外力扩大对外开放水平，是重庆经济取得成功的另一关键因素。重庆地处内陆腹地，缺少开放平台，对外开放面临天然劣势。随着"一带一路"建设和长江经济带建设等国家战略启动，重庆迎来前所未有的发展机遇。处于"一带一路"和长江经济带"Y"字形大通道的联结点上的重庆市，具有承东启西、连接南北的独特区位优势，重庆市《关于贯彻落实国家"一带一路"战略和建设长江经济带的实施意见》将重庆的战略定位明确为"丝绸之路经济带的重要战略支点、长江经济带的西部中心枢纽、海上丝绸之路的经济腹地"。近年来重庆创造性地整合资源，开创了内陆开放的全新模式。第一，打造开放平台连接全球市场。为提高开放水平，缩小与世界距离，重庆积极构筑辐射周边、联通世界的大平台。构建开放大通道，"渝新欧"国际铁路联运大通道成为中欧陆上贸易主通道；提升开放大平台，形成交通枢纽、口岸、保税区三个"三合一"的开放平台，未来将进一步拓展形成水港、铁路枢纽、空港、高速公路枢纽、通信枢纽的五个"三合一"开放高地特征；深化大通关建设，成功搭建电子口岸平台，全面融入全国海关、检验检疫通关一体化，实现重庆全域海关业务一体化和全域检验检疫"通报、通检、通放"一体化。[②] 第二，积极融

---

① 盘和林：《重庆 GDP 增速全国第一的启示》，《上海金融报》2016 年 11 月 1 日。

② 吕永刚：《重庆经济领跑全国之谜》，《群众》（下半月版）2017 年第 2 期。

入全球价值链。重庆深入探索内陆开放新路径,抓住全球和沿海产业大转移契机,通过"整机+零部件+研发+结算"的垂直整合,颠覆了沿海加工贸易只有加工环节利润的方式,占领了"微笑曲线"的两端,并依托向西开放的出口物流优化,为内陆地区产业参与国际分工、融入全球市场做出了新探索,西部内陆形成了从事国际产品生产、国际贸易,能够参与国际产业链循环并与之融合发展的开放型经济体系。① 重庆建成内陆开放高地,不仅为招引重大项目提供了可能,同时也为周边地区进入国际市场提供了便捷通道,极大提升了重庆在全球枢纽城市的节点功能和区域经济中的极核功能。

7.3.3 "西南现象"的重要启示

从西南看全国,从重庆和贵州看中国,见微知著。在深圳,可以感受到创新的力量,民营经济的活力,代表着中国的未来。在郑州,可以看到新区的崛起,产业转移的落地、发展,预示着中国内陆城市化的潜力。在全国整体经济下行的大背景下,当前重庆和贵州等西南省区的快速发展,无疑是一大亮点。"西南现象"值得那些比重庆和贵州有更多资源优势但经济发展不尽如人意的地方深刻反思,更值得全国许多省份尤其是欠发达地区学习和借鉴。我们认为,"西南现象"对我国区域经济发展具有以下重要启示:

1. 转型升级是持续健康发展的关键

重庆是老工业基地,在全国经济下行趋势下,老工业地区首当其冲。比如东北,出现了近乎断崖式下跌。重庆反而逆势而上,风景独好,一个重要原因就是重庆较早开始主动推动结构转型升级。1979 年以来,重庆的产业结构持续在调整、在转型、在优化。② 在承接了上海迁移来的兵工厂和科研机构的基础上,重庆建立了西南最大兵工基地;之后逐渐军转民,加速发展摩托车、汽车产业;1997 年直辖以来,重庆产业快速跨越式发展,工业脱胎换骨,服务业占比快速提升,尤其是 2008 年之后,重庆逐渐形成了汽车和电子两大产业集群,这也是目前重庆经济高速增长的动力;然而重庆并没有止步于此,2015 年

① 重庆智库:《重庆经济增长为何领跑全国——应对中国经济下行的"重庆经验"》,《中国经济导报》2015 年 11 月 4 日。
② 《中金公司为重庆"点赞":这里正在讲述一个与中国经济悲观预期不同的故事》,http://mt.sohu.com/2015 0722/n417288961.shtml。

初，重庆在地方两会上提出十大战略新兴产业发展规划，意在目前产业基础上培养万亿级新兴产业，建立产业的未来增长点。重庆的实践表明，经济新常态，谁先转型升级，谁就先拔得头筹，这考验的是决策者的远见和魄力，东北有教训，重庆有经验。

2. 实体经济是区域经济发展的根基

摆脱过剩产业、房地产的 GDP 依赖，着力发展战略新兴产业、实体经济，这是重庆保持经济高速增长的一个重要经验和启示。钢铁等过剩产业对 GDP 增长贡献较大，而房地产不仅 GDP 拉动短平快，卖地更是能立竿见影地增加地方财政收入。其实，过剩产业、房地产挤占了实体经济、战略新兴产业的信贷等生存空间，同时也削弱了地方政府发展经济的动力。近几年来，重庆政府没有将资源投放到过剩产业，房价控制也有目共睹。而是将资源和精力集中到发展汽车、电子核心部件、物联网、高端智能装备、新材料等战略新兴产业、实体经济，工业增长成为 GDP 增速的主要贡献者。重庆通过设立基金等引导金融支撑战略新兴产业、实体经济的做法也是可圈可点。重庆的案例再一次启示我们，振兴实体经济才是区域经济发展的根基所在。

3. 内陆省份同样也能走向世界

中国的开放是从东部沿海城市开始的，内陆的开放程度总体较弱，而重庆近些年来的发展似乎打破了这一规律。重庆是西部地区的内陆城市，还是一个山城，从区位优势上看，并不如东部沿海城市，以及中部地区郑州和武汉，但是重庆 2016 年进出口实现了 4 810 亿元，超过交通枢纽河南的 4 700 亿元和湖北的 2 600 亿元。过去五年重庆进出口总额年均复合增速高达 65%，远超全国 14% 的增速。重庆的实践经验充分证明，在当前交通条件日新月异、地理时空不断压缩的趋势下，传统的区位条件并不会一成不变，"末梢"也能走向"前沿"，同陆地区同样能够走向世界。

4. "无中生有"式的创新更显可贵

在转型升级过程中，重庆并没有一味地复制和照搬东部沿海及国际上的已有经验和模式，而是大胆创新和尝试。例如，重庆创新和升级了东部沿海以往的加工贸易模式，不仅延伸产业链，把加工贸易的"微笑曲线"大部分留在重庆。而且形成产业聚集，尤其是生产性服务业与制造业的集群，重庆因此形成了世界级的电子产业基地。另外，重庆和贵州的发展路径也都表明，地方政府在发展产业和开发经济时，也需要有"无中生有"的勇气和魄力。重庆利用其自身较低的要素价格，借助全国产业转移的机遇，实现了电子产业的从无到有。贵州也是抓住大数据产业革命的机遇，从"一张白纸"发展成为全国大数据产业发展重地。

5. 有为政府对区域经济发展至关重要

重庆和贵州作为西部地区的内陆省市，其开放程度不如深圳等沿海城市，交通区位比不上郑州、武汉等中部城市，但是这些地区的增长、开放、产业规划、招商引资、户籍改革、地票制度、公租房、房产税等都走在了中西部省市甚至全国的前面。重庆的发展经验显示在重庆这样的经济发展阶段和资源禀赋条件下，地方政府是能够且应该发挥发展经济的主导力量。

8 "双创战略"与中国经济中长期增长的动力

"大众创业，万众创新"是中国经济的希望所在。2012 年召开的中共十八大明确提出：科技创新是提高社会生产力和综合国力的战略支撑，必须摆在国家发展全局的核心位置，并强调要坚持走中国特色自主创新道路、实施创新驱动发展战略。李克强总理 2014 年 9 月在夏季达沃斯论坛上发出"大众创业、万众创新"的号召，掀起了中国创业创新的新高潮。本章将对经济增长动力进行分析，指出中国经济中长期增长关键在于创新，而创新往往内在于创业，因此，推进"双创"，应是未来较长时期中国经济活动的重点，是中长期经济持续增长的关键因素。

8.1　中国经济增长下行压力与风险

中国经济增速放缓已经是不争的事实。中国 GDP 增长率从 2008 年开始就进入了下降的通道，其间国家通过"4 万亿"的刺激政策，使 GDP 增长率在 2010 年重返 10% 以上，但仍难以改变内在的下行趋势。中国经济已经进入了中高速增长的"新常态"。

供需结构失衡是"新常态"面临的问题之一，具体表现为两个特点：其一，在市场经济条件下，有效需求不足成为常态，中国也不例外。由于政府预算软约束，要素价格扭曲等原因，导致产能过剩，僵尸企业存在，生产出与社会需求不对口的"产品"，有效供给不足同时并存。其二，随着居民收入水平的不断提高，需求更多地表现为潜在需求。也就是说，在消费者的购买行为中，越来越多的需求是由他们的潜在需求转化而来的。大量中国游客出国采购"电饭锅""马桶盖"等便是一个例证。

动力转换是实现向"新常态"过渡的关键。动力转换有短期和长期两个观察点。短期就是需求侧的视角，从投资驱动到消费驱动；长期就是供给侧的视角，从要素驱动到创新驱动。长期以来，政府注重需求侧动力的管理有其合理性。主要有两个原因。首要的是体制性原因。处于赶超加转型阶段的中国，各级政府都将经济增长作为首要的使命，进而以此作为任职期间政绩考核指标，结果自然是高度重视见效最快的投资需求。还有技术性原因。在中国宏观经济的分析框架中，失业率指标基本是失灵的，所以，增长率代替失业率，成为短期分析的核心指标之一（另一个是通货膨胀率），同时又是中长期分析的核心指标，本该受到政府关注的失业率指标，却经常不在他们的视野中。

但是，2008 年金融危机以来，各种短期政策都未能达到预想的效果，政策效应不断减弱。在中国，大规模刺激进一步加剧了本来就已存在的产能过剩、房地产泡沫，以及地方政府和国有企业的高杠杆。简言之，总需求管理政策的空间日益逼仄，总供给管理的迫切性日益彰显，着力加强供给侧结构性改革，既是应对这一轮经济增长下行的正确对策，又是从根本上转换经济增长动力的唯一药方。

8.2　中国供给侧增长动力分析

供给侧动力及供给侧结构性改革的理论来源，是现代增长理论。凯恩斯革命后，经济学最重要的发展之一，就是现代增长理论。现代增长理论以探讨经济增长源泉为使命，同时将经济学动态化、长期化。其中，索洛率先引入了技术进步作为外生变量。罗默对技术变化进行了内生化的尝试。他反对外生化技术的观点，即那些认为技术变化是由学术研究所得的科学发现推动，来自毫无商业动机的公立机构。罗默通过引入知识生产部门，将技术变迁内生化。根据他的模型，R&D 部门利用人力资本及相关知识存量产生技术创新，并最终使生产效率增加。发展至今，经济模型将创新内生化的方式主要有：罗默的干中学，卢卡斯的人力资本，罗默和阿吉翁、豪伊特的 R&D，以及巴罗的公共创新平台。

上述经济模型，重点和形式不同，但基本上可以将经济增长来源分解为投资、人口、技术进步等。以索洛的经典模型为例，其生产函数为 $Y = AF(K, L)$，经济到达平衡增长路径后，经济的增长速度为 $n+g$（n 为人口增长速度，g 为技术进步速度）。尽管索洛的模型不一定完全符合中国经济的现实，但该模型以简洁的方式展现了经济长期增长的重要因素，即人口增长率和技术进步率。此外，由于中国经济距离稳态水平仍有较大距离，投资增长率必然影响经济增长速度，甚至处于相当重要的地位。

8.2.1 人口、投资对经济增长的拉动作用日渐减弱

基于这个分析框架，我们可以从三方面分析中国经济增长的前景。劳动力方面，中国劳动人口已进入下降通道，即使"全面开放二孩"也难以扭转该趋势。根据国家统计局数据，2012 年 15—64 岁人口比重为 74.22%，比 2010 年下降约 0.1 个百分点，2015 年进一步降至 73.22%。有预测估计，中国 15—64 岁劳动年龄人口数量 2015 年为 10.03 亿，2030 年、2050 年分别为 9.58 亿、8.27 亿（见图 8.1）。

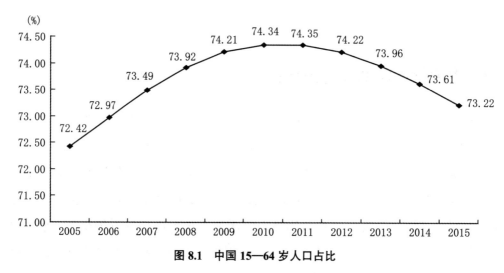

图 8.1　中国 15—64 岁人口占比

资料来源：世界银行。

投资方面，在中国总投资基数庞大的前提下，投资的边际收益率已在递减，意味着对经济增长同样的拉动，需要更高速度的投资增长率。这一事实可从固定资产投资占 GDP 比重与资本形成总额对 GDP 增长贡献的变化可知。2015 年，全社会固定资产投资占 GDP 比重已达 83%，资本形成总额对 GDP 增长的贡

献是 42.6%。而在 2006 年资本形成总额对 GDP 增长的贡献是 42.9%，与 2015 年相差无几，但当年的全社会固定资产投资占 GDP 比重仅为 46.3%。

在投资效率下降的同时，投资的意愿也不断减少。固定资产投资增长率（不含农户）在 2011 年约为 23.8%，2012 年为 20.3%，2013 年为 19.1%，2014 年为 14.7%，到 2015 年不到 10%（见图 8.2）。特别是民间固定资产增长率，下跌速度更快，2016 年仅有 3.2%。

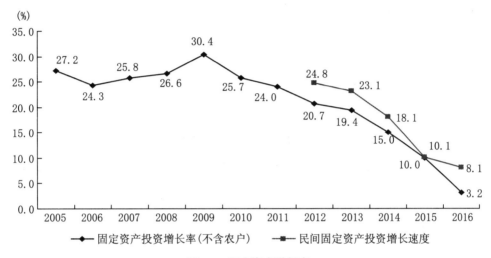

图 8.2 固定资产增长率

资料来源：国家统计局。

这些数据均表明，中国经济的增长很难再继续以投资拉动。当然，政府可以选择积极的财政政策和货币政策，增加投资。但是，缺乏新需求的前提下，强行以投资拉动，结果只会创造出大量过剩产能，这是政府和社会都不愿看到的局面。

8.2.2 技术进步的持续来源唯有创新

中国长期经济增长的两条路径——人口和实物投资——均难以为继，只能从技术进步中寻找"答案"。这里，技术进步应从广义去理解。索洛模型中的技术进步，实质上并非特指技术变革，而是不能通过投资、劳动等要素增长来解释的部分，即索洛剩余。

这种技术进步通过技术模仿、制度创新、技术创新、人力资本增加等方式获得。技术模仿不能作为持续的技术进步动力，一是他国对关键技术的保护。二是模仿到最后，到达技术的前沿，还是要通过创新实现技术进步。对于中国来说，改革开放以来的确通过技术模仿取得了技术进步，但是，进入 21 世纪后，技术模仿的难度越来越大，一些产业的研究甚至已经进入了"无人区"，例如，华为相当多的技术已经处于世界领先的地位。特别是在"互联网"经济中，时间就是企业的生命线，靠技术模仿显然会延误时机。

至于人力资本，其载体是技术劳动和管理劳动；其核心价值，是技术和管理效率。因此，人力资本可以归结为技术和制度的变革对劳动进行"升级"。当然，技术、制度的创新也得益于人力资本的不断积累，它们之间是一种相辅相成的关系。

通过以上分析，得出的结论是，对于中国经济中长期增长来说，必须侧重供给侧动力。中国的现实情况是，供给侧的三大动力源泉中的人口、投资对增长的拉动力度日益降低，即不能再主要依靠要素驱动、投资驱动。新增长动力的"引擎"是"技术进步"，而技术进步，归根到底源于"双创"。

8.2.3　经济体转型需要创新驱动

综观发达国家历史，其发展历程也经历过要素驱动、投资驱动。经济体转型失败有多种原因，动力转换成功的原因却是相似的，其中很重要的一点就是创新的表现。

创新是美国向"新经济"转型的关键。20 世纪八九十年代，里根通过一系列立法，扶持中小企业的创新创业。克林顿政府则强调科技对国家繁荣和经济增长的意义，明确了产业发展的重点技术、重视产学研合作和促进技术转移、大力促进军转民和加大智力投资等。在克林顿的支持下，信息技术产业蓬勃发展，推动了经济增长动力结构的转换。美国成功地运用高新技术改造传统产业，使其全面升级，劳动生产率明显提高，制造业成为推动美国经济扩张的第一大产业。

创新使日本战后经济迅速恢复。从二战结束到 20 世纪 70 年代初，日本通过高级技术的引进及其模仿创造实现了经济上的赶超。70 年代初起，日本经济与中国现状相似，经济增长放缓，环境等问题日益严重。为了突破这难关，日本"创新"政策，从技术模仿向自主性创造转变。产业由重工业向技术密集型产业转移，形成"产学官"研究模式，完善"重要技术研究开发补租金制度"，加强创造性技术和基础性技术的研究。得益于创新，日本1970年至1989年间，经济平均增长4.8%，其中技术进步的贡献达到31.3%。

德国依靠促进创新，使经济持续增长。二战结束后到20世纪60年代末，得益于多种因素，德国年均经济增长达6%以上。但是，70年代至80年代初，由于国际环境的改变以及创新乏力，德国经济经历了长时间的滞涨。1983年，科尔政府上台后，借鉴美国供给学派政策，社会保障开源节流、控制政府支出和公共债务增长、减税鼓励创新和需求、拒绝扩张性货币政策。该段时期德国的经济增长有所恢复，年均增长提升至2.9%，经济连续10年未发生衰退（1983—1992年）。该段时期德国TFP增长显著回升，年均增长2.0%，高于滞胀时期0.6个百分点，占经济增长贡献的69%。

经济的"新常态"是中国从未经历过的事件，是从中等收入迈向高收入的转型，人口红利逐渐消失，投资拉动作用减弱，一不小心则可能掉入"中等收入陷阱"。因此，我们必须充分吸收国外特别是发达国家的经验，美、日、德的经济历程告诉我们，在转型期间，实行促进创新的供给侧改革，对经济增长有十分重要的意义。

8.3 创新的内在机制

政府要推进创新，首先要了解"创新"是什么，才可能"对症下药"。创新（innovation）一词是经济学的原创。创新理论的鼻祖是经济学家约瑟夫·熊彼特。现在，创新是一个宽泛的概念，科学发现、技术发明、文化创意，乃至制度改革，都谓之创新。一般来说，可以讲创新归为两类，即技术创新和制度创新。

8.3.1 技术变革是创新的重要因素，但并非不可或缺

谈及创新，技术是难以绕过的问题。综观历史，技术变革对人类进步、经济增长起到了至关重要的作用。三次工业革命深刻地印证了这一点，技术在其

中不可或缺。

正因为技术的重要性，其在创新过程的研究中始终占据一席之地。20 世纪 60 年代以前，技术推动创新模式是主流。该观点认为，创新的过程依次是基础研究、应用研究、实验开发、工程制造、投入市场。20 世纪 60 年代至 70 年代早期，出现"需求拉动"模式，即认为先有市场需求，销售端接收到信息反馈后，技术部门针对这些需求进行研究、开发，随后制造并投入市场销售。显然，上述理论对创新实现的过程刻画得太过简单，未能准确地描述真实的情形，因此 20 世纪 70 年代至 80 年代，提出了创新的"交互作用"模式，即创新是技术和市场的相互作用形成的，需求和技术在创新的各个过程中均起到一定的作用。以上三种模型，均从线性的角度观察创新，克莱因和罗森伯格则指出，许多经济上重大的创新往往发生于一项产品或流程处于扩散的过程当中。一项创新是不断变化的，而非同质的东西，最重要的创新往往在其生命周期内经历了剧烈的改变，而这些变化往往完全改变其经济上的意义。据此，他们提出了有较大改进的链联接模型（chain-linked model）。

从上面的理论可以看到，不管创新过程如何，技术似乎是"必需品"。但是，创新是否缺"技术"不可？答案是否定的。对于创新的理解，应回到熊彼特：一种发明（invention），只有当它被应用于经济活动时，才成为创新。所以，创新不是一个技术概念，而是一个经济概念。创新是要素及生产条件组合的革命性变化。从这个角度看，科学发现、技术发明等只是实现创新所必需的投入要素。技术能否对经济增长起作用，关键是看其能否形成产业，即技术革命能否形成工业革命，乃至产业革命。工业革命始于从纺织业开始的技术变革，然后扩展到其他领域，著名的蒸汽机技术奠定了现代生产和铁路的基础。可见，技术革命要通过创造巨大的产业规模，才能持续地推动增长，使人类社会发生革命性变化。

8.3.2　组织、制度的优化同样也能带来"创新"效应

既然创新是指能够提高资源配效率的新活动，显然组织、制度的优化也可能产生"创新"的效果。诺思指出，制度在社会中有着根本性的作用，是决定经济绩效的基本因素。技术变迁和制度变迁共同推动了经济的发展，"当在现

有的制度结构下，由外部性、规模经济、风险和交易费用所引起的收入的潜在增加不能内在化时，一种新制度的创新可能允许获取这些潜在收入的增加"。在诺思等人看来，制度创新甚至是经济增长的最主要原因。

制度创新减少了交易成本，提高了资源配置的效率，因此也属于熊彼特式的创新。制度创新带来的经济增长也十分可观，由小岗村引发的"家庭联产承包责任制"便是最鲜活的例子。制度创新，应从两个层面去理解：一是宏观制度创新。即所有制、政治体制，国企、法律、规章制度，行政审批流程等。二是微观制度创新，即企业内部组织形式，生产流程等，如丰田提出的精益生产管理体系、"5S"管理等。

制度创新本身带来的经济增长，一方面使市场交易效率提高，另一方面则是降低了技术创新的政策壁垒。以工业革命的发生为例，最为集中的解释是英国当时的包容性经济制度。工业革命的关键特征是新技术得到开发，并被追逐利润的企业家在实践中采用。若没有受到保障的产权，企业家就不会产生激励去追求和从事这样的创新。由于英国已经有了一个发展良好的市场体系，这些创新又是有利可图的，那些能采用新技术提高质量和降低成本的企业家能够到达一个更大的市场并赚取可观的利润。英国也有一个允许新技术发明者保护他们产权的专利体系。对新思想和创新的保护，就像对其他经济资产的保护一样，是英国的创新和技术变革的主要推动力。

改革开放以来，中国的经济增长很大程度上来自制度创新的红利。况且，中国制度建设还不够完善，还有很多可以改革的地方，持续进行制度创新有极为重要的意义，例如国有企业改革、法律法规的更新完善，将进一步解放增长的潜力。

8.3.3　创新的最终实现，在于企业家精神

在熊彼特看来，经济活动的主要推动力是企业家精神。企业家才能把生产要素带到一起并组合起来，这个思想源于阿尔弗雷德·马歇尔；企业家精神则是不断地进行创造性、革命性的要素重组即创新，这是熊彼特思想的精髓。资本（物质资本和人力资本）和技术都是企业家为了实现"新组合"，把各项生产要素转向新用途，把生产引向新方向的一种杠杆和控制手段。资本和技术的主

要社会功能在于为企业家进行创新提供必要的条件。

企业家进行创新的原因，归根到底是为了获得超额利润。一般地说，企业获取超额利润有三个途径，一是规模经济，二是创新，三是风险。规模经济和巨额资本投入有关，也往往和专业化有关。风险利润很诱人，很可观，但也会伴随亏损，有时是严重亏损。当代的资本投入和专业化，乃至承担风险，都会与创新尤其是技术创新相联系。无论作为一个独立的途径，还是从规模经济和风险的角度，创新都是获取超额利润的最重要途径。

并非所有进行创新的人都能成功，企业家的才能是创新落实的必要条件。这里的企业家是指拥有企业家精神的人。创新蕴含着不确定性，且时效性强，这意味着经济学家以往使用的评价准则失效，即收集、评估信息后寻找"最优"选择的方法变得不可行。不确定性与风险是完全不同的概念，风险是可以量化，并通过概率计算期望收益来加以控制，但是不确定性却没有概率可言。企业家的领导力和视野，在这种情况下发挥关键的作用。此外，社会存在一种惰性，抵制新方法的使用，企业家进行创新必须突破重重困难。

不确定性、时效性和社会惰性的存在，是横亘在"创新"前的巨大鸿沟，也使企业家精神变得凤毛麟角。所以，创新必须试错，成功率很低的试错。创新试错的第一个维度，要解决"人"对不对的问题，即创业者试错。创业者至少具有三个特质：其一，风险偏好。心理学的实验表明，人群中风险偏好类型远少于风险规避类型。其二，组织才能（亦即领导才能），即阿尔弗雷德·马歇尔说的第四个生产要素。这里，组织才能包括决策的能力、用人的能力等。其三，性格乖张，如有激情、不安分、崇尚自由和好奇心强。无论风险偏好、组织才能，还是这些性格特点，都是人身上的潜质或精神状态，创业者将在创业试错中表明具备或不具备这些特质。当然，同时具备这些特质的人少之又少，今天的创业项目和创业环境又更加复杂，所以，团队创业渐成主流。

创新试错的第二个维度，要解决"对"的"人"是否在做"对"的"事"，即需求试错。在全面过剩的社会，发现新的市场需求，并找到相应的盈利模式，是小概率事件。在现实的创业过程中，需求试错和创业者试错既相互独立，又有着交集。这是因为，需求试错同样对创业者的能力提出要求：具有极好的方向感，具有把握和预见需求及其演变的能力。因此，需求试错为"对"，意味着正确的"人"找到了正确的"事"。企业家总是在发现市场、创造市场。他们唯有发现和创造了新的市场,获得了超额利润,才能从企业主中脱颖而出。

企业家精神,也可以说是技术创新和制度创新的先决条件。技术只有经企业家与其他要素进行组合,才能成为现实的创新。至于制度创新,组织制度创新当然也有赖于企业家精神。宏观制度创新,对于企业来说,这是外生条件。对于国家决策者来说,企业家精神则是推动宏观制度创新的关键要素,进行经济体制的改革,必然面临着巨大的障碍,这些障碍及来自制度的既得利益者,也来自社会的质疑与惰性。突破这些障碍,则需要拥有企业家精神的决策者,坚定信心,审时度势,出台有利于社会发展、经济增长的政策。

8.3.4 "双创"是中国经济中长期增长的动力

尽管创新的种类不同,但如果以产业化来整合这些要素,我们就很容易发现,企业家精神在这个过程中是决定性的要素。产业化的组织者是且只能是企业家,科学家、工程师的创新(准确地说,就是发现和发明)是企业家创新的组成部分,更准确地说,科学家和工程师的创新成果,是企业家主导的产业化的投入要素。产业化的核心问题是连接需求与供给,其间就要处理好需求导向和供给创新的关系。

"大众创业,万众创新"把握住了创新过程中的最关键要素——企业家精神。企业家精神要经过许多人持续地试错,最终在极小众的人身上表现出来。现实表明,企业家精神是人类社会最为稀缺的经济资源。

企业家才能的稀缺性要求经济中有大量投身于创新的个体。创新做得较好的国家以色列,其创业公司密度全球最高(共计有3 850家创业公司,平均每1 844个以色列人里就有一人创业),其在纳斯达克股票交易所上市的公司数量比中国、印度、韩国、日本、加拿大和整个欧洲大陆在此上市的公司数量之和还要多。创业人群比例与成功创业企业呈正相关的关系,但不能以此机械类比,得出必然的结论。以色列的成功,除了创业率高以外,还有许多因素。因此,"大众创业,万众创新"的提出,是中国迈向创新型经济的重要一步,但离真正创新驱动,仍任重而道远。

"大众创业,万众创新"的另一个含义是,政府在创新中不能"唱主角"。

个体知识的有限性和创新的不确定性,决定了创新的主体不能是政府。正如哈耶克所说"人的理智既不能预知未来,也不能着意塑造未来。它的进步表现在不断地发现错误"。个体的知识是有限的,所以就存在信息不对称的问题。产业发展的方向,产业结构的演化是能够被预见的吗?答案当然是否定的。一时间产生的产业"短板",能够靠产业政策修复吗?也不太可能。因为,政策都有时滞,不等政策发挥作用,市场的作用可能已补齐"短板",政策的作用可能会使"短板"变成"长板"。这样的例子也不在少数。产业政策还存在扭曲市场的问题。因为,推动某一类产业发展的产业政策,都是有"含金量"的,这就必然使企业趋之若鹜,以获取个中资源。所有创新的努力都不及这个来得快。这就像资产价格过快上涨一样,扭曲了激励的方向。这对于创业创新的杀伤是巨大的。光伏产业就是典型的案例,政府制定产业政策,对该行业大力扶持,大幅补贴,结果扭曲了价格信号,光伏产业发展反而举步维艰。

考虑到上述两个问题,以及中国现阶段的法制水平,产业政策应该缓行或免行,以便为"双创"让出一点道来。也许有人会堂而皇之地说,二者是并行不悖的。但过往的经验是,产业政策的扶持对象往往是特定产业中的国有企业、大企业,产业政策是极少惠及"双创"的。有专家在说到制定产业政策的出发点时指出,它们是从市场维护或修复的角度出发的。这与其说是产业政策的出发点,不如说是创业政策的出发点。

政府应时刻谨记,内在创新的创业是产业发展的源头活水。只有创业者、企业家的不断试错,才能在试错为"对"的成功中出现人们看到的产业体系。政府要坚持的最重要信条应是为"大众创业,万众创新"创造良好的环境和机会,让更多的人投入创业创新的试错,并提高他们的成功率。

8.4 "双创"是长期、艰巨的任务

中国目前还有大量阻碍创业创新、民间投资和民营经济发展的体制性、政策性障碍。实行"双创",以企业家精神为核心的动力,激发和产生供给侧动力。这就是提出供给侧结构性改革的基本逻辑。看似很简单,但难度很大,远远超出我们的想象。

8.4.1　创新要优化生态系统

"大众创业，万众创新"动员更多的人投身创业试错，在成功率为一定的情况下，可能有更多的成功者。但是，正确的方向还需要有适宜的制度相搭配。改善环境，创造条件和机会，亦即优化创业创新的生态系统，在创业者为一定的情况下，提高成功率，就会有更多的成功者。"双创"生态系统的集成、再造与优化，对于提高"双创"的成功率极其重要。

目前来看，中国"双创"的生态系统仍有许多需要改进的地方。完整的创业创新生态系统应包括风险投资、孵化器、银行、律师服务、猎头、会计服务、咨询顾问以及大量其他专业服务。其中，以风险投资和孵化器最为重要，关系到社会大众是否"进入"创业创新。

1. 风险投资

风险投资应该是创业服务的一个重要组成部分，但它本身又相对独立，介于金融业与实体经济之间。从这个意义上说，金融服务实体经济的一个重要通道，就是风险投资产业，这恰恰是我们现在的"软肋"。即便在金融业相对发达的上海，也存在风险投资产业发展不足的问题。这一点我们也要向以色列学习。以色列人均风险资本投资在全球最高，它的新创公司几乎都可以获得风险投资。其实，这个背后也是市场选择。因为在以色列狭小的市场上，基于供给创新的创业，一旦成功，会在全球范围内创造新的需求，或转化潜在需求为现实需求，而从事基于现有市场需求的创业大多是没有机会的。

硅谷和硅溪的经验表明，对于研发新技术的创业，风险资本的投资及其强度从根本上决定创业是否可能成功。2008年，以色列的人均风险资本投资是美国的2.5倍，是欧洲国家的30余倍、中国的80倍、印度的350倍。与绝对数相比较，以色列这个只有700多万人口的国家，吸引了近20亿美元的风险资本，相当于英国6100万人口所吸引的风险资本或德国和法国合计1.45亿人口所引入的风险资本总额。这足以表明，以色列风险资本的充足和风险投资行业的发达，这也进而决定了以色列新创公司的数量和质量。

2. 孵化器

今天的孵化器主要不是场所的概念，而是各种服务的提供是否完善、是否配套的问题。例如，对于"互联网＋"的创业，就需要包括大数据、云计算在内的现代信息技术服务，所以，基于创业服务平台的创业成为一个热点。创业服务产业的发展将逐步成为孵化器、加速器的主流，在很大程度上替代地方政府以前在这方面的作用。

从创办主体及其切入重点的大致划分，孵化器大概有三种类型。一是产业型。由一家行业内具有相当地位的企业创办的孵化器。这类孵化器聚集深耕该行业前沿技术的创业团队。二是创投型。创投资本将战线前移，例如，风险投资进行高风险的天使投资，同时对被投企业提供一系列的创业培训和跟踪指导，以期降低创业失败率，从而提升自身的风险把控能力。创投资本设立孵化器的根源在于打造创业服务平台，获取优质项目资源，同时降低投资失败率。三是创新型，抑或服务型，以提供多方位创业服务为特色的孵化器。这类孵化器本身就是一个创业服务的综合体，它试图从一个或几个专业的创业服务切入，吸引高质量的创业团队进入。

总的来说，孵化器通过提供高品质、多方位创业服务，聚集各种创业创新资源，使之产生多种聚集效应：人才的聚集效应、服务的聚集效应，项目的聚集效应。目前，中国"孵化器"做得最好的深圳，上述类型均有并发展较好。以这些孵化器为基础的"深圳湾"，已经在战略性新兴产业诞生了一批成功企业，在不久的将来还将出现更多的成功企业，进而实现其崇高愿景：孕育出引领全球创新思潮的未来企业和行业领袖。

但是，深圳的情况并非普遍，孵化器大多仍由政府相关主管部门主办。政府不是不可以搞孵化器、投入风险资本，但是，一旦孵化器和风险资本营利了，政府就应该退出。这是一条国际经验，也被许多实践证明有效。

此外，即使在深圳，在当下浮躁的创业环境下，孵化器遇到如何打造自身品牌，吸引优质项目，提升孵化成功率的严峻考验。相比美国等发达国家成熟的孵化体系，中国尚处于起步阶段的孵化器仍有许多不足之处，例如，盈利问题、项目资源、导师资源等，均制约着孵化器的发展。

3. 好的"创业生态"还要有"退出"机制

这是因为，其一，它们创业创新的价值需要体现和实现；其二，它们需要扩大规模或再创业的资金，"退出"往往是为了更好地"进入"。经验表明，对于创业创新，经常是"退出"比"进入"更重要，做起来也更困难。好的"退出"机制和"进入"机制一起，构成创业创新环境的重要构件。因此，这里的环境建设，在很大程度上就是讲"进入"和"退出"的机制，以及二者间的对接。

在以色列，新创公司有很高的"周转率"，也就是说，新技术研发成功后迅速地产业化，或在技术市场转让，或新创公司被大公司兼并，创新团队被"连锅端"，抑或在创业板上市。世界顶级的科技公司几乎一半都有过收购以色列人创立或者正在营运的研发中心的经历，单是思科一家公司，就收购了 9 家以色列的公司。巴菲特曾以 45 亿美元买下一家以色列的公司。除美国之外，以色列在纳斯达克上市的公司比全世界任何一个国家都多。由于新创公司都是在风险资本的投入下开始创业的，风险资本投资的机制就决定了新创公司创新成果的"退出"机制或产业化机制。

8.4.2 创新要解决"人"的问题

当前中国有一个"奇怪"的现象。一方面，符合市场需求的创新成果有限；另一方面，对于技术创新有着极大催生作用的风险投资却"过剩"了。好的创业创新项目不足，最终是能够提出并实施这些创业创新项目的"人"不足，是症结所在。这里，"人"是自然人，也是法人。创业创新行为可以是自然人所为，也可以是法人所为。

1. 教育体制改革是极为重要的一环

如果说在技术进步缓慢或商品短缺的年代，创业者敢于冒险就可能成功，那么，在今天这个技术变革迅速且商品全面过剩的时代，能够并敢于进行创业试错的人，一般都要接受过良好的教育。因此，现代大学除了具有与研究机构相同的从事基础研究和应用研究的功能外，它们无疑还有一项责无旁贷的新使命，那就是培养创业创新人才。这是解决创业创新的"人"从哪里来这个最为首要的问题。

时至今日，越是有世界影响力的一流大学，在创业创新教育方面就越是走在前列。美国是世界上一流大学最多的国家，也是世界上实行创业创新教育最早、最成功的国家，斯坦福大学和麻省理工学院就是创业创新教育的成功者和领跑者。以色列的希伯来、特拉维夫和海法理工等几所大学，德国的慕尼黑工业大学都在创业创新教育方面取得了不俗的成绩，为当地的创业创新输送了源源不断的人力资本。中国的创业创新教育起步较晚，可以说还没有系统的做法，更没有成功的经验。但问题还不在于此，而在于现行的中国高等教育体制并不适应创业创新教育的发展，所以，在创业创新驱动的倒逼下，推动新一轮高等教育体制深化改革，才能使中国的大学承担起培养创业创新人才的重任。

2. 人力资本投资还要继续加大力度

创新除了需要有探索、冒险精神的企业家外，还需要经济体有大量高技术人才。特别是正在进行的互联网革命，中国作为制造业大国，要充分利用智能制造、新能源、移动互联、物联网、云计算等机会，对传统产业进行改造，必然需要更高水平的人力资本。中国15—64岁劳动力总量的减少，也要求从质量，即单位劳动生产率，予以弥补。

但与此相对应的是，中国的人力资本水平却与其实际经济地位不符。据2016年《全球人力资本报告》，作为新兴经济体，中国"人力资本指数"排在全球第71，与美国（第24），日本（第4）、德国（第11）还有一定的差距。特别是在0—14岁年龄段，中国全球排名第72，形势不容乐观（15—24岁排名第58，25—54岁排名第61）。主要是我们在健康、教育和培训这些主要途径方面，还存在比较严重的薄弱环节。几千万农村留守儿童的健康和教育若得不到高度重视，现状得不到有效改变，就将影响到十年、二十年以后中国的研发创新能力和经济增长。又如，现行教育体系中，职业教育是一块明显的短板，它通过影响中国人力资本结构，进而制约产业结构转型升级和产业附加值的提升。

8.4.3 创新离不开有效的"公共服务"

对于"双创"和其他经济活动，政府不能过多参与，基本行为特征应该是，宏观积极、微观不干预。所谓宏观积极，就是将管制减到最少，尽可能给予公平有效的公共服务；微观不干预就是不过问企业的生产经营和投资活动。事实上政府减少管制、进行一系列制度和体制的变革，非有企业家般的勇气和魄力不能完成。这也是一种熊彼特式的创新，能促进资源实现优化配置。"双创"对"公共服务"提出改革要求是全方位的。主要包括：

1. 政府监管架构和内容的改革

如对国有企业（资本）的监管体系和内容，对金融业的监管体系和内容的改革。国有企业、国有资本和金融监管架构的改革，本质上都属于政府改革，有着为"双创"创造机会的重要作用。

2. 财税制度改革

它不仅是经济体制改革的重要组成部分，同时与行政体制、政治体制改革联系紧密。税制改革关系到微观经济和创业创新的活力动力，预算改革则事关政府的"钱袋子"，进而与政府职能转变息息相关。目前，配合"双创"，出台了一系列对创业者的税收优惠政策，对促进创业有一定帮助。但是，仍存在重复征税，覆盖人群不够广泛，群众对具体政策了解度不高等问题。一些政策到了基层仅是对中央文件的复述，没有具体的推进措施。

3. 行政服务的改革

政府对创业的作用之一表现在审批上，即民间的创业项目要经过政府审批，在许多行业创业都要经营许可。近年来，政府大规模取消行政审批和许可，降低创业门槛，是一项深得民心的工作，应继续保持推进，将政府对创业的干预降到最低。可以自贸区建设为标志的开放倒逼改革，通过进一步降低门槛，减少审批，优化监管，为"双创"创造更加宽松、便利的环境，并进一步有效提供各种与"双创"相关的公共服务。

4. 知识产权的保护

技术发明是否活跃，还与知识产权保护制度密切相关。李克强总理指出"中国政府要推动创新，就必须加大对知识产权保护力度，绝不允许创新成果被非法窃取"。目前，中国的知识产权体系仍有较多需要改进的地方。例如，知识产权碎片化现象严重，难以有效组合运用；兼并收购中知识产权如何保护，知识产权商业化中如何运用，知识产权如何与自主技术标准结合等均存在问题。知识产权法律对创新保障不足，"山寨"等现象时有发生，影响了创新者的积极性，实际专利侵权成本低；较多保护政策仅止于宏观指导，缺乏具体执行细则。

8.4.4 创新需要主流价值观的重塑

"双创"的有效推进，还需要文化、价值观等共同合力。以色列成为一个

"创业的国度"，除了政策环境等原因，另一个重要的因素是以色列文化中的探索精神。据军事历史学家爱德华·勒特韦克估计，大部分以色列人在35岁之前就已经游历过超过12个国家。当然，并不是说只有拥有像以色列一样的价值观才能创新，而是我们必须加快塑造自身的主流价值体系，才能更有效地支撑"双创"的推进。

在中国经济、社会和政治体制改革与转型的过程中，主流价值观经历了迷茫、缺失，再到重塑的过程。与提出"大众创业，万众创新"相适应，中国社会的主流价值观正处于艰难的重塑期。1949年以后，中国实行了30年的计划经济体制。计划经济体制建立在国家（政府）创业的基础上，其间，几乎没有民间创业，也就没有企业家才能、企业家精神培育和发挥作用的过程。当所有生产、投资和经营等活动都由高度集权的政府主管部门负责时，对广大劳动者来说，就只剩下"服从命令听指挥"了。所以，计划经济体制不仅扼杀人们的想象力和创造力，还将产生人身依附和依赖关系。在那个时期，无从创业创新，主流价值观中个人价值的缺位、不被重视是显而易见的。

今天，我们还处在体制转型的时期。在这个时期，新旧体制的相互交织、此消彼长，对于主流价值观的形成产生重要影响。一方面，长期被压制的个人欲望井喷式爆发；另一方面，新的规则、秩序尚未建立起来。二者的共同作用，导致大量的失范行为、投机行为，甚至犯罪行为，对主流价值观的形成产生了消极的、负面的影响。这是基本事实。

对于经济增长来说，社会价值观无疑是重要的。罗默通过数学模型证明，一个经济体越有耐心（即未来价值对现在的折现率越低），技术进步率和经济的增长速度也就越快。经济的这种耐心从何而来，如何塑造？答案只能是社会主流价值观的建设。孟子曾经提到"民之为道也，有恒产者有恒心""无恒产而有恒心者，惟士为能"。社会总体要有"恒心"，或是要有"恒产"，即富强；或是要有"士"一般的信念，这就是文化价值的作用。

党的十八大提出了社会主义核心价值观"富强，民主，文明，和谐，自由，平等，公正，法治，爱国，敬业，诚信，友善"。正是响应时代需求的结果，是创新驱动经济的价值支撑。但仅有口号式的价值仍然不够，口号要真正内化到文化，烙印在公众意识当中，这需要长期持续的努力。

主流价值观与"双创"的影响是相互的,一方面真正要使创新具有广泛性,即"大众"参与,需要共同的价值观;另一方面,在这个深刻的转型时期,作为市场经济原生状态的创业,源生动力的创新开始从萌发到迸发,进而对主流价值观的形成产生积极的影响。富强是主流价值观的物质基础;公平是主流价值观的基本诉求;自由是主流价值观的目标追求。主流价值观的这些基本方面都与"双创"的伟大实践紧密联系在一起。通过"双创",政府和社会为公众实现梦想创造更加自由、公平的环境;依靠自己和团队的努力奋斗,借助于"双创"生态系统的帮助,就可以实现自己的人生目标,乃至梦想,国家也由此达到富强的目标。

我们要从更广泛的意义上认识"双创"、推动"双创",使中国经济的可持续增长、中国社会的可持续发展建立在这个可靠的基础之上。

"双创"是供给侧的动力,是中国中长期经济增长的主动力。"双创"的过程将培育最为重要的经济资源——企业家精神。这种精神是中国以往计划经济中最为欠缺的要素。在市场化改革中企业家精神逐渐显现并发挥其重要作用。但是,由于现阶段中国的体制、政策、社会价值等因素,适合"双创"的生态系统仍不够完善,企业家精神远远没有得到充分发挥。这就要求政府职能转型,公共服务升级,社会主流价值观念重塑。

"大众创业,万众创新"是启动创新驱动经济的第一步,是最重要的一步,也是需要长期持续的重要举措。通过广泛的"双创"实践,倒逼政府自身的改革,以形成适应市场经济在中国发展的土壤和体制。既作为发展动力,也作为改革动力的"双创",完全能够做到这一点。由此,能够改变过去很长时期以来,中国改革中出现的"南橘北枳"现象。进而,民间"法无禁止即自由",政府"法无授权不可为","双创"就将充分地活跃起来,经济增长的动力就将得到转换,市场经济的运行秩序就将合理地建立起来。这些都是"双创"这场改革将会给中国社会带来的积极的根本性变化。

"双创"的目标是创新,关键是公众的广泛参与。只有在公众中真正形成"双创"的意识,使之成为社会大众实现个人自我价值的重要途径,企业家精神才可能被最大限度地激发,创业创新才能真正成为中国经济增长的主要动力。这是一项艰巨的任务,前路注定充满崎岖。但这是充满希望的道路,富强、自由、民主的"中国梦"将因此而得以实现。

9　城乡协调发展与收入分配改革

　　"十三五"时期是全面建成小康社会的决定性阶段，也是城镇化深入发展的关键时期。从全面小康的目标看，当前较为突出的问题之一就是城乡二元发展结构以及由此产生的城乡发展不协调。一方面，城镇作为工业化、城市化和现代化的载体，掀起了整个中国经济社会发展的热潮，但另一方面，中国广袤的农村地区发展相对滞后，城乡居民在家庭收入、公共服务、要素配置、产业发展、基本权益等诸多方面的差距正在扩大，城市偏向的社会经济政策导致城乡矛盾日益加深。而且城乡二元结构通过人口流动向城镇内部蔓延，造成正规部门与非正规部门之间的新二元结构。到 2015 年底，中国常住人口的城镇化率达到 56％，但扣除 2.77 亿农民工群体，实际城镇化率不足 36％。为此，贯彻落实"四个全面"和"创新、协调、绿色、开放、共享"五大发展新理念，需要进一步统筹城乡关系，通过实现包容性发展，推进以人为核心的新型城镇化，特别是要在破解城乡二元结构、推进城乡要素平等交换和公共资源均衡配置上取得重大突破，给农村发展注入新的动力，让广大农民平等参与改革发展进程、共享改革发展成果。

9.1　城乡协调发展：理论、目标与争论

　　城乡二元结构是发展中国家的典型特征，主要表现为城乡发展的相互割裂，劳动力、资本和土地等要素在城乡之间的流动不畅，城乡居民收入差距持续扩大，生活水平差别较大，地区发展不协调。党的十八届五中全会指出，协调发展的重中之重就是推动城乡协调发展，健全城乡发展一体化体制机制，推进城乡要素平等交换、合理配置和基本公共服务均等化。这为全面建成小康社会，实现城乡协调发展指明了实践方向和政策思路。

9.1.1　城乡协调发展的理论阐释

从 16 世纪早期的空想社会主义者托马斯·莫尔开始，许多空想社会主义者都注意到解决城乡对立、脑力劳动和体力劳动对立的问题。19 世纪早期，罗伯特·欧文和夏尔·傅立叶就提出了城乡一体化概念，主张把城市和乡村结合起来，把工业和农业结合起来，把脑力劳动和体力劳动结合起来。卡尔·马克思和弗里德里希·恩格斯在创立历史唯物主义的过程中，曾将城市与乡村分离和对立基础上形成的城乡关系作为一个基本的理论范畴，对不同历史时期的城乡关系进行了深刻分析，把"逐步缩小以至消灭城乡对立和差别"以及"促进农业和工业的结合"作为社会主义建设的重要内容之一。[①]

马克思还在《政治经济学批判（1857—1858 年手稿）》中提到过"乡村城市化"的概念。他在《资本论》中进一步指出，城市通过资本购买农产品，破坏了人和土地之间的物质变换，使得土地日益贫瘠和浪费，农民日益贫困。在马克思看来，资本主义制度下，农民是被资本"用暴力"赶进工业城市的，而与工业城市相伴随的，是工业品垄断价格、工农业产品价格剪刀差、银行利息剥削和高额运费对农业的压榨。

20 世纪中叶，亚非拉殖民地国家相继独立，深刻的城乡二元结构矛盾下的发展问题，触发了发展经济学的繁荣。发展经济学经典理论指出，传统农业社会向现代社会的转型，就是城镇化和工业化的过程。在这一过程中，劳动力、人力资本、物质资本、生产技术都在城乡之间、不同产业之间进行转移和再配置。一般认为，随着经济发展，城乡收入差距将呈现出一个先扩大后缩小的过程，这就是在发展中国家曾一度奉为圭臬的"库兹涅茨倒 U 形曲线"。也就是说，城乡收入差距扩大所引发的二元结构，是经济发展过程中必须经历的一个阶段，但最终还是会趋向均衡，此时，二元结构消融，城乡协调发展。因此，城镇化是城乡协调发展的有效实现形式。但问题是，城乡收入差距缩小的拐点，何时会出现？城乡发展从不协调到协调的机制又是什么？

阿瑟·刘易斯的剩余劳动力理论，在劳动力无限供给的假设下，指出城乡

---

① 参见《列宁选集》第 4 卷，第 549 页。

收入趋同的内在机制在于农村人口向城镇流动。人口流动之初，由于剩余劳动力对农业的边际产出的贡献为零，农村的收入不会发生变化，此时城乡收入差距扩大；当剩余劳动力转移完毕，即越过"刘易斯拐点"之后，劳动力成为农业生产的稀缺要素，人口流动将引致农村居民收入上升，直至与城镇居民收入一直。城乡收入差距既是发展的结果，又是引发人口流动的原因。

拉尼斯和费的模型认为，农业技术进步是维持工业部门扩展的基本前提，同时，农产品与工业品的相对价格会引导消费者的行为，并提供投资机会的市场信号。也就是说，当农产品相对价格上升时，私人投资者会向农业增加投资；当工业品相对价格上升时，私人投资者会向工业增加投资，市场的自动调节可以使农业和工业平衡发展。

托达罗的城乡人口流动模型意味着，农村人口向城镇的迁移量或迁移率，不仅同城乡收入差距有关，而且还与在城镇的就业概率正相关，人口迁移过程是人们对城乡预期收入差异，而不是实际收入差异做出的反应；农村剩余劳动力进入城镇后，并非全部立即进入现代工业部门，而是分为两个阶段，第一阶段，没有技术的农村劳动力迁入城镇后，首先是在所谓"传统部门"或非正规部门找工作，如个体商贩、非熟练服务员、非熟练手工业者、非熟练建筑工人等；而到了第二阶段，他们从"传统部门"中出来，到现代工业部门中工作，从而引发城乡收入差距缩小，流动人口享有和城镇居民同等就业和享受公共服务的权利，是实现城乡协调发展的前提。因此，城镇化是流动人口对城市的主观期望和城市的客观接纳相统一的过程。

9.1.2 城乡协调发展的实践目标

从政策实践角度看，城乡协调发展对于促进和实现城乡一体化具有丰富的实践内涵和现实意义，其实践目标涵盖"以工促农、以城带乡、工农互惠、城乡一体"的新型工农城乡关系和城乡互动发展模式。具体而言，包括两个基本方向和要求。

一是以提高和创新城乡资源配置效率、活力与竞争力为导向，通过构建包容性的要素空间集聚机制和资源配置方式，实现城乡经济适度增长、机会均等、共享参与、社会融合与自由发展的包容性发展新目标，体现了城乡协调发展的实践要求。

二是城乡协调发展旨在构建城乡经济结构、社会结构、空间结构和制度结构等维度上的均衡发展体系和政策框架。所谓的协调发展，不是单纯强调效率导向的增长，而是着眼于发展模式的可持续性。城乡协调发展不仅关注城镇的发展过程，而且还重视城镇的发展是否能惠及农村，倡导城镇化不是去农村化，而是城乡居民权益与公共服务均等化、城乡居民收入与分配结构均衡化、城乡金融发展与资本配置合理化、城乡空间紧凑与土地利用集约化，主张构建城市反哺农业与产业发展融合化的目标体系。因此，城乡协调发展是城乡发展一体化的状态描述，本质上是一条促进人的全面发展的新型城镇化道路。

9.1.3 城乡协调发展的现实争论：迁移城镇化还是就地城镇化

目前，学术界对城乡协调发展的目标已达成共识，但对于如何实现城乡协调发展，却存在着争论。归纳来看，主要有两种意见，一种是"迁移城镇化"战略，主张人口向大城市集中；另一种是"就地城镇化"战略，主张通过发展中小城市，形成城市带、城市群。争论反映出在优先大城市还是优先发展中小城市方面的分野。

首先，所谓"迁移城镇化"，是指农村人口大规模向大中城市或发达地区城市流动、迁移的城镇化模式，与发展经济学经典理论对城镇化的描述基本吻合。优先发展大城市的理论基础在于，经济集聚带来规模效应。从市场选择的角度看，城市人口规模增长有助于促进要素集聚和技术进步[1]，提升就业机会。[2] 跨国研究表明，一个国家的大城市人口，率先决定于其首位城市（即最大城市）的人口规模。[3] 这似乎印证了齐夫法则，即第二大城市人口将是首位城市人口的二分之一，依此类推，第 N 位城市的人口将是首位城市人口的 N 分之一。然而，过度扩张的城市规模也会引发拥挤成本上升，引发生活成本抬升、失业率激增、交通瘫痪、空气污染等"城市病"，同时也会导致本地人口与流动人口之间的摩擦增多，增加外来务工者的社会融入难度，甚至催生犯罪，加剧社会的不稳定程度。

---

[1] 邓智团、宁越敏：《要素集聚、技术进步与城市生产率——基于长三角 16 城市的实证研究（1978—2008）》，《南京社会科学》2011 年第 2 期。

[2] 陆铭等：《城市规模与包容性就业》，《中国社会科学》2012 年第 10 期。

[3] 陈钊、陆铭：《首位城市该多大？——国家规模、全球化和城市化的影响》，《学术月刊》2014 年第 5 期。

其次，所谓"就地城镇化"，是指农村人口不再一味地向大城市迁移，而是依托中心村和小城镇，或把散落的农村居民点适时、适度聚集发展为新社区，并逐渐成长转化为新城镇，就地就近实现非农就业化和市民化的城镇化模式。优先发展中小城镇有助于使大量农民迅速非农化[①]，降低农村劳动力流动进入城市的心理成本。[②] 就地城镇化通过土地置换等方式，引导农民集聚，建立众多适宜人居的村镇，发展农村经济，增加农民收入，完善农村基础设施，发展农村社会事业，是促进城乡协调发展，有效防治"城市病"的新思路。然而，在城镇化推行过程中，由于人口集聚具有主观性和随机性，自由迁徙条件下，迁移意愿与国家层面的规划意图难以契合，导致就地城镇化会带来国家层面规划建设成本的上升和资源的浪费。

就中国的城镇化而言，面向城乡协调发展目标，究竟是应该鼓励"迁移城镇化"，还是采取"就地城镇化"，或是两者兼而有之，抑或是还有其他更合适的城镇化道路，仍是一个仁者见仁智者见智的问题。回顾中国城乡关系的演变的历史，有助于对适合的发展道路做出更为正确的选择。

9.2　中国城乡关系演变与协调发展的风险与问题

中国经济快速崛起和高速增长，取得了举世瞩目的成就，得益于工业化和城镇化，但与此同时，农村、农业和农民也为此付出了巨大的代价，传统城镇化的理念和路径导致城乡关系严重失衡、失调。

9.2.1　中国城乡关系发展的三个阶段

从中国城乡发展的互动关系看，大致可以分为三个阶段。

第一阶段是 1949—1978 年，城乡关系带有鲜明的计划色彩。这一阶段的主要特点是，农村主要通过提供农副产品，而不是农民进城的方式，来为工业化和城镇化发展提供必要的廉价农业剩余产品，以降低工业和城市的发展成

---

① 焦晓云：《新型城镇化进程中农村就地城镇化的困境、重点与对策探析——'城市病'治理的另一种思路》，《城市发展研究》2015 年第 1 期。

② 秦待见：《走中国特色城市化道路要充分发挥小城镇的作用》，《中国特色社会主义研究》2008 年第 3 期。

本。在 1953 年以前的新民主主义时期，国民经济还处于恢复阶段，国家允许多种经济成分并存，土地可以买卖、允许雇工、借贷自由，农民可以进城务工，生产要素的城乡流动相对自由。到 1953 年以后，随着基本经济制度向社会主义计划经济过渡，中国实行了一系列限制生产要素自由流动的政策，包括农副产品的统购统销制度、"政社合一"的人民公社制度、集体经营制度和户籍制度等，城乡之间生产要素的自由流动被完全禁止，代之以政府的计划调拨和交换。计划经济时代"重工轻农"思想和"重城市轻农村"发展战略严重制约了农村的发展，工农业产品的价格"剪刀差"使得城市的重工业从农业中获取大量剩余产品而获得优先发展。1961 年之后，城镇化几乎停滞，即使是农村地区之间的人口流动也受到严格限制。据统计，在 1978 年改革开放之前，全国城镇因迁移和市政区划变动（即农转非）增长的人口估计约为 6 300 多万人，年均增长 210 万人，仅占同期城镇新增人口总数的 48.57％。[1]

其结果是形成了城乡之间相互割裂的"二元结构"：国家对城市和市民实行"统包"，而对农村和农民则实行"统制"，在财产、户籍、住宅、婚姻、教育、医疗、就业、养老、粮食供应、副食品和燃料供应等制度安排上形成了城乡差异与壁垒。

第二阶段是 1979—1999 年，割裂的城乡关系有所松动。这一阶段的主要特点是，在农副产品已经能够满足城市发展需要的条件下，工农业产品定价体系日趋合理，农村通过向城市提供廉价的土地和劳动力资源，支持工业化和城镇化的发展。改革开放之后，在经济高速增长而呈现户籍分割的背景下，积极发展小城镇就成为可供政府选择的最佳城市化策略，中国的城镇化从被压制转为松动和开放，严格控制城市人口增长和城乡分割的政策体系逐步被鼓励小城镇发展的政策所取代[2]，但城市偏向的发展总体基调并没有变。1980 年召开的全国城市规划工作会议提出了"控制大城市规模、合理发展中等城市、积极发展小城市"的城市发展总方针。1984 年起，户籍坚冰首现裂缝，公安部出台《关于农民进入城镇落户问题的通知》，允许部分农民进城务工，加之城乡集市贸易兴起，大量农民开始进入小城镇和城市。据统计，1984—1986 年"撤社建

---

[1] 许涤新：《当代中国的人口》，中国社会科学出版社 1988 年版，第 300、493 页。
[2] 武力：《1949—2006 年城乡关系演变的历史分析》，《中国经济史研究》2007 年第 1 期。

乡"，并降低建制镇标准，三年里建制镇数量增加 7 750 个；到 1992—1994 年，国家对乡镇实行"撤、扩、并"，又新增建制镇 7 750 个，这六年里建制镇增加数相当于这一时期净增加数的 71％。① 与此同时，城市化也已从沿海向内地全面展开，在农村廉价劳动力和廉价土地的支持下，建制市从 1990 年的 467 个增加到 1995 年的 640 个（此后城市数量基本保持不变），城市化率由 1992 年的 27.63％提高到 1999 年的 30.89％。②

　　第三阶段是 2000 年以后，城乡发展不协调加剧。这一阶段的主要特点是，乡镇企业式微，大量农村青壮年走出农村，到城市特别是北上广深等沿海城市谋生，老人、妇女和儿童则留守农村；城市进一步开放，迅速扩张，外贸、金融、房地产和信息产业快速崛起，但未能惠及农村。一方面，城市变得拥挤不堪，环境恶化，"城市病"频发，地方政府过度依赖土地财政，城市开发缺乏效率；另一方面，农村出现"三留守"，农田荒废，村舍破败凋敝，乡村治理失范，农产品收购制度和土地制度难以有所突破，农耕文明在现代化的冲击下显得支离破碎。尽管农业税减免有助于农民增收，但农民从改革中的获益总体有限，城乡发展差距持续拉大。由于户籍制度和非均等化的公共服务的制约，大规模城乡人口流动非但没能从根本上消除城乡差距，反而将城乡二元结构复制和移植到了城市内部，出现城市内部传统部门与现代部门之间、流动人口与户籍人口之间的新二元结构，一定程度上增加了社会融合的经济成本和心理成本。世界银行的研究表明，中国的城镇化和发达国家城镇化最大的区别之一，就是不完全的迁徙，只有 20％的迁徙是家庭式迁徙，非家庭式迁徙的结果，不仅造成了大量的留守老人、留守儿童和留守妇女（见表 9.1），严重影响农业劳动生产率和技术进步，而且也引发了不完全的城镇化，流动人口在城市不能享有与城市居民同等的工作和福利待遇，除了出卖廉价劳动力之外，几乎一无所有。所谓"无恒产者无恒心"，这样的城镇化当然也不利于城市的长远发展。尽管这一时期的城镇化率以年均 1％左右的速度增长，但在相当程度上，是没有改变户口性质的往日农民按照定义被统计为城市常住人口的结果。③2011 年中

① 朱守银：《中国农村城镇化进程中的改革问题研究》，《经济研究参考》2011 年第 6 期。
② 根据 1993 年和 2000 年《中国统计年鉴》计算而得。
③ 蔡昉：《人口转变、人口红利与刘易斯转折点》，《经济研究》2010 年第 4 期。

国的城镇化率突破 50%，到 2015 年底，中国常住人口的城镇化率已经达到 56%，但扣除 2.77 亿农民工群体，实际城镇化率不足 36%。实现城乡协调发展目标，仍面临诸多困境与挑战。

表 9.1　中国农村地区"三留守"的基本情况

"三留守"	数量（截至 2012 年底）	占　比
留守老人	5 000 万	约占农村老人的 50%
留守儿童	6 100 万	约占农村 0—17 岁儿童的 37.7%
留守妇女	超过 5 000 万	约占农村 20—59 岁妇女的 14%

资料来源：作者根据网络整理。

9.2.2　是"大城市太小"，还是"小城市太少"？

　　中国城乡发展不协调，还表现为城市数量与城市人口不匹配。自 1995 年之后，中国的城市数量就基本不再增加了，大约维持在 660 个，但城市化率却从 29% 上升到现在的 56%，几乎增长了一倍，此间人口基数也在不断增长。同时从结构上看，大城市数量在增加，小城市数量却在减少。数据显示，中国城市数量从 1998 年的 663 个减少到 2014 年的 656 个，基本变化不大，其中，400 万以上、200 万—400 万、100 万—200 万、50 万—100 万、20 万—50 万人口规模的城市均有所增加，唯独 20 万以下人口规模城市从 373 个减少到 240 个，城市占比从 56.26% 锐减到 36.59%，不同等级规模城市数量分布的"金字塔"的底部在收窄，甚至出现了"橄榄形"的趋势。再从城市吸纳的人口分布看，为了排除新二元结构对城镇化的影响，人口的统计口径以非农人口为准，也就是说，即使是在只考虑户籍人口分布的情况下，也明显地呈现出向大城市集中的趋势。数据显示，400 万以上人口规模城市吸纳的人口占比从 1998 年的约 10% 增加到 2014 年的约 20%，增长幅度远超其他规模的城市，即平均每 5 个城市户籍人口中，就有 1 人生活在 400 万人口规模以上的大城市中。但在另一方面，20 万—50 万人口的城市吸纳的人口占比则从 28.86% 下降到 21.51%，20 万以下人口的小城市吸纳的人口占比从 20.29% 下降到 8.81%（见表 9.2）。如果按照常住人口加以统计，由于大城市的新二元结构问题相对更多，因此小城市数量和吸纳人口能力锐减的现象可能更为严重。

表9.2　中国不同等级规模城市数量和人口比重变化

城市人口规模	1998 年			2014 年		
	城市数量（个）	城市占比（％）	人口占比（％）	城市数量（个）	城市占比（％）	人口占比（％）
400 万以上	3	0.45	9.39	10	1.52	19.96
200 万—400 万	10	1.51	12.78	17	2.59	13.46
100 万—200 万	24	3.62	14.26	42	6.40	16.88
50 万—100 万	47	7.09	14.42	103	15.70	19.37
20 万—50 万	206	31.07	28.86	244	37.20	21.51
20 万以下	373	56.26	20.29	240	36.59	8.81
合　　计	663	100.00	100.00	656	100.00	100.00

注：城市人口规模按照非农人口分组人口数计算。
资料来源：1999 年和 2015 年《中国人口与就业统计年鉴》。

如何看待中国城市数量与城市人口分布的变化？国际经验表明，一个国家或地区在城市化或城镇化的进程中，城市数量会大规模增加，而不是维持不变，更不会减少。美国的城镇化率从 20％增长到 70％期间，城市数量由 392个增长到 2 722 个，增长了近 6 倍，目前，美国的城市数量高达 10 158 个，其中绝大部分是中小城市。如果说美国的人口密度和地理条件与中国的可比性较差，那么再来看日本。1950—1960 年是日本历史上城市化发展最快的时期，1950 年日本城市数量仅为 254 个，到 1960 年增长了一倍多，城市化率从 37％增长到 63％，年均提高 2.6 个百分点，与此同时，町和村[①]的数量迅速减少，大量村庄消失，村庄占地缩小，使得土地得到重新规划、平整和改良。这一时期也是日本历史上耕地面积增加最快的时期，耕地总量达到 608.6 万公顷的历史高点。[②] 相比之下，在中国的不完全城市化进程中，农民进城只是来打工，预想在未来还会回到农村去生活，因此，他们在农村的占地无法像日本那样实现退出，而只是留下荒芜一片。

在一些持"异地城镇化"观点的学者看来，中国的大城市可能还不够大，还需要容纳更多的农村转移人口，理由是中国的城市分布不满足所谓的"齐夫法

---

① 日本的居民点分为市、町、村三级，町大致相当于中国的镇。
② 赵俊超：《城镇化改革的突破口》，中国人民大学出版社 2015 年版。

则"，首位城市上海和次位城市北京的人口数量几乎相当，理论上首位城市的人口数量应是第二位城市人口数量的一倍，而户籍制度是制约首位城市人口吸纳能力扩张的重要原因之一。应当看到，国际上的确有不少国家的城市分布满足齐夫法则，但从中国的实际情况看，城市数量与城市人口不匹配的根源，不在于大城市究竟能够容纳多少人口，而在于城乡发展的不协调，更具体一些，就是在城市体系发展中忽视了小城市的重要地位。是"大城市太小"，还是"小城市太少"，哪个更能说明城乡发展不协调的问题，是显而易见的。假如中国在城镇化推进的过程中，也出现了城市数量尤其是中小城市数量的大规模增加，那么大量的农村转移人口就可能得到分流，而同样出现符合齐夫法则所预判的规律性。

9.2.3 中国城乡发展不协调的风险与问题症结

归纳起来，现阶段中国的城镇化暴露出城乡发展不协调的六大困境，主要有：一是"三农"问题和农村贫困化有固化趋势；二是城乡二元结构与发展差距持续扩大；三是社会排斥导致流动人口难以融入城市社会，造成城镇内部新二元结构；四是城乡资本和土地要素配置不合理，城市反哺农村的体制机制不健全；五是城镇空间分布和规模结构不合理，大城市病与城市群发展滞后并存；六是城乡建设缺乏特色与乡土文化流失。因此，中国目前的城镇化过程还不是一个包容性发展的过程，现有的城镇化模式亟待转型，需要从城乡协调发展的目标出发，破解中国的城镇化困局。①

需要指出，无论从哪个发展阶段看，农村和农业都为推进中国的工业化和城镇化的做出了贡献，资本、劳动力和土地等生产要素的流向主要是从农村到城市、从农业到工业，呈现要素单向流动，以及农村发展从属于城市发展的特征。既然要素流动不是双向的，也就无法确保农村和城市在经济发展中的地位对等，因此，城乡要素流动的不协调是城乡发展不协调的症结所在。

城乡要素流动和空间集聚是城乡协调发展和交互作用的基础，表现为城乡资本、劳动力、土地、资源、信息、技术等生产要素在城乡之间的自由流动与重新组合，反映为城乡在产业结构、就业结构、土地利用结构和空间结构等维度

---

① 权衡：《包容性城镇化是城乡协调发展的实践形式》，《解放日报》2016 年 6 月 10 日。

上的均衡发展，城乡在经济功能、社会功能、文化功能、生态功能等维度上的协同推进，城乡在生产部门和服务部门上的分工与协作，以及城乡在户籍、土地、就业、住房、医疗、养老、保险、教育等制度设计上的互相衔接。这就需要调整目前城市偏向的体制和利益格局。

可见，城镇化并不是一个独立起作用的规律，而是城乡相互作用下的社会历史进程。提倡城乡协调发展的城镇化，比以往单纯强调城市导向的增长或发展模式更具有可持续性和包容性，不仅关注城镇的发展过程，而且还同样重视城镇的发展是否能惠及农村，两者互为依存、互相促进，实现城乡协调发展，包括城乡居民权益与公共服务均等化、城乡居民收入与分配结构均衡化、城乡金融发展与资本配置合理化、城乡空间紧凑与土地利用集约化，以及城市反哺农业与产业发展融合化的目标体系等。

9.3　中国城乡居民收入差距与分配格局演变

中国城乡关系演变的结果，是城乡居民收入差距持续扩大，以及城市内部社会阶层的分化。一方面，正如经典发展经济学理论所指出的，人口和要素的城乡流动，有助于缩小城乡收入差距，尤其是缩小城乡之间的收入差距在总体收入不平等中的贡献；但另一方面，由于中国的人口流动，是"带着枷锁的舞蹈"，不完全的城镇化和"离土不离乡"式的人口迁徙，扭曲了城乡要素交换的对等机制，导致转移人口（其中大部分是农民工）除了出卖劳动力，几乎一无所有，由此引发城市内部因身份不同而出现的社会分层，以及相应的城市内部的收入差距与分配不公。再有，不同于经典理论所预测的，城市出现了产业的服务化趋势，也在一定程度上改变着库兹涅茨"倒U"曲线产生的条件和环境，金融和房地产业俨然扮演了财富再分配器的重要角色，城市内部的收入差距出现极化现象。

9.3.1　中国城乡居民收入差距变化：收入倍差与基尼系数

改革开放以来，随着经济发展，城镇与农村居民人均收入都经历了快速上涨，根据统计局住户调查抽样数据，从1978年到2016年间，中国城镇居民家庭人均可支配收入从343元提升至33 616元，农村居民家庭人均纯收入从133

元提升至 12 363 元。①（见表 9.3）扣除通货膨胀和统计口径的影响，1978 年以来城镇人均可支配收入年均增长率为 7.7%（1978—2016 年），农村人均纯收入

表 9.3　中国城乡居民人均可支配收入与收入倍差

年份	城镇人均可支配收入（元，当年价格）	农村人均纯收入（元，当年价格）	名义收入倍差	城镇人均可支配收入（元，当年价格）	农村人均纯收入（元，当年价格）	实际收入倍差
1978	343.40	133.57	2.57	343.40	133.57	2.57
1980	477.60	191.33	2.50	436.16	174.73	2.50
1985	739.10	397.60	1.86	550.75	303.28	1.82
1990	1 510.20	686.30	2.20	680.27	317.08	2.15
1995	4 283.00	1 577.70	2.71	996.97	412.98	2.41
2000	6 280.00	2 253.40	2.79	1 317.67	547.40	2.41
2005	10 493.00	3 254.90	3.22	2 085.67	723.84	2.88
2006	11 759.50	3 587.00	3.28	2 303.07	786.00	2.93
2007	13 785.80	4 140.40	3.33	2 583.55	860.78	3.00
2008	15 780.80	4 760.60	3.31	2 800.50	929.43	3.01
2009	17 174.70	5 153.20	3.33	3 075.70	1 009.18	3.05
2010	19 109.40	5 919.00	3.23	3 315.88	1 118.93	2.96
2011	21 809.80	6 977.30	3.13	3 594.23	1 246.69	2.88
2012	24 564.70	7 916.60	3.10	3 941.70	1 379.94	2.86
2013	26 467.00	8 895.90	2.98	4 139.35	1 508.24	2.74
2014	28 843.90	9 892.00	2.92	4 422.61	1 644.23	2.69
2015	31 195.00	11 421.70*	2.73	4 712.41	1 874.13	2.51
2016	33 616.00	12 363.00*	2.72	4 998.17	2 000.57	2.50
2015	31 195.00	10 772.00#	2.89#	4 712.41	1 767.52#	2.66#
2016	33 616.00	11 695.45#	2.88#	4 998.17	1 886.72#	2.65#

注：打 * 号为农村居民人均可支配收入；打 # 号为按照农村人均可支配收入是农村人均纯收入的 1.06 倍（2014 年值）估算。

资料来源：国家统计局。

---

① 自 2013 年起，国家统计局开展"城乡一体化住户收支与生活状况调查"，2015、2016 年采用的是新口径——农民人均收入为农村居民家庭人均可支配收入，而不是老口径——农村居民家庭人均纯收入。两者的区别在于，纯收入是初次分配的结果，不包括农村居民实际得到的养老、医疗、保险等转移性收入部分。而可支配收入是经过初次分配和再分配的最终结果，扣除以前没有考虑的公益性、赠送及罚款等转移性支出部分，再加上以前没有考虑而农村居民实际得到的养老、医疗、保险等转移性收入部分，它是用于农户的最终消费、非义务性支出以及储蓄收入。计算公式分别为：农民人均纯收入 =（农村居民家庭总收入 - 家庭经营费用支出 - 生产性固定资产折旧 - 税金和上交承包费用 - 调查补贴）/ 农村居民家庭常住人口；农村常住居民人均可支配收入 =（农村居民总收入 - 家庭经营费用支出 - 税费支出 - 生产性固定资产折旧 - 财产性支出 - 转移性支出）/ 家庭常住人口。

年增长率为 7.6%（1978—2014 年），城乡收入增长在较长时期内基本保持同步增长，初始收入差距的影响依然存在。

从城乡居民收入倍差来看，在经历了 20 世纪 80 年代初短暂的缩小之后，城乡收入差距持续拉大距离，1990 年扩大到 2.20 倍，1995 年为 2.71 倍，2005 年进一步扩大到 3.22 倍，2007—2009 年达到 3.33 倍的峰值之后，开始略微下降，2013 年开始回落到 3 倍以内，2016 年初步测算结果是 2.72 倍[1]，比上一年下降 0.01。在扣除物价因素和统计口径改变的影响后，城乡实际收入倍差极大值是 2009 年的 3.05，2016 年的初步测算结果是 2.65 倍，也比上一年下降 0.01，比名义收入倍差略小一些，但这个结果没有考虑地区的物价差距，也没有把一些隐性福利、实物补贴和公共服务计算在内。如果把地区物价因素、隐性福利、实物补贴和公共服务都计算在内，中国的城乡居民收入差距大概在 6∶1，远远高于国际上对城乡协调发展所认定的 1∶1 标准。

从全国基尼系数来看，自 2003 年起，国家统计局在全国城乡居民抽样调查的基础上，连续每年公布全国基尼系数，2013 年国家统计局又开展了城乡一体化住户收支与生活状况调查。但 2002 年之前的基尼系数大多是世界银行或者由学者自己估算的，较为碎散。为了确保指标的连续性、权威性与可比性，此处分别采用两部分指标度量中国城乡居民的收入差距情况：（1）1981—2001 年基尼系数来自世界银行的 Ravallion & Chen[2]，数据显示我国居民收入差距从 1981 年的 0.278 提高到 2001 年的 0.395，逼近 0.4 的国际警戒线；（2）2003—2016 年基尼系数来自中国统计局发布官方数据，我国 2003-2016 年间的总体基尼系数保持在 0.46—0.50 的范围内，极大值出现在 2008 年的 0.491，虽然 2008 年以后基尼系数略有下降，但到 2015 年仍然有 0.462，2016 年又小幅回升到 0.465（见图 9.1），原因可能有两个，一是城市一部分低收入者养老金收入增速略有放缓；二是因粮价下跌，农村部分单纯依靠种粮收入的农民收入略减

---

[1] 2015 年和 2016 年使用的是新口径，即城镇人均可支配收入与农村人均可支配收入之比。由于人均可支配收入反映的是初次分配和再分配的收入情况，一般比人均纯收入要高一些，比如，根据《2015 中国住户调查年鉴》，2014 年农村人均可支配收入和农村人均纯收入分别为 10 488.9 元和 9 892 元，前者是后者的 1.06 倍。因此城乡名义收入倍差在 2015 年之后骤减的趋势，一定程度上与住户统计口径的改变有关。

[2] Ravallion Martin and Shaohua Chen，2007，"China's（Uneven）Progress Against Poverty"，*Journal of Development*，Vol.82（1）：1—42.

所致。

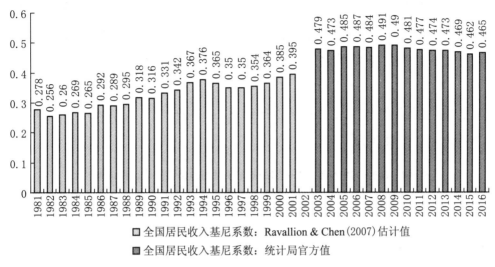

图 9.1 全国居民收入基尼系数（1981—2016 年）

资料来源：1981—2001 年基尼系数来自 Ravallion & Chen（2007），2003—2016 年基尼系数来自中国统计局发布官方数据，两个时间段基尼系数不可比。

同其他来源的全国基尼系数测算结果相比 [1]，可以从趋势上认为中国目前基尼系数大致在 0.5。国际上一般以 0.4 或者 0.45 作为分界点，如果基尼系数超过这一临界值，那么就认为该国家或者地区面临较为严重的收入分配不平等问题。2011 年全球 111 个国家中，基尼系数超过 0.5 的只有 17 个国家，占全部样本的 15％。[2] 可以说，与经济快速增长相伴随的是，中国已经由一个城乡居民收入较为平等的国家，逐步发展成为一个城乡居民收入差距持续扩大的国家。

9.3.2 中国城乡居民分配格局演变：基尼系数的分解

运用历年《中国统计年鉴》提供的城乡居民人均收入等分数据，以及李凌 [3] 的数值模拟方法和 Sundrum [4] 分解公式，对全国基尼系数进行重估与分解。

---

[1] 岳希明、李实：《我们更应该相信谁的基尼系数》，2013 年工作论文，www.ciidbnu.org/news/201301/20130123092800706.html。

[2] 李婷和李实：《中国收入分配改革：难题、挑战与出路》，《经济社会体制比较》2013 年第 5 期。

[3] 李凌：《关于基尼系数的一种数值算法》，上海社会科学院经济研究所工作论文，2013 年。

[4] Sundrum R.M., *Income Distribution in Less Developed Countries*, Routledge, 1990.

研究发现，数值模拟法的结果在趋势上，与国家统计局和《中国住户调查年鉴2013》公布的基尼系数在趋势上基本一致。2009年之后，全国基尼系数趋于下降，但下降幅度不大①，这与城乡收入倍差的变化特点一致，其中，农村的基尼系数要高于城镇的基尼系数。城镇人均可支配收入的基尼系数在金融危机之后趋于下降，2011年为0.340 7，2015年为0.311 3；相反，农村的基尼系数在金融危机之后略有上升，2011年提升到0.384 2的高点，之后小幅回落，2015年为0.366 1（见表9.4）。

表9.4　2003—2015年官方公布的基尼系数与数值模拟法计算结果对比

年份	全国居民		城镇居民	农 村 居 民	
	国家统计局	模拟法	模拟法	中国住户调查年鉴2013	模拟法
2003	0.479	0.449 0	0.330 2	0.368 0	0.373 1
2004	0.473	0.451 6	0.338 1	0.369 2	0.362 5
2005	0.485	0.457 8	0.344 4	0.375 1	0.368 4
2006	0.487	0.457 2	0.340 7	0.373 7	0.367 6
2007	0.484	0.456 5	0.340 3	0.374 2	0.368 3
2008	0.491	0.458 9	0.344 1	0.377 6	0.371 9
2009	0.490	0.459 2	0.340 1	0.385 0	0.380 1
2010	0.481	0.451 6	0.333 4	0.378 3	0.373 0
2011	0.477	0.450 7	0.333 7	0.389 7	0.383 9
2012	0.474	0.443 3	0.320 7	0.386 7	0.381 5
2013	0.473	0.425 7	0.328 6	—	0.356 9
2014	0.469	0.419 4	0.318 3	—	0.368 1
2015	0.462	0.414 2	0.311 3	—	0.366 1

注：2013年（含）之后采用的是"城乡一体化住户收支与生活状况调查"数据，农村居民家庭人均收入在2012年（含）之前为人均纯收入，2013年（含）之后为人均可支配收入。其中，2003—2012年采用的是城镇居民家庭人均可支配收入七等分数据，其余均为五等分数据。

从基尼系数分解的角度看，Sundrum的研究提供了一个思路：总体不平等可以分为组内不平等和组间不平等之和，即城镇内部和农村内部的不平等，以及城乡之间的不平等。Sundrum还指出，如果分组是完备的，即不存在收入分布上的重叠人口（如穷人和富人），那么基尼系数可以得到完全分解；但如果分组不是完备的，即存在收入分布上的重叠人口（如城镇和农村），那么基尼系数

① 2013年采用的是城镇居民家庭人均可支配收入五等分数据，而不是之前的七等分数据，存在信息损失，导致城镇基尼系数存在低估的可能。

的分解是不完全的，总是存在一个在结构上和基尼系数类似的余项。①

全国基尼系数的城乡分解结果表明，第一，尽管贡献率连年下降，从2003年的62.89％下降到2015年的52.22％，但城乡不平等依然是总体不平等最主要的贡献者。第二，城镇内部不平等对总体不平等的贡献在提升，从2003年的20.49％上升到2015年的32.77％，这是不完全城镇化的结果，人口流动非但没有消除二元结构，反而将二元结构复制到城市内部，形成"新二元结构"，引发城市内部因身份不同而出现的社会分层；同时，金融和房地产业进一步放大了财富和收入的初始差距，导致城市内部的收入差距迅速扩大。第三，农村内部不平等对总体不平等的贡献在下降，从2003年的15.43％下降到2015年的8.64％（见表9.5），这一方面与农村人口流出占比下降有关，另一方面也得益于2006年以来废除农业税和扩大社会保障覆盖面等公共政策的实施，但也必须看到，农村的基尼系数还比较高，有些地区留守儿童和独守老人等现象还比较普遍，6 000多万贫困人口有待精准脱贫，农村提升公共服务质量和缩小收入差距的任务还比较重。第四，余项的贡献率在提升，表明城乡居民在收入分布上重叠的部分在增加，也就是说，农村有越来越多人的收入达到了城镇中高收入阶层的水平。

表9.5　2003—2015年官方公布的基尼系数与数值模拟法计算结果对比

年　份	城镇内部不平等	农村内部不平等	城乡不平等	余　项
2003	20.49％	15.43％	62.89％	1.18％
2004	21.79％	14.16％	61.87％	2.18％
2005	22.92％	13.37％	60.87％	2.85％
2006	23.90％	12.39％	61.18％	2.53％
2007	25.26％	11.42％	61.25％	2.07％
2008	26.29％	10.91％	60.18％	2.62％
2009	27.11％	10.38％	59.63％	2.88％
2010	28.15％	9.79％	58.39％	3.67％
2011	29.11％	9.68％	56.39％	4.82％
2012	29.45％	9.20％	56.18％	5.17％
2013	31.74％	9.11％	53.54％	5.61％
2014	31.97％	9.17％	52.78％	6.09％
2015	32.77％	8.64％	52.22％	6.37％

---

① 关于基尼系数的分解，进一步的讨论可以参见李实：《对基尼系数估算与分解的进一步说明——对陈宗胜教授评论的再答复》，《经济研究》2002年第5期；洪兴建：《基尼系数子群分解中剩余项的一个简洁解释》，《数量经济技术经济研究》2009年第3期。

可以看到，城乡之间的不平等和城市内部的不平等是中国城乡发展中收入不平等的主要来源，两者占比相加约为 85%，而且可能在今后相当长的时期里持续下去，两个二元结构反映出城乡发展的不协调。世界银行 2003 年《中国经济报告：推动公平的经济增长》就曾指出，如果中国任由当前城乡差距继续扩大下去，到 2020 年基尼系数将达到社会难以承受的程度。如果是这样，就违背了中国一贯遵循的"共同富裕"的社会主义原则，也将使建立和谐社会和全面建成小康社会的目标落空。

9.4 促进中国城乡协调发展的政策建议

城乡协调发展是针对城市与乡村之间本来存在的内在联系被人为地割裂，从而影响经济、社会发展的现实所提出的，符合城乡之间先富带动后富的进步要求，旨在重构城乡要素交换的对等机制。我们认为，中国城乡协调发展的核心不在于城镇，而在于农村，尤其是实现农业的现代化和增加农民收入。相应地，中国城镇化的目标，是要促进城镇发展与产业支撑、就业转移和人口集聚相统一，促进城乡要素平等交换和公共资源均衡配置，形成以工促农、以城带乡、工农互惠、城乡一体的新型工农、城乡关系，推进城乡协调发展的城镇化。

9.4.1 城乡协调发展符合先富带动后富的要求

"允许一部分人、一部分地区先发展、先富裕，先富带后富，最终实现共同发展、共同富裕"，是邓小平经济发展战略的重要内容，刻画了中国发展的战略目标和过程形态。所谓先富，是指在社会主义初级阶段，允许和鼓励一部分人通过诚实劳动合法经营先富起来，避免了在城乡差异悬殊的中国齐头并进实现共同富裕的不切实际，同时也是对"发展是硬道理"的坚持。所谓共同富裕，是指彻底消除阶级之间、城乡之间、脑力劳动和体力劳动之间的对立和差别，实行各尽所能、按需分配、社会共享，以及每个人自由全面的发展。先富共富论体现了改革与发展的大局意识和"渐进"特征。

从先富到共富，往往需要"三步走"，第一步是"允许一部分人、一部分地区先富裕"，这是整个发展中前半段所"允许"的过程现象；第二步是"先富带动后富""防止两极分化";第三步是走向"共同富裕",共享改革发展成果。反映到城乡关系上,就是在第一阶段集中资源支持城市和工业的发展,而在第二阶段形成工业反哺农业、城市发展带动农村发展的体制机制,最终实现城乡协调发展。习近平总书记指出"在邓小平先生领导下,我们从中国国情和时代要求出发,探索和开拓国家发展道路,形成了中国特色社会主义,建设社会主义市场经济、民主政治、先进文化、和谐社会、生态文明,维护社会公平正义,促进人的全面发展,坚持和平发展,全面建成小康社会,进而实现现代化,逐步实现全体人民共同富裕"。① 一系列新战略,包括精准扶贫、农村改革、"一带一路"、"四个全面"等,更加有利于实现共同富裕。

9.4.2 加快推进农业供给侧改革

共同富裕的前提是农民增收致富,也是城乡协调发展的应有之义。历年中央一号文件连续关注"三农"问题,旨在解决农民增收、增强农业农村改革活力,转变农业供给质量和发展方式。从城乡协调发展的角度看,农业供给侧结构性改革的当务之急有两个方面。

一是改革农产品价格形成机制。当前中国粮食产量连续十二年增产,但同时还有大量谷物需要依靠进口,这暴露出粮食等主要农产品的有效需求不足,与实际需求品质和质量安全要求还不匹配,尚未形成有利于农民增收和提升农产品供给质量的农产品价格机制,以及与工业生产要素的市场化程度相比,农业生产要素的市场化程度还比较低等问题。为此,要发挥市场在农业生产和资源配置中的决定性作用,政府首先要从直接干预价格的形成机制中退出来,进一步提高农民的组织化程度,培育生产者、消费者共同参与的农民专业合作社,以市场为导向引导调整农业产品结构,为提高农产品供给质量提供良好的体制环境,充分鼓励农民、企业参与农业生产,促进第一、第二、第三产业融合发展。

二是提升农业生产的科技化水平。2015年中国农业科技进步贡献率达到56%,主要农作物耕种收综合机械化率达到63%,但农业的科技化水平究竟如何呢?不妨与农业机械化程度世界第一的美国做个简单的比较。在美国,直接

---

① 引自习近平:《在布鲁日欧洲学院的演讲(2014年4月1日)》,《人民日报》2014年4月2日。

从事农业生产的人口约为 350 万人，养活了美国约 3 亿人口，相当于平均每个从事农业生产的人养活了 85.7 个人。相比之下，中国 43.9％的乡村人口扣除"三留守"人员和从事农村非农产业的人员，大致有 2.2 亿人口直接从事农业生产，养活全国 13.7 亿人口，相当于平均每个从事农业生产的人养活了 6.2 个人，农业劳动生产率只有美国的 1/14 左右，美国的家庭农场制度令大洋彼岸的中国农民艳羡不已。然而，提高农业生产的科技化水平和农田耕种的机械化水平，土地制度改革是根本，目前土地的经营权流转问题已经破冰，但土地的所有权如何确权、流转，相应的收益如何计算、分配等，都是困扰中国农业现代化的重大问题，也是梗阻在城乡协调发展中亟待破解的难题。

9.4.3　城乡协调发展的城镇化模式选择

选择城乡协调发展的城镇化模式，应充分考虑市场机制调节、政策导引、农民自愿选择等因素，无论是异地城镇化，还是就地城镇化，都要把城镇发展与产业支撑、就业转移和人口集聚统一起来，把社会保障、公共服务与劳动力流动匹配起来。在城乡关系上，既强调乡村服务城市，也强调城市服务农村，使之互为依存、优势互补、互相促进。

第一，构建城乡要素的平等交换机制，实现人口、土地、资金要素在区域之间、城乡之间、城镇之间自由流动。重点是设法解决土地流转问题，盘活农村土地资源，使其发挥规模效应、产业效应、集约效应，支持更多农民从土地上解放出来，享受耕地保护和城镇化的双重福利，并使市场要素向农村和小城镇集聚，吸引中小企业等产业资本将过剩产能转移到村镇，发展生态、旅游、特色农业，将本地劳动力、资源和市场需求结合起来，夯实就地城镇化的产业基础。

第二，发展多层次的城市（镇）体系，依托城市群，分散大城市非核心功能，使城市群成为更具有投资吸引力和能够吸纳更多就业的包容性发展空间。根据资源环境承载能力，优化城镇体系的空间布局，把城市群作为主体形态，促进大中小城市和小城镇合理分工、功能互补、协同发展。城市群的发展模式有利于发挥迁移城镇化与就地城镇化的联动作用。迁移城镇化以各省大城市、城市群为主，同时重点在大城市郊区、城市群之间的农村地区、产业与交通条件好的乡村中心镇实施就地城镇化。

第三,推进城乡基本公共服务均等化,提供包括社会养老、医疗保障、失业救济、贫困救助、公共教育等在内的统一完善的社会保障体制和社会政策。依托户籍制度改革、医疗和教育保障制度改革,充分实现社会资源、基本公共服务均等化,扩大覆盖面,提高保障度,实行有效衔接。一方面,使已经在城市里长期生活、已有固定职业的农民工真正融入城市,促进市民化,稳固异地城镇化成果;另一方面,建立大中城市优质资源向小城镇延伸机制,实现大城市与小城镇的文化、教育、医疗等资源的有机整合,解除低收入群体在收入位次中的"锁定"状态,在制度供给、公共资源配置和基本保障上实现城乡统筹 ①,促进城乡在经济、社会、文化层面的全方位融合。

第四,利用财税手段鼓励生产,努力将城乡居民财富的分布结构从"金字塔型"转换成为"橄榄型",藏富于民、增强活力。进一步降低税率和征税范围 ②,鼓励农业生产和自主创业,健全居民收入流动性的运行机制,有效防止权力和垄断等因素介入生产要素的收入分配领域,促进收入分配的机会公平。同时,缓解城乡收入差距带来的社会冲突和压力,在收入流动过程中促成一个真正拥有一定实业基础和财富实力的中产阶层,以实现和谐社会和经济的长期稳定发展。

---

① 赵晓旭:《"就地城镇化"还是"异地集聚发展"?》,中国城市网,第 42 期,2015 年,http://www.urbanchina.org/n/2015/0424/c395018-26900385.html。

② 李凌:《公共服务均等化要求优化财政体制》,《社会科学报》2012 年 6 月 19 日。

10　中国对外投资的风险防范与收益分析

2016 年中国对外直接投资飞速发展的同时也暴露出诸多问题。随着双向投资布局的推进和"一带一路"倡议的顺利展开，中国的对外投资迈入了历史性阶段。中国对外直接投资存量超过万亿美元，流量位居全球第二位，但是，在规模扩张的同时也凸显了收益较低、方式单一、资本外逃等问题，科学分析中国对外投资的风险与收益对高效利用对外投资促进国内经济转型发展具有重要意义。

10.1　中国对外投资进入新阶段

10.1.1　对外投资存量与流量双创新高

改革开放以来中国经济表现出外资推动型的发展，对比发达国家的经验，中国从投资大国走向投资强国，从经济大国走向经济强国，必然面临从引进外资到对外直接投资的转变。长期以来外商直接投资（FDI）的流入量超过了对外直接投资（OFDI）的流出量，投资与贸易呈现双顺差，2003 年 FDI 有 535 亿美元，OFDI 为 29 亿美元，FDI 是 OFDI 的 18 倍，但是在 2015 年中国的 OFDI 增长到 1 456.7 亿美元超过了 FDI 流入量的 1 262.67 亿美元，成为国际直接投资的资本净输出国。① 如图 10.1 所示，2008 年金融危机后，中国的资本顺差逐年减少，2015 年资本流出超过资本流入将是中国经济正在发生的一个历史转折。

2015 年中国的对外直接投资存量达到了 1.098 万亿美元，位列全球第 8。根据商务部数据统计 2016 年 1—12 月，中国的非金融类对外直接投资为 1 701.1

---

① 数据来自商务部等：《中国对外投资公报 2015》，中国统计出版社 2015 年版。

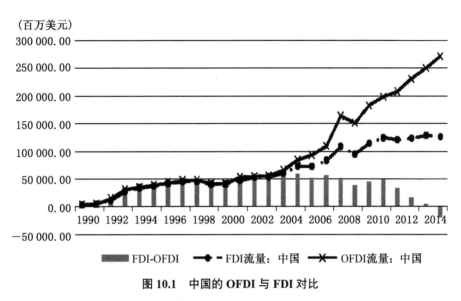

（百万美元）

图 10.1　中国的 OFDI 与 FDI 对比

资料来源：Wind 数据库。

亿美元，对外直接投资将再创新高，相对于 2015 年非金融类对外直接投资增长了 44.1%。对外投资的快速增长，一方面得益于我国的综合国力不断增强，企业的投资需求提升；另一方面在于"一带一路"建设和国际产能合作为对外直接投资打开了新空间。中国从资本净流入国到资本净流出国是历史性变化，对中国的对外战略的制定也将产生深刻的影响。与此同时，2016 年的外汇储备快速下降，截至 2016 年 12 月外汇储备为 3.01 万亿美元。对外投资快速发展的同时，对引进外资又提出了新的要求。因此，2016 年又是错综复杂的一年。

10.1.2　对外投资的产业结构更加合理

中国的对外直接投资的产业结构也随着投资规模的扩张而不断优化，2003 年中国对外投资中占比最高的是制造业 27%，2015 年占比最高的是租赁与商务服务业 24.9%，而建筑业则从 2003 年的 11% 下降到 2015 年的 2.6%。对外投资结构的变化是中国经济内在结构转变的反映，第三产业在经济中比重逐步增加。根据《中国对外投资公报 2015》的统计，2015 年中国在 19 个行业大类都有投资。而商务部的统计数据也显示，2016 年，中国的对外直接投资中新兴产业成为投资热点，信息传输、软件和信息技术服务业以及科学研究和技术服务业的投资分别为 310.6 亿美元、203.6 亿美元和 49.5 亿美元,同比增长了约 7%。对制造业投资占对外投资总额的比重从 2015 年的 12.1%上升为 18.3%。①

如图 10.2 所示,将主要行业的对外投资流量年度数据对比可以发现,第三产业的结构在上升,采矿业、建筑业的占比在下降,制造业占比在 2015 年有所回升,但是持续回暖还有待观察。从中国经济内在增长动力的转换来看,服务业的动能没有完全确立,制造业的转型升级也没有完成,对外直接投资在服务于国内产业结构调整的同时其内在结构也在优化。因此,近年来对外直接投资从与国内经济发展相匹配的角度,结构在合理化的同时功能也在逐渐增强。

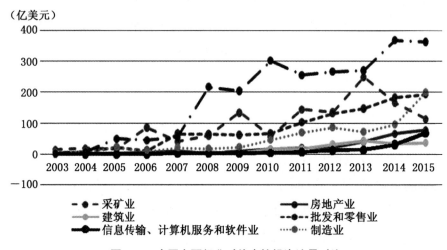

图 10.2　中国主要行业对外直接投资流量对比

资料来源:国家统计局数据库。

10.1.3 "一带一路"沿线投资大发展

投资相对于贸易更能体现经济的融合,新形势下贸易与投资的关系更加紧密,投资更多的是促进或创造贸易。经过 30 多年的快速发展,中国在诸多领域实现了技术上的突破,若干产业具备了国际竞争力,以对外投资带动出口增长是中国进一步扩大开放和融入全球经济的重要手段。"一带一路"的提出对中国对外直接投资的促进具有重要意义。"一带一路"沿线国家对基础设施具

---

① 数据来自中国金融新闻网:《商务部:2016 年我国对外投资同比增长 44.1%》,http://www.financialnews.cn/hg/201701/t20170117_111311.html。

有巨大的需求，而中国在基础设施方面具有比较优势。而为解决"一带一路"国家融资困难的问题，中国还牵头成立了"丝路基金"，其按照市场化、国际化、专业化原则设立的中长期开发投资基金，重点是在"一带一路"发展进程中寻找投资机会并提供相应的投融资服务，致力于共同开发"一带一路"项目。

近两年中国与"一带一路"沿线国家的投资合作表明，"一带一路"倡议对促进我国的对外直接投资效果显著。2015年中国对"一带一路"沿线国家的并购总额达92.3亿美元，并购项目101起。其中，对以色列、哈萨克斯坦、新加坡、老挝和俄罗斯等国的投资额都超过了10亿美元。2016年"一带一路"沿线国家直接投资达到了145.3亿美元，占比将近10%。承接承包工程新签合同方面，"一带一路"国家是1 260.3亿美元，占新签合同总额的51%。完成营业额759.7亿美元，占同期总额的47.7%；截至2016年底，中国企业在"一带一路"沿线国家建立初具规模的合作区56家，累计投资总额185.5亿美元，入区企业1 082家，总产值506.9亿美元，上缴东道国税费10.7亿美元，为当地创造就业岗位17.7万个。①"一带一路"倡议的影响还将随着更多的国家参与到"一带一路"沿线国家的互联互通中而发挥更大的作用。

10.1.4　双边投资谈判不断推进

随着全球资本流动的加剧，投资协定成为重要的双边或多边协议。中国近年来在双边和多边层面上也不断推进投资协定，中欧双边投资协定、中韩自贸区、RCEP（区域全面经济伙伴关系）、亚太自贸区等都致力于构建良好的外部投资环境。2016年《中韩自贸协定》达成，对促进中韩双方投资建立了政策框架。《中欧双边投资协定》在2016年也取得了可喜的进展，2017年这一包含市场开放和全面互惠的协定有望最终达成。2016年RCEP经历了数论的谈判，但因农业等领域的关税问题，基本协议的达成可能要推迟到2017年。而美国宣布退出TPP协定，对中国的双边或多边投资协定的谈判可能形成一定的利好。2017年中国的双边投资谈判有望取得的新的进展。

投资作为流动性最强的要素，吸引外资是各国经济发展的重要举措。国家

---

① 数据来自中国金融新闻网：《商务部：2016年我国对外投资同比增长44.1%》，http://www.financialnews.com.cn/hg/201701/t20170117_111311.html。

间的竞争一定程度上和企业的竞争相似，中国为吸引外资也制定了一系列的优惠政策，包括税收优惠、土地优惠、外商税收、地区优惠、投资优惠等，对外商企业所得税实行"两免三减半"的优惠，土地价格比市价更有弹性，此外地方政府为吸引外资纷纷展开了竞争，个别地区的优惠力度大幅低于国内企业。此外，其他国家为吸引外资也曾制定国外资优惠政策，例如新加坡在20世纪60年代为吸引外资采取的政策是：投资额达到一定程度以上的外国人可以获得永久居留权；并建立了吸引国内外投资的工业区，这一时期大量的外商直接投资进入石油和轻工业部门。韩国是亚洲"四小龙"中利用外资最大的国家，1966年韩国制定了《吸引外资促进法》鼓励外国人在韩国投资，并在1983年对该法律进行修改引入了投资自由化政策，扩大了投资范围，开始实施减税等大力吸引外商直接投资。目前，吸引外资的举措从提高优惠扩展到了投资准入，制定高标准的投资协定成为国际投资规则发展的重要趋势。

10.1.5 以服务开放促进投资开放

投资超越贸易已成为全球化发展的基本趋势，要素流动成为当今世界经济运行的本质特征。中国提出的构建开放型经济新体制，将更注重推进投资自由化，而不是单纯的贸易自由化。国际服务贸易的四种形式包括跨境交付、境外消费、商业存在和自然人流动，其中商业存在又是服务贸易的主要形式，其实质即是投资。大力发展服务业是中国经济发展模式转型的重要路径之一。扩大服务业投资准入是适应世界经济发展趋势的要求，也是中国经济转型升级的内在需要。

以服务业投资准入的扩大有助于国民经济走向全面系统开放，推进现代市场经济产业体系的构建。因此，我们要以稳定、透明、可预期为原则构建内外资统一的体制环境，替代有偏向、易变的政策激励开放模式。制造业及加工贸易为主的海关特殊监管区要在管理体制上整合优化，形成统一规范体制。从2013年成立的上海自贸试验区到2016年的第三批自贸试验区，实行负面清单制度，扩大投资准入是主要亮点。上海自贸试验区作为改革的试验田，在扩大服务业投资准入上正在进行积极探索。上海自贸试验区一方面保有传统自贸区自由贸易功能，无论是从自贸区原海关特别监管区的功能而言，还是从一般自由贸易区通常的产业特征而言，货物及其制造都是其基本特点。另一方面，上海自贸试验区并不局限于传统保税区的制造与货物贸易特征，而是以发展服务业尤其是现代服务业为产业发展的基本取向，这是对自贸区产业发展模式的一种创新，是一种新的超越。自贸试验区方案中广泛涉及了金融、航运、商贸、专业、文化及社会服务六个服务部门。这些部门的开放有利于对制造业提供服务，有利于产业结构升级。2016 年 8 月 31 日，国务院批准了在辽宁、浙江、河南、湖北、重庆、四川、陕西新设自贸区试点。这是继 2013 年的上海自贸试验区和 2014 年的天津、广东、福建自贸试验区后的第三次自贸区扩容。这次自贸区扩围将实施高标准对外开放的区域进一步扩大，有利于更好地利用外资和对外投资，有利于更好地以开放促发展。

10.2 对外投资促进中国经济发展的路径

10.2.1 以对外投资获取自然资源

中国经济快递增长的同时对自然资源的需求也在不断扩大，为满足国内对石油、铁矿石等自然资源的需求，对外直接投资的重点是自然资源领域。但是，随着全球经济放缓，全球需求不足，国内经济增长下降导致对能源需求下滑。同时，甚至在诸多领域出现了产能过剩，因此处于获取自然资源动机的对外直接投资增速出现了下滑。如图 10.3 所示，2008 年金融危机以前，采矿业

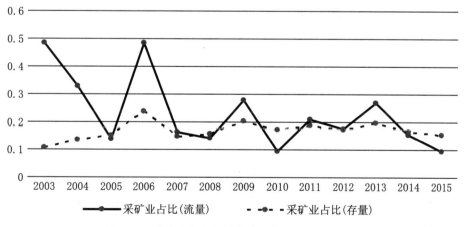

图 10.3 采矿业在非金融类对外直接投资中的占比

资料来源：国家统计局数据库。

在中国的对外直接投资中的比例较高，从 2003 年到 2008 年采矿业占 OFDI 流量的平均比重为 28.9%，但 2009 年到 2015 年采矿业的流量平均占比降低到了 18.2%。

另外，从采矿业占对外直接投资存量的比例来看，金融危机后采矿业在对外直接投资中的下滑更加明显。尤其是 2015 年原油及大宗商品大幅下跌，对自然资源类的国际直接投资产生了不利影响。但是，随着 2016 年大宗商品的回升，对资源类的投资增速也开始回暖。然而，由于全球经济复苏疲软，对外直接投资主要集中在跨国并购。

10.2.2　以对外投资推动产业发展

对外投资的最终目的是促进国内经济转型发展，引进外资的战略下要素流入的根本目标是帮助国内要素和产业实现升级，要素流入通过存在效应、溢出效应、规模效应和财富效应等渠道推动了产业结构优化。但是，经济发展到一定阶段，产业也发展到一定程度，依靠被动吸收的模式面临瓶颈，由于积累了一定资本，可以加大构建创新体系，鼓励企业将更多的资金投入到自主创新上，通过自主创新提升国内要素的国际竞争力。要素的稀缺性决定了要素价格，要素价格又决定了收益水平。要素流动的根本动力在于稀缺性决定的要素收益差异，要素低收益国家或地区流向高收益国家或地区是要素流动的基本流动，促进国际国内有序自由就是要遵循这一流动规律。提高国民收益的根本在于培育高级的稀缺要素，提高企业的自主创新能力。国家需要制定一系列的政策、措施为要素培育创造良好条件，比如完善基础设施、提供优惠条件吸引高级技术人员、进口先进技术、引进先进的管理方法和合理推进产学研相结合等。只有提高了要素质量，才有机会参与到全球价值链的高附加值阶段，才能获得更多的收益提高国民福利。要素的培育是一项长期的复杂的工程，需要将其相关政策作为长期制度固定下来并严格执行。

双向投资战略下需要国内创新水平的提高，才能有效吸收来自对外直接投资的技术溢出，实现产业发展。从技术向产业的过渡是实现经济转型的关键，只有产业化的技术才能真正推动经济发展。不可否认技术创新对产业发展的引领和导向作用，技术创新是经济转型升级和产业发展的基础，没有技术创新一定没有产业的发展，但是有技术创新未必一定有产业升级，技术的产业化有时候需要一系列产业政策的配合。尤其在产业化初期，企业可能承担很大的成本，不愿冒很大的风险，国家的产业政策就有了推出技术创新产业化的必要。

推动技术创新产业化的产业政策和幼稚产业保护理论的区别在于前者是主动的、积极的政策导向。近年来雾霾给中国经济可持续发展敲响了警钟，在经济发展的同时也要注重保护环境，新能源汽车虽然有了发展空间，同时新能源汽车技术有了产业化的基础，但是对于汽车企业新能源汽车造价高，市场需求不容易打开。政府补贴就为新能源汽车的量产打开了空间，促进了中国新能源汽车的快速发展。美国的航天产业、日本的电子产业等发展起来并成为优势产业都离不开国家的政策支持，用好产业政策是发展中国家赶超发达国家实现产业发展的重要步骤。因为产业政策加大了对产业的干扰性，既然是培育、扶持就存在失败风险，如何合理利用产业政策对发展中国家是一个挑战。中国的技术水平和发达国家还有一定差距，仍然处于追赶阶段，而对外投资是获取国外先进技术的重要手段。同时，通过跨国并购实现技术回流、管理提升、研发升级等带动国内相关产业的发展。2016年中国的对外并购投资稳步增长，涉及的产业范围更广，对国内产业发展的溢出效应也逐步增强。

10.2.3　以对外投资推动出口增长

出口能力的提升有待生产要素的升级。跨国并购是发展中国家获取高级要素的捷径之一，发展中国家的跨国公司可以利用并购的高级要素再在母国组织生产推动出口增长。跨国并购与绿地投资相比更灵活，更有利于整合资源，发达国家间的直接投资即以跨国并购为主。随着中国经济实力的增强，以跨国并购获取国外优势资源带动国内产业发展是 OFDI 被赋予的重要使命。互联网技术发展带来了交易的电子化，航海航空的发展导致运输更加便捷和廉价，这些都导致跨国并购更加方便，很少有国家单纯由于地理因素限制了比较优势的发挥。中国经济当前处在转型升级阶段，利用好 OFDI 能够有效提高技术水平，实现技术上的后发优势，提高出口生产能力才是根本。

中国以跨国并购扩大出口有三方面的基本条件：第一，中国拥有资金优势，高额的外汇储备为跨国并购提供了资金保障；第二，改革开放以来，中国劳动力的受教育水平大幅提高，积累了可以适应先进技术要求的工人；第三，多年的外贸经验使中国的对外销售网络初步建立，也培育了一批外贸人才，具备了较强的海外营销能力。以跨国并购扩大出口增长的机制在于通过并购获取国外的技术、品牌等高级生产，然后再回到中国组织生产，最后出口到世界各地。2015年，《中国制造2025》规划发布，勾画了未来制造业的发展蓝图，虽然华为、中兴等高科技公司的产品也具备了一定的国际竞争力，但是整体看中国和发达国家在技术、品牌等方面还有较大差距。实际上，中国的技术水平处在发达国家与发展中国家的中间阶段，跨国并购为中国激发出口创造了条件。中国可以并购那些在发达国家缺乏一定竞争力，同时在发展中国家生产其技术水平却又达不到的企业，将中国的生产能力和国外的技术、管理、销售网络、品牌等相结合创造新的竞争力，提高出口。比如，美的集团收购日本"东芝生活电器株式会社"80.1％的股份，通过此次收购东芝家电的控股权，美的可在全球使用东芝品牌40年，并获得一批技术专利，美的在中国生产再以东芝品牌销往全球即以并购扩大了出口。再比如，联想集团收购IBM公司的PC业务，Thinkpad的品牌归联想所有，Thinkpad笔记本在中国生产并销往全世界，增加了中国的出口。

先进公司"走出去"通常出于技术获取或市场获取。技术获取将导致原材料向东道国的出口增加，市场获取型的投资由于提高了在东道国的市场占有率进而将加大对母国中间品和原材料的进口。比如中兴通讯收购德国阿尔卡特-朗讯网络服务公司可以通过参与德国的网络建设提高在德国的市场占有率，提高对我国光纤及其他中间品的进口；三一重工收购的德国普茨迈斯特控股有限公司在全球销售网络巨大，90％的产品出口，此次并购非常有利于三一重工的出口扩张；海尔集团收购通用电气的家电业务目标之一也是投资和壮大美国的业务并以此打开对美销售的局面。一批先进企业的"走出去"对于国内企业对外直接投资具有示范作用，有助于推动更多的企业以并购带动出口增长。

10.2.4 以对外投资促进产能合作

中国经济过去30多年快速增长的同时产能也迅速扩张，尤其是2008年金融危机后，产能过剩问题日趋严峻。然而，过剩的产能并不代表在全球范围内都是低效和无用的，众多发展中国家的基础设施还比较落后，对钢铁、水泥等还有很大的需求，通过产能合作既能解决中国的过剩产能又可以提高东道国的基础设施水平。产能合作不仅包括对外承包工程和建筑业走出去，还包括配套的资金、技术和人才的输出。OFDI 是推动产能合作的重要途径，但是发展中国家通常缺少资金，难以通过简单的出口促进产能输出，因此需要合作机制创新，对 OFDI 项目提供配套金融支持和制度保障，更加有效地推动产能输出。

"一带一路"倡议为产能合作创造了良好的政策环境和制度条件，可以通过政府合作推动企业合作建立产能合作平台。从产业发展看，过剩产能在国内的发展时间长、技术水平高，具有较高的国际竞争力。产能合作的理论基础在于优势互补，"一带一路"沿线国家基础设施需求空间巨大，中国具有充足的基础设施建设能力。高速公路、高速铁路、电信、水利等多个行业中国都拥有国际水准，近年来已有部分公司通过产能合作输出了国内的产能，为以 OFDI 推动产能输出提供了经验借鉴。比如，连接昆明和老挝万象的中老铁路项目于2015 年签署，由中国电建、中国铁建等公司参与施工，随着施工的推进将带动中国的钢材、机车设备等的出口，还有中泰铁路、雅万铁路等项目的启动也将带动一批基建产能"走出去"。另外，中国还与哈萨克斯坦签署了 50 多项产能合作项目，与巴基斯坦签署 20 多项产能合作项目 ①，涉及水利、特高压电网、光伏、公路等多个项目。随着这些项目的推进，也将带动更多的装备和原材料的出口。

10.2.5 以对外投资推动效率提升

提高收益率是企业引进外资和对外投资的根本动机，双向投资战略既要着眼于国家的整体发展战略，也服务于企业的盈利目标。在过 30 多年的对外开放中，中国的引进外资虽然解决了"双缺口"，但是中国企业的收益率并没有显著提高，而在双向投资战略下，提高收益率成为企业发展的核心。有学者指出 FDI 的流入的规模和速度取决于其对投资东道国产业的边际收益率的预期，通过营造良好的营商环境提高投资收益率是吸引 FDI 的重要手段，基于中

① 《中国与哈萨克斯坦已达成 52 个产能合作项目》人民网，http://world.people.com.cn/n1/2015/1214/c157278-27927865.html。

国 1985—2008 年的省级面板数据证明了提高 FDI 配套功能引进外资的正向作用。[①] 企业进行跨国投资必然希望获得更高收益，不论垄断优势理论还是国际生产折中理论其内在都符合企业获得更高收益的基本原理。垄断优势理论起源于资本的丰裕度不同导致不同的利息差，资本从资本丰裕国流向资本稀缺国家获得了高收益并拉平了利息差。国际生产折中理论也说明了从三种优势的基础上企业能够获得更多的收益。因此，双向投资战略要服务于如何帮助企业提高收益率，不是仅仅从国家战略需要上推进相关产业的引进外资和对外投资，而要全方位地服务于对企业投资便利化和效率的提升上。因为，获得高收益是企业双向投资的可持续动力，这样才能使中国从引进外资大国变成对外投资大国，从投资大国变成投资强国。

2015 年的资本净流出标志着中国的对外投资进入了新阶段，2016 虽然对外直接投资实现了新的增长，同时收益率相对 2015 年有了一定的改善，但是投资收益率依旧不高。这既与中国的对外投资阶段有关，也与中国国内经济发展水平有关，目前的对外直接投资还处于粗放发展，重规模轻收益，而随着国内经济发展水平的提高和对外投资经验的丰富，对外直接投资与国内经济发展将形成良好的互动。

10.3　中国对外投资发展中存在的主要问题与风险

10.3.1　绿地投资占比过大，整合资源力度不够

中国的对外绿地投资逐步累积，2014 年绿地投资占比超过了 70%，同时产业和地区都过于集中，不利于抵抗风险和推动出口增长。《2015 世界投资报告》显示过去 10 年来自发达国家的绿地投资增长率几乎没有变化，而来自发展中国家的绿地投资快速增长，即使在全球金融危机期间仍保持 5% 的增长速度。如表 10.1 所示，中国从 2004 年以来对外直接投资中绿地投资的占比不断升高。

近年来中国的绿地投资主要体现出两个特点：一是投资项目多数集中在

---

① 秦海林、门明：《国内投资与劳动就业影响 FDI 流入的面板数据分析》，《统计与决策》2011 年第 19 期：90—91。

基建和能源领域。比如投资尼加拉瓜的大运河、投资尼日利亚水力发电厂、投资纳米比亚的铀矿、投资赞比亚的煤矿、投资苏丹的石油等,这类投资主要为了获取自然资源,补充国内能源的不足。二是投资目的地主要集中在发展中国家,其中以亚洲、拉丁美洲占比最多。根据《2011 年度中国对外投资统计公报》显示,中国对发展中经济的投资增速加快,2011 年中国 80% 以上的对外直接投资流向了发展中国家。截至 2014 年中国对外直接投资存量前三名分别是亚洲、拉丁美洲和欧洲,其中中国对亚洲的对外直接投资存量为 6 009.6 亿美元,对拉丁美洲 1 061.1 亿美元,对欧洲 640 亿美元。2003 年到 2015 年美国的绿地投资占比平均为 30%,中国香港为 10%,德国为 30%,因此从国际对比来看,中国的绿地投资占比仍旧较高。绿地投资的占比独大不利于通过跨国并购等多元方式提升合作水平,激发创新活力。

表 10.1　2004—2015 年中国对外绿地投资与跨国并购

年　份	对外绿地投资(亿美元)	对外跨国并购(亿美元)	绿地投资占比(%)
2004	35.9	30.0	45.5
2005	57.6	65.0	47.0
2006	211.5	82.5	61.0
2007	201.7	63.0	76.2
2008	257.3	302.0	46.0
2009	372.7	192.0	66.0
2010	390.5	297.0	56.8
2011	475.3	272.0	63.6
2012	948.2	434.0	68.6
2013	740.5	337.9	68.7
2014	906.4	324.8	73.6
2015	1 083.8	372.9	74.4

资料来源:作者根据历年中国对外直接投资统计公报整理。

　　绿地投资在中国的对外直接投资中的份额不断上升与中国经济发展阶段和对外直接投资发展阶段相适应。绿地投资虽然周期长但是风险也较小,比较适合对外直接投资初级阶段的形式。不论是资源需求型或是市场寻求型的绿地投资本质上都需要母国相对高级的生产要素做支撑。而高级生产要素的培育需要一定时间,只有在经济发展到一定阶段才能出现。绿地投资虽然投资周期比较长，但是能够为东道国创造就业，受到东道国的欢迎，与跨国并购相比绿地投资更适合发展中国家作为初级阶段对外直接投资形式。通过绿地投资直接输出中国优势要素，提升要素收益。但是，中国绿地投资的东道国一大部分集中在亚洲、拉丁美洲、非洲等发展相对落后的地区，在政治、法律、基础设施等各方面也不太成熟，往往也会产生相应的风险。因此，在鼓励对外直接投资的同时也应该加强对企业的对外直接投资培训，降低投资风险。

10.3.2 对外直接投资盈利能力不强

虽然中国的对外绿地投资的金额不断上升，但是也面临极为严峻的问题：对外直接投资的收益并不尽如人意。根据世界银行的估计，中国的对外直接投资中有三分之一亏损，三分之一持平，剩下三分之一盈利。国务院发展研究中心的调查显示，67%的中国对外直接投资不赚钱甚至是亏钱的。如何提高对外投资的收益是中国的对外投资可持续发展的关键。而目前投资收益低有两方面原因：

其一，可能是对外直接投资涉及政治稳定、经济政策、文化差异等多方面的因素，企业未能全面正确评估。中国的资本开放过程是从资本"引进来"转向资本"走出去"，从绿地投资走向跨国并购。OFDI 的内在逻辑输出比较优势产业，提高投资收益。但是，不可预测的政治风险往往给对外直接投资造成恶劣影响，比如中国在克里米亚、埃及、叙利亚等国的对外直接投资都受到政治风险的影响，而在中东、拉丁美洲的一些投资则由于文化差异甚至爆发了冲突。

其二，中国的对外直接投资主要是政府推动，企业对政策优惠的依赖较大。一方面，国有企业"走出去"既有优势也有劣势，由于战略考虑可能牺牲短期盈利，甚至发展成长期亏损。同时，国有企业在国外往往被认定具有政府背景，存在不公平竞争，因此对于以国企牵头的产能合作项目通常存在偏见。另一方面，民营企业风险抵抗能力，对外投资优势不强。民营企业是未来"走出去"的主力，2006 年中国的对外直接投资中国有企业占81%，而到2014 年非金融类对外直接投资中非国有企业占比（51.1%）首次超过国有企业。说明中国的对外直接投资阶段发生了重要的变化，但是除了个别大的民企，多数民企的对外直接投资经验不足，需要进一步引导和发展。

根据国际收支平衡表数据现实，中国的投资收益[①]连续多年呈逆差。2011年投资收益为逆差 126.8 亿美元，2012 年投资收益为逆差 380.5 亿美元，2013年逆差 575.1 亿美元，2014 年逆差为 222.7 亿美元，2015 年投资收益逆差为286 亿美元，2016 年第三季度逆差为 22.6 亿美元。[②]尤其是 2015 年和 2016 年在 OFDI 超过 FDI 的背景下，投资收益仍为逆差说明了中国对外投资提高收益率的紧迫。

10.3.3 跨国并购准入阻碍大

近年来，中国对外直接投资发展迅速。2016 年 2 月 3 日中国化工宣布收购瑞士知名农业公司先正达，收购金额 430 亿美元，但是截至 2017 年 1 月仍然没有得到美国反垄断机构的批准。2016 年 10 月 7 日，海航集团拟以 100 亿美元收购 CIT Group Inc. 旗下的飞机租赁业务，目前也在等待批复当中。当然，成功案例也有，比如滴滴以 70 亿美元收购 Uber 中国，但是总体来看，跨国并购仍然面临着各种准入限制。全球投资自由化加速的同时，准入不对称问题依旧严峻。尤其是发达国家对中国的投资准入限制并没有因为中国对外开放程度的提高而明显改善，中国的跨国并购通常因为安全审查或技术保护而夭折。类似于安全审查的"玻璃门"成为新的阻碍形势。比如，华为收购美国的3Com、3leaf 公司被认为危及美国的国家安全，先后遭美国外国投资委员会否决；中兴通讯竞标美国移动运营商 Sprint 也由于国家安全问题遭美国商务部干预失败。通过对外直接投资可以获取高级要素，同时需要发达国家进一步降低准入条件，而准入限制的增加必然导致投资质量的下降。中国出口结构升级需要以跨国并购提高技术回流。

国外对中国的投资准入限制，可以总结为三个方面：一是国家安全限制。安全审查是一个非常模糊的概念，没有明确的定义和范围，但是发达国家对外资的准入条款中通常都有安全审查的规定，因此，这一规则也成为东道国限制

---

① 投资收益指国际收支平衡表中经常项目下的投资收益，其中投资收益贷方指我国对外投资的收益，借方指我国对外负债收益支出。
② 数据来源：国家外汇管理局数据库。

投资准入最被滥用的条款。二是行业保护。在全球经济低迷的背景下，各国在开放政策上总体相对保守，发达国家对中国企业的进入可能造成的行业冲击和就业非常警惕。尤其是跨国并购，因为跨国并购通常不创造新的就业岗位甚至还要裁员，并购后对东道国的溢出效应不大，所以东道国也从行业保护的方面通常设置多种障碍。三是技术保护。发达国家掌握有高新技术，在全球价值链中处于高端，对于中国以并购获取技术要素非常谨慎。例如，2016 年美的集团收购德国机器人技术企业 Kuka 公司就受到了种种限制，大幅调低了持股比例。中国福建的宏芯基金拟收购德国先进的半导体制造联合企业 Aixtrom 公司的决定，也由于技术保护因素被德国经济部驳回再次审核。

10.3.4 对外直接投资经验不足

对外投资相对于国内投资风险更大，需要的信息量更大，缺乏必要的经验往往给企业带来不可挽回的损失。因此，经验成为限制对外投资的一个重要因素。中国开放阶段逐渐进入了以 OFDI 拉动国内经济发展和出口增长的阶段，但是对外直接投资与国内投资相比，要涉及国外的政策、法制、文化等众多专业领域，也包括对投资标的、市场环境、发展前景等企业状况的评估。而国内企业对外直接投资的经验还相对匮乏。经验不足导致获取信息的不对称，或由于对国外法律法规或安全审查制度等不了解，引发仲裁甚至诉讼。正是由于对外直接投资涉及的信息非常广泛，如果在一个环节上出现了问题就有可能导致整个对外投资夭折甚至亏损。比如中石油、中石化等资源型企业因为对市场前景分析不明朗或对东道国政策了解不充分在俄罗斯、委内瑞拉等国的并购均以失败或亏损收场。再比如，2015 年万达集团收购西班牙大厦由于文化因素导致改造工程难以实施，最终以亏损脱手；华为集团在美国的收购也屡次因为国家安全而无功而返。中国在对外直接投资发展的初级阶段，必然面临经验不足的问题。积累经验是中国企业"走出去"必然迈出的一步，需要政府和企业的共同努力，积极实践总结，吸取发达国家跨国公司的对外直接投资经验并加强对中介机构的培育，最大限度降低对外直接投资中的风险。

阻碍企业"走出去"的一个重要因素是信息不对称，对东道国的政治风险、投资政策、宗教文化等难以有准确的认识，这种背景下需要有企业率先尝试。

目前，中国已经有一批成长起来的国有企业和民营企业具备了较强的国际竞争力和对外直接投资能力。比如华为、联想、三一、中兴等，这些企业经济实力雄厚，管理水平更高，抗风险能力更强，对外合作条件更好，能力更强，可以通过这些先进公司的对外直接投资带动国内相关产业的出口增长并为其他企业做好示范作用，带动更多企业"走出去"进而扩大出口。同时也带动国内产业链向国外延伸。

10.3.5 对外投资快速流出冲击国内经济

资本流入为国内经济发展了带来了资金、管理、品牌、销售网络等高级生产要求，推动了国内经济增长。但是，从国际直接投资的发展历程来看，短期快速的资本流出不利于国内经济发展甚至可能导致危机。20 世纪 80 年代的拉美经济危机、20 世纪末期的东南亚金融危机都和资本短期内快速流出有关。近年来，中国的对外直接投资快速发展，但是也要防止资本的短期快速流出增长可能带来的风险。

2014 年第二季度中国的外汇储备达到了 4 万亿美元，然而 2015 年、2016 年外汇储备连续下滑，2017 年 1 月跌破 3 万亿美元。资本外流的压力不断加大，与此同时，出口增长压力的压力也在加大。其中，对外直接投资对外汇储备减少也有一定影响。如何防范资本外逃成为重要问题，国家政策转向了积极利用外资。2017 年 1 月 17 日，国务院发布了《国务院关于扩大对外开放积极利用外资若干措施的通知》，从三个方面 20 个具体举措对利用好外资做出了部署。因此，防范资本快速流出对国内经济的影响至关重要。然而，2008 年金融危机以来，经济全球化发生了深刻变化，各国经济在一体化的同时政策却在碎片化。投资超越贸易的现实难以促成全球性投资保护协定的达成。当前，如何利用好外资和有效促进对外投资成为破解经济困难局面的良策。根据竞选宣言，特朗普上台后美国将利用税收等手段鼓励资本回流并加大引进外资力度，美国收缩的同时欧洲分裂加剧，经济全球化可能倒退，贸易保护主义卷土重来的同时投资保护抬头。外部环境的恶化导致中国的引资难度和高效利用外资的难度都进一步加大，防范风险的压力也进一步加大。

11 贸易增长下行压力及其有效对策

2016 年中国的对外贸易稳中有进。虽然国际金融危机深层次影响持续显现，外需持续低迷，国内要素成本大幅上升，但是中国政府实施了积极的外贸政策，在对外贸易整体增速下滑的环境中，中国的对外贸易实现了质量的提升。面对当前世界经济的复杂状况，我们应该积极应对。2013—2015 年，中国连续三年保持世界第一货物贸易大国地位，国际市场份额持续提升。其间，中国出口年均增速达 6.5%，远高于世界贸易平均增速。深度融入全球化，构建包容性的全球价值链是当下进一步提升中国贸易增长率的有效对策。

11.1 2016 年中国对外贸易的回顾

11.1.1 2016 年中国对外贸易总体概况

2016 年进出口总值 24.3 万亿元人民币，同比下降 0.9%；其中出口 13.8 万亿元，同比下降 2.0%；进口 10.5 万亿元，同比增长 0.6%。进出口降幅比 2015 年收窄 6.1 个百分点。分季度看，1—4 季度进出口分别下降 8.1%、下降 1.1%、增长 0.8% 和增长 3.8%，走势逐季回稳。

从月度数据来看，2016 年中国的进出口金额保持平稳（见图 11.1）。11 月、12 月进出口连续两个月实现"双升"。从进口和出口两方面来看，2016 年，中国的出口表现依然强于进口表现，贸易顺差表现平稳（见图 11.2）。

从同比的变化趋势看，2016 年，我国进出口呈现前低后高、逐季回稳向好态势（见图 11.3）。其中，第一季度，中国进出口、出口和进口值分别下降 8.2%、7.9% 和 8.6%；第二季度，进出口、出口、进口值分别下降 1.1%、0.8% 和 1.5%；第三季度，进出口和进口值分别增长 0.8% 和 2.3%，出口值下降 0.3%；第四季度，进出口、出口、进口值分别增长 3.8%、0.3% 和 8.7%。

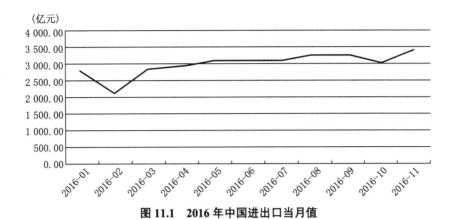

图 11.1　2016 年中国进出口当月值

资料来源：海关总署。

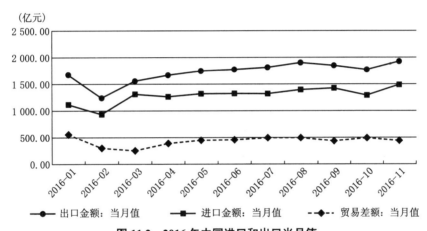

—●— 出口金额：当月值　　—■— 进口金额：当月值　　--◆-- 贸易差额：当月值

图 11.2　2016 年中国进口和出口当月值

资料来源：海关总署。

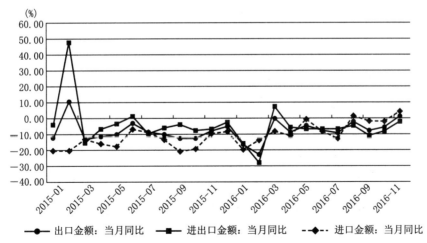

—●— 出口金额：当月同比　　—■— 进出口金额：当月同比　　--◆-- 进口金额：当月同比

图 11.3　2016 年中国进出口的同比变化趋势

资料来源：海关总署。

11.1.2 民营企业出口不断上升

2016年，中国对外贸易的出口主体不断优化，民营企业出口不断上升。民营企业出口占比继续保持首位。2016年，中国民营企业进出口9.28万亿元，增长2.2%，占外贸总值的38.1%。其中，出口6.35万亿元，下降0.2%，占出口总值的45.9%，继续保持出口份额居首的地位；进口增长8.1%。从企业主体出口占比来看，民营企业出口继续保持第一大出口主体，占比46.1%，提高了1.4个百分点。

新的发展动能正在集聚。民营企业成为外贸发展的重要力量，在中国出口主体结构中，民营企业出口占比超过外资企业出口占比，由2001年的7.3%提高到2015年的45.2%，比"十一五"末提高14.7个百分点。民营企业的出口创新能力、品牌建设、营销能力不断增强，具有自主品牌、自主知识产权、自主营销渠道以及高技术、高附加值、高效益的产品出口增速高于传统商品。跨境电子商务、市场采购贸易等新型商业模式成为新的外贸增长点，2015年增幅分别超过30%和60%。电子商务是推动中国中小企业出口的重要因素。中国中小型企业在利用电子商务和数字化渠道推动出口增长方面，领先于全球平均水平。

11.1.3 贸易方式持续改善

从贸易方式看，一般贸易出口占比55.1%，提高0.9个百分点，加工贸易国内增值率达45%，提高1个百分点。从图11.4中，我们可以看到，在2016年，中国的一般贸易和加工贸易高位维持，呈现出平稳的走势。一般贸易当月进出口值始终高于加工贸易当月进出口值。加工贸易的当月进出口值在全年中稳步上升，一般贸易的当月进出口值虽然在10月份有所波动，但是在11月份又重拾升势，表现出了良好的韧性。

学界普遍认为一般贸易的福利效应高于加工贸易。一般贸易的国内增加值高于加工贸易的国内增加值。一般贸易的就业拉动效应也高于加工贸易的就业拉动效应。一般贸易快速发展，占出口的比重提高到53.5%，比"十一五"末提高7.9个百分点。出口商品结构由消费品为主向消费品和资本品并重转变，资本品出口总额比"十一五"末增长超过 30%。近几年来，在外贸政策的转型发展下，一般贸易得到了一定的发展。2016 年的一般贸易表现稳健。

2016 年中国的加工贸易得到了政策的支持。在国发〔2016〕4 号文件精神的指导下，中国各级政府推进政策配套和落实，稳定加工贸易发展预期，创造优良稳定的加工贸易发展环境。在全国取消加工贸易业务审批和内销审批，强化事中事后监管。由此我们从图 11.4 中看到，2016 年中国的加工贸易取得了一定的成绩，全年保持平稳。

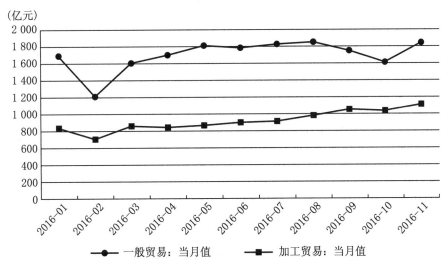

图 11.4　2016 年中国一般贸易和加工贸易当月值

资料来源：海关总署。

11.1.4　中国与主要经济体的双边贸易保持稳定

2016 年，中国与主要国家的经贸关系稳中有进。受全球经济形势和贸易环境影响，2016 年中美货物贸易额出现下降。据中方统计，2016 年，中美贸易额 5 196.1 亿美元，同比下降 6.7%。据美方统计，2016 年 1—11 月，中美货物贸易额 5 449.2 亿美元，同比下降 4.5%。两国在对方贸易关系中的重要地位没有改变，美国仍是中国第二大贸易伙伴，第一大出口市场，第四大进口来源地。中国是美国第一大贸易伙伴，第三大出口市场，第一大进口来源地。

2016 年 1—11 月，日本货物进出口额为 11 424.7 亿美元，比上年同期（下同）下降 2.3%。其中，出口 5 875.0 亿美元，增长 2.6%；进口 5 549.7 亿美元，下降 7.1%。贸易顺差 325.4 亿美元，下降 233.7%。11 月当月，日本货物进出口 1 084.7 亿美元，增长 7.8%。其中，出口 549.3 亿美元，增长 12.7%；进口 535.4 亿美元，增长 3.1%。贸易顺差 13.9 亿美元。1—11 月，日本与中国双边货物进出口额为 2 464.9 亿美元，下降 0.4%。其中，日本对中国出口 1 026.8 亿美元，增长 3.0%，占日本出口总额的 17.5%，与上年同期基本持平；日本自中国进口 1 438.1 亿美元，下降 2.7%，占日本进口总额的 25.9%，提高 1.1 个百分点。日本与中国的贸易逆差 411.3 亿美元，下降 14.4%。

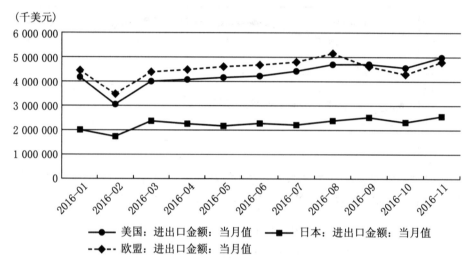

图 11.5　2016 年中国与主要国家的双边贸易额

资料来源：海关总署。

2016 年 1—9 月，欧盟 27 国与中国货物进出口额为 4 178.1 亿美元，减少 2.3%。其中，欧盟 27 国对中国出口 1 362.2 亿美元，减少 2.8%；自中国进口 2 815.9 亿美元，减少 2.0%；欧盟 27 国逆差 1 453.8 亿美元，减少 1.3%，中国为欧盟 27 国第二大出口市场和第一大进口来源地。机电产品、运输设备和化工产品是欧盟对中国出口的主要产品，2016 年 1—9 月三类产品出口额合计占欧盟对中国出口总额的 64.8%，分别为 417.0 亿美元、325.2 亿美元和 140.0 亿美元，分别为减少 0.1%、增长 0.2% 和增长 2.2%。另外，矿产品的出口额增长突出，增长 66.9%。欧盟自中国进口的主要商品为机电产品、纺织品及原料和家具玩具等，2016 年 1—9 月进口额合计占欧盟自中国进口总额的 67.4%，分别为 1 317.7 亿美元、315.6 亿美元和 264.7 亿美元，分别为减少 2.5%、减少 6.7% 和增长 0.5%，这些产品在欧盟进口市场中分别占有 24.0%、6.6% 和 2.7% 的份额。另外，欧盟自中国进口的皮革制品；箱包减幅最为明显，减少 6.4%；而自中国进口的运输设备有所增加，增长 26.1%。

2016 年前 10 个月，中国劳动密集型产品在欧盟市场份额比 2015 年同期下滑 1.8 个百分点，在美国份额下滑 1.2 个百分点，在日本份额下滑 2.1 个百分点，而同期部分东南亚国家同类产品在欧美日的市场份额均有所提升。此外，当前中国正在积极培育外贸竞争新优势，发达经济体大力推进制造业回流，对中国引进高质量外资形成挑战，更高质量的外贸对创新发展、自主形成技术新优势提出更加迫切的需求。

11.1.5 服务贸易持续攀升

2016 年中国的服务贸易保持快速发展。一是规模继续保持快速增长，占外贸比重稳中有升。2016 年 1—10 月，中国服务进出口总额 42 915 亿元人民币，同比增长 16%，其中，服务出口 14 625 亿元，同比增长 3.6%；服务进口 28 290 亿元，同比增长 23.7%。服务贸易占对外贸易比重持续攀升，1—10 月占比达 18%，较 2015 年提高 2.6 个百分点。二是部分高附加值出口增速较快。以技术服务、维护和维修服务、广告服务等为代表的高附加值领域出口快速增长。其中，技术服务出口 616 亿元，同比增长 14%；维护和维修服务出口 277 亿元，同比增长 67.5%；广告服务出口 255 亿元，同比增长 63.4%。三是服务进口快速增长，逆差有所扩大。中国服务进口 28 290 亿元，增速达 23.7%。其中旅行（含旅游、留学）进口达 18 619 亿元，同比增长 30.6%，是带动服务进口扩大的主要因素。受此影响，1—10 月中国服务进出口逆差达 13 664 亿元。四是离岸服务外包规模稳居世界第二。2016 年 1—11 月，中国企业签订服务外包合同额 8 360.9 亿元人民币，执行 6 024 亿元，分别增长 17.5% 和 17.3%其中离岸服务外包合同额 5 527 亿元，执行额 3 925.5 亿元，分别增长 17.1% 和 15.2%。

与此同时，2016 年中国的服务贸易还表现为以下特点。

第一，中国承接全球主要发包市场业务保持较快增速。美国、欧盟是中国主要的离岸发包市场，2016 年前三季度，中国承接美国的离岸服务外包执行金额 636.8 亿元，增长 0.8%；承接欧盟的执行金额 465.4 亿元，增长 12.3%。中国香港地区仍是重要的发包来源地，前三季度发包业务额 519.1 亿元，增长 29.2%。

第二，中国与中东欧国家服务外包合作呈良好态势。2016 年前三季度，中国企业承接"一带一路"相关国家服务外包执行金额 471.6 亿元，与上年同期基本持平。中国企业与中东欧国家加强信息技术服务、工业设计等领域合作，承接服务外包执行金额 18.7 亿元，增长 26.9%。

第三，东部沿海省市继续引领离岸服务外包业务发展。2016 年前三季度，东部沿海省市承接离岸服务外包执行金额 2 752.2 亿元，增长 7.9%，在全国占比达到 93.3%。

第四，长江经济带中上游省份服务外包业务增长迅速。2016 年前三季度，长江经济带沿线省市承接离岸服务外包合同金额 2 225.2 亿元，增长 5.8%，占全国的 50.5%；执行金额 1 783.7 亿元，增长 3.9%，占全国的 60.5%。

第五，服务外包示范城市产业集聚效应显著。2016 年前三季度，服务外包示范城市承接离岸服务外包合同金额 4 402.3 亿元，增长 17.4%，占全国的 93.9%；执行金额 2 950.2 亿元，增长 5.4%，占全国的 93.3%。

11.2 2017 年提升贸易增长率的对策

11.2.1 2017 年中国对外贸易发展的不利因素

回顾 2016 年，国际市场需求低迷，贸易保护主义、逆全球化思潮蔓延，恐怖袭击频发、难民问题和英国脱欧等地缘政治风险上升。2016 年全球贸易增速可能将连续五年低于全球经济增速。据世界贸易组织（WTO）的数据显示，2016 年上半年全球货物贸易量同比下降 0.3%，其中一季度同比下降 1.1%，二季度仅微弱增长 0.3%，均低于预期。2017 年投资贸易规则重构的方向缺失或引起新的贸易保护主义，或将影响世界经济的疲弱复苏。自美国当选总统特朗普宣布在其任期内将停止 TPP 谈判以来，全球投资贸易规则重构的方向开始处于迷茫期，在此影响下，贸易保护主义开始不断上升。贸易保护主义的加剧或将影响 2017 年世界经济的疲弱复苏。在此大背景下，中国对外贸易也面临着以下四大不利因素。

第一，从外部需求看，国际金融危机前，美国 IT 革命和金融创新助推世界经济长周期繁荣，国际市场空间扩张很快；危机后，世界经济深度调整、增长乏力，发达经济体和新兴市场潜在增长率普遍下降，国际有效需求不足，大宗商品市场和金融市场动荡不稳，世界经济下行风险较大，短期难以恢复至金融危机前的高增长，长周期繁荣已转变为当前的低速增长，全球贸易持续低迷。

第二，从产业转移看，国际金融危机前，国际产业加速向中国转移，使中国快速形成出口能力；危机后，发达国家转向大力推动"产业回归"和"再工业化"，部分产业向发达国家转移，发达国家部分制造业恢复竞争力，新兴经济体纷纷加快工业化进程，加快承接产业转移，国际招商引资竞争更加激烈，中国承接国际产业转移已明显放缓，出口订单和产业向外转移加快，从跨国公司直属工厂蔓延到代工厂和配套企业，从劳动密集型产业发展到部分资本技术密集型产业。跨国投资并购日趋活跃，国际生产和产品供应不断向本地化方向发展，全球价值链扩张趋势放慢，促进国际贸易增长的作用减弱。3D 打印技术、互联网技术应用、地缘政治风险等因素也影响了原有全球价值链分工模式，国际产业分工体系面临重构。

第三，从国际经贸关系看，过去，在关税与贸易总协定及世界贸易组织的推动下，全球贸易与投资不断自由化与便利化。危机后，世界贸易投资自由化进程放缓。国际投资贸易规则体系加快重构，多边贸易体制受到区域性高标准自由贸易体制挑战，世界贸易组织多哈回合谈判进展缓慢，发达国家通过超大型区域自贸协定加快推行高标准国际贸易规则，涵盖环境、劳工、国企、竞争、反腐败、监管一致性等领域，围绕国际经贸规则主导权争夺日益加剧。局部地区地缘博弈更加激烈，传统安全威胁和非传统安全威胁交织，国际关系更加复杂，增加了世界贸易的风险和不确定性。贸易保护主义持续升温，经贸摩擦政治化倾向抬头，中国遭遇贸易救济调查案件涉及产品从传统行业向新兴行业延伸，发起国家从发达国家向发展中国家延伸，争执点从法律层面向政策和制度层面延伸。

第四，从比较优势看，过去，中国农村富余劳动力充裕，生产要素价格低是最大优势；当前，中国劳动力、土地等要素成本不断上升，结构性短缺问题突出，一些地区生态环境承载能力接近极限。与此同时，中国技术追赶发达国家的空间收窄，生产效率提升速度放缓。中国制造业成本与部分发展中国家甚至与发达国家部分地区相比都几乎没有明显优势，传统比较优势明显弱化，但新的竞争优势尚未完全形成，外贸产业主要处在全球产业链、价值链中低端环节，技术含量和附加值不高。此外，国内经济增速换挡、结构调整、动能转换困难交织，有效需求乏力和有效供给不足并存，企业效益下滑，转型升级任务艰巨。

11.2.2　2017年中国对外贸易的新对策：构建包容性的全球价值链

近年来，新一轮科技革命与产业变革迅猛发展，推动全球价值链不断深化与重塑，成为经济全球化发展的新特征。一国能否从参与全球化中获益，日益取决于能否成功融入全球价值链、能否在全球价值链中某一特定环节占据新的竞争优势。但目前中国相关产业总体仍处于全球价值链的中低端，与发达经济体相比尚有较大差距。如何缩小差距，提升全球价值链的位置成了重中之重。

全球价值链（GVC）是当前国际社会的一大重要议题。作为理论，GVC是探索国际贸易理论的一种新视角；作为实践，GVC已经成为全球经济体系的一大新特征。

全球价值链理论源于20世纪80年代国际商业研究者们提出和发展起来的价值链理论。1999年，杜克大学教授格里芬（Gereffi）提出了"全球商品链"（Global Commodity Chain）的框架，把价值链与全球化的组织联系起来，并在此基础上对生产者驱动和购买者驱动的商品链做比较研究。为了摆脱"商品"一词的局限性，突出强调链条上企业相对价值创造和价值获取的重要性，21世纪初，格里芬及该领域的众多研究专家一致同意使用全球价值链（Global Value Chain，GVC）这一术语。

近十多年来，国际分工越来越表现为相同产业不同产品之间和相同产品内不同工序、不同增值环节之间的多层次国际分工体系，由此形成"全球价值链分工"体系。面对全球价值链主导贸易的新格局，传统的那种依据原产地原则统计总量贸易的做法存在诸多弊端，一种能够真实反映全球贸易运行和贸易秩序的全新核算方法——贸易增加值（Trade in Value Added）统计正越来越被倚重，这种统计方法不仅厘清了各国贸易真实的国别结构、依存度和失衡情况，还反映了全球价值链的发展对新型国际分工、贸易格局和就业跨境转移等方面产生的深刻影响。

全球价值链以跨境的方式连接的各个公司、行业和经济体，并且使它们的活动同步化，通过影响某一端的经济直接传递到其他价值链参与方，并且通过涟漪效应和乘数效应间接传递到更广泛的地方。所以在实现经济社会可持续发展的全球目标过程中，全球价值链意义重大。联合国工发组织成员国 2013年 12 月签署了《利马宣言》，为联合国工业发展组织包容性与可持续工业发展（ISID）新远景奠定了基础，也为关注工业发展、关注环境保护奠定了坚实基础。《利马宣言》第九条可持续发展目标，提出要建设有弹性的基础结构，促进包容性与可持续性工业化以及培育创新能力。

我们看到全球工业正经历生产流程的碎片化，不再是以一个地点为中心进行初级产品的生产和增加值的创造，而是将产品的生产分布在价值链的不同地方。过去价值的增加往往是在有比较优势的地区进行，并且通过跨境贸易的形式连接，现在这种全球价值链能够把碎片化的生产加以整合，使处于比较弱势的国家也能参与到全球价值链中，这也将是我们发展目标未来的重点内容。

1995 年有 42％的出口是在全球价值链中发生的，2010 年这一比例上升到了 50％，有一半的出口都是在全球价值链中进行的。我们再来看一看不同国家的情况，我们会看到发达国家这一数字也从 1995 年的 42％达到了 2010 年的 52％，发展中国家从 38％增长到 45％，虽然大家都在增长，但是发达国家增长更快。其中还有个特例，就是加勒比国家，加勒比国家对全球价值链是下降的。国内增加值部分，可以看出所有国家的国内增加值都是增加的，从 1995年的 21％上升到 2010 年的 25％。这其中，亚洲、西亚、南美增速比较快，但这些国家的国内增加值主要是因为使用自然资源，加工部分增加不多，所以是集中在价值链的上游。国外增加值部分，发达国家比例从 21％上升到 26％，其中欧盟增长最快，显示出在这些发达国家更加紧密地融入到了全球价值链当中。

从行业来看，整体来看从 1995 年到 2010 年，增加值的比例提高了 8.5%，但排在前两名的高新科技和先进制造业的增加值比例提高了大约 50%。其中发达国家 60% 的附加值增长，都在高新科技和高新服务业领域。发展中国家的比例较低，只有 20% 到 30% 的增长产生在高新科技和高新服务领域。从而可以看出，在 GVC 从低科技向高科技进行转移的过程中，发达国家比发展中国家享受到更多的附加值增加成果。

目前中国处在全球价值链的中低端，承担的市场风险、环境代价要比上游大得多。在中国加工贸易的出口额中，仅有不到一半来自于本国的附加值创造，而加工贸易却在中国的出口中占比超过 50%。中国作为一个制造与装配者，往往只是按照他国的设计生产，这不利于中国企业的自主创新，也不利于国内产业的升级和中华品牌的诞生。在巩固中国制造、中国加工的同时，推动中国研发和中国设计；通过产业的升级，实现全球价值链的再分配将成为中国下一阶段发展的必由之路。试验区内贸易方式转型方面工作的展开和推进将有助于中国企业提升其在全球贸易价值链中的相应地位。

在当前世界经济弱势复苏，全球价值链垂直一体化速度放慢的大环境下，中国经济也面临一定下行压力。中国在加快转变经济发展方式的同时，并将继续落实全面深化改革各项举措。中国既有广阔的发展空间，也有较强增长动力将继续为世界经济带来巨大外溢效应。

1. 构建包容性全球价值链的目标

包容性的全球价值链的核心应该是树立创新、协调、绿色、开放、共享的发展理念。以建设贸易强国为目标，以创新发展为核心，坚持市场导向，加快提升中国产业在全球价值链中的地位，支撑制造强国建设。

首先，不断提高中国出口增加值。推动中国对外贸易平稳发展，不断提升出口增加值，发挥对外贸易在稳增长、调结构、扩大就业中的积极作用。在全球价值链分工特征明显的信息技术等产业领域，以及中国具有优势的服务贸易领域，稳步提升中国单位出口的增加值比重，逐步缩小与发达经济体差距。

其次，主动打造互利共赢的全球价值链。结合中国优势产业的海外投资布局，推动产业合作由加工制造环节为主向合作研发、联合设计、市场营销、品牌培育等高端环节延伸，打造我国占据主动地位、优势互补、互利共赢的全球产业链、供应链、价值链。顺应互联网等信息技术发展带来的新机遇，鼓励企业加快制造与服务协同发展，通过创新商业模式实现价值链攀升。

2.构建包容性全球价值链的原则

第一，包容性的全球价值链要以产业为本，尊重规律。顺应制造业、服务业等不同产业的客观发展规律，鼓励企业在市场机制下探索多元化、多维度的全球价值链攀升路径，不以单一维度或指标进行评价。

第二，包容性的全球价值链要开放创新，整合资源。在国内外市场联动、上下游产业联动、国际贸易投资联动的全球化背景下，鼓励企业高效整合利用全球知识资本、科技资源，实现加强国际合作与推进产业转型升级良性互动，不断增强创新能力。

第三，包容性的全球价值链要实现公平竞争，激发活力。最大限度营造公平公正的市场竞争环境，由政策引导为主向营造法治化国际化营商环境转变。

第四，继续支持企业融入全球分工合作。顺应全球化背景下科技创新、组织创新和商业模式创新的新趋势，鼓励企业在新兴领域布局全球产业生态体系，以更加开放的姿态，积极融入全球产业分工合作，更好地利用全球资源和市场，加强产业全球布局和国际交流合作；支持企业积极融入全球创新网络，参与全球创新资源配置，开展跨领域跨行业协同创新，提高自主创新能力，为提高全球价值链地位奠定基础。

3.构建包容性全球价值链的政策支持

第一，产业基金支持政策。政府应发挥政策资金的杠杆作用，最大限度调动民间社会资金的积极性，探索依托行业协会或鼓励社会资本设立产业发展基金等途径，推进国内产业资本与全球资本深度融合，通过并购整合、产学结合、应用牵引、技术引进等途径，帮助相关产业突破升级面临的核心瓶颈制约。

第二，财税政策。政府应研究完善现有资金支持政策，调整优化支持内容和方式，促进相关产业创新发展、品牌培育和营销网络建设等。落实出口服务增值税零税率或免税政策，支持服务出口。确需中央财政支持的有关技术研发事项，通过优化整合后的科技计划（专项、基金等）予以统筹考虑。

第三，人才政策。政府应借鉴国际经验，放宽外籍高端人才来华工作签证和永久居留等条件，出台和完善有针对性的户籍管理、子女上学、住房便利、出入境管理等系列配套政策，营造良好的工作、生活环境，提高中国对中高端人才特别是尖端人才吸引力。鼓励企业、高教院所面向全球招聘高层次科技人才。

第四，贸易投资便利化政策。政府做好自贸试验区改革试点经验的复制推广工作，通过认定技术先进型服务企业、海关高信用企业等途径，建立绿色通道，提高审批办证、年证审查、检验检疫效率和通关便利化水平；加快外商投资管理体制改革，全面实行准入前国民待遇加负面清单管理制度，加快政府职能转变，简政放权，提高投资审批效率。

第五，金融政策。政府应优化资金配置效率，通过市场化方式引导资金流向高附加值产业，有序扩大服务业对内对外开放，扩大银行、保险、证券及创业投资类企业开放，为企业向价值链高端跃升提供全流程资金支持。推动金融产品和服务创新，鼓励金融机构"走出去"，完善金融机构海外布局，推动金融服务业向价值链高端跃升，并为企业"走出去"实现价值链跃升提供相应融资支持。

第六，创新政策。政府需完善科技创新开放合作政策，加大国家科技计划开放力度，支持海外专家牵头参与国家科技计划项目。完善以企业为主体、市场为导向的技术创新体系，鼓励各类主体开发新技术、新产品，打造新业态、新模式。加大知识产权保护力度，建立和完善海外知识产权风险预警机制，制定应对海外重大知识产权纠纷的政策，保护创新积极性。鼓励和支持企业运用知识产权参与市场竞争，培育一批具有国际影响力的创新型领军企业。鼓励企业牵头组织跨国联盟，参与国际组织并推动国际标准研究制定，带动技术、产品、服务走向国际市场。

4. 构建包容性全球价值链，提升资源配置的能力

第一，进口与出口相结合，吸纳全球优质要素资源。积极扩大先进新技术和关键设备、零部件进口，以及国内急需的研发设计、环境服务等知识、技术密集型生产性服务进口，促进产业结构调整和优化升级。支持各类中小企业通过委托设计（ODM）、自创品牌（OBM）等各种形式，嵌入跨国企业主导的全球价值链，分享技术、制造、管理等方面的外溢效应。支持跨境电子商务发展，鼓励企业通过规范的海外仓等模式，融入境外零售体系。鼓励企业自建电子商务平台加快品牌培育，拓展营销渠道，同时扩大进口和出口。

第二，制造与服务相结合，提升国内增加值贡献度。应顺应全球价值链中制造服务化趋势日益明显的新态势，着力发展研发、创意、设计、信息、咨询等新兴服务贸易，鼓励企业以服务或者服务链接制造方式，创新智能服务和共享服务模式，提升出口产品的国内增加值含量。积极推进商贸、物流、建筑设计等服务业领域开放，引进国际优质服务资源，促进竞争合作。支持企业发展以知识为基础的人力资本，积极承接产品技术研发、工业设计等高端服务业外包，提升我国国际分工地位，带动和发展全球价值链合作。积极培育外贸综合服务新业态，加强其通关、物流、退税、保险等综合服务能力，为中小微企业提供专业化服务。

第三，"走出去"与"引进来"相结合，主动构筑全球价值链。应制定更加便利、简化的措施，鼓励有条件的企业通过并购等各种途径，引进或投资研发、设计、营销、品牌等价值链优质资源，增强其整合国内外市场、上下游产业的能力。以大力实施"一带一路"重大合作倡议、推进国际产能合作为契机，鼓励开展重大项目国际合作、工程承包和建营一体化工程，推动中国装备、技术、标准和服务走出去。以境外经贸合作区、双边经济走廊和海关特殊监管区域合作为平台，发展集群式对外投资，推动国内产业链向海外延伸。

第四，产业链与创新链结合，倡导开放式创新路径。应鼓励企业结合提升价值链地位的实践需要，以进口、境外并购、国际招标、招才引智等方式，引进先进技术和高端人力资源，开展有针对性的创新活动。支持以政府和社会资本合作模式（PPP）等方式，引导内外资投向创新孵化、成果转移转化、技术创新服务等公共科技服务平台建设，帮助更多的科技创新成果进入国际市场。鼓励企业在海外建立研发中心，按照国际规则并购、合资、参股国外创新型企业和研发机构，提高海外知识产权运营能力。鼓励外资企业在华设立地区总部、研发中心、采购中心、财务管理中心等功能性机构，与国内高校、科研机构和企业联合开展技术研发和产业化推广，鼓励外资研发成果在国内使用和转让。鼓励外资投资战略性新兴产业、高技术产业、现代服务业。鼓励企业结合各自实际，建立健全研发机构，开展科技创新、商业模式创新、贸易业态创新，在全球产业分工中占据更加有利的地位。大力发展科技服务业，培育专业化、市场化的创业孵化、知识产权服务、第三方检验检测认证等机构，营造有利于创新的公共环境。加强创新创业国际合作，推动科技资源双向流动，汇聚全球智力资源。

5. 支持包容性全球价值链的国际合作与交流

第一，加强全球价值链贸易增加值核算的国际合作。应建立部际合作机制，依托亚太经济合作组织（APEC）框架下中美共同推进的贸易增加值核算数据库建设工作，继续加强与各经济体、世界贸易组织、经济合作与发展组织等国际经济组织合作，进一步研究推动我国贸易增加值核算工作。各地相关部门做好基础数据统计等工作。

第二，积极开展全球价值链领域的国际政策交流。应围绕正在推进的"一带一路"建设及国际产能合作，结合我国在基础设施建设、特色园区发展、产业上中下游合作等领域的一些成熟做法和经验，与相关经济体开展全球价值链经济技术合作，开发有针对性的能力建设项目、探索全球价值链公私合作、人力资源开发以及技术传播等合作，为相关经济体特别是发展中经济体融入全球价值链提供中国方案。做好与发达经济体、相关国际组织的政策沟通和协调，共同推进发达经济体和发展中经济体围绕全球价值链的发展合作。

第三，利用多双边平台推进基于全球价值链合作的规则制定。应积极实施《亚太经合组织推动全球价值链发展合作战略蓝图》，推动各经济体进一步认识服务业发展创新的积极意义，着力消除与制造业相关的服务壁垒。充分利用世界贸易组织、二十国集团、自由贸易区等多双边或区域平台，结合全球价值链进展及我国对外经贸发展实践，研究提出符合广大发展中经济体利益的全球价值链务实、包容新规则。

中国外贸发展依然存在许多不利因素。但是中国综合国力和国际地位持续上升，在世界经济中的重要性和影响力显著上升，参与国际事务的能力明显增强，比以往更有条件为外贸发展营造良好的外部环境；中国供给侧结构性改革深入推进，产业创新升级步伐明显加快，为外贸发展和结构调整增添新动能；中国与发达国家、发展中国家产业结构具有较强的互补性，基础设施完善、产业配套完备、人力素质较高，具有较强的综合竞争优势；具有一大批有国际竞争力的行业、企业和有国际视野的企业家队伍，积累了开拓市场和国际化经营的宝贵经验，拥有技术、标准、品牌、质量、服务等核心竞争力的企业蓬勃发展；简政放权、放管结合、优化服务改革向纵深推进，贸易便利化水平显著提高，投资准入门槛大幅降低，法治化、国际化、便利化的营商环境日益完善。实施"一带一路"战略，推进国际产能合作，促进中国与相关国家全方位合作，为外贸发展注入了新动力，外贸发展空间依然广阔。因此，中国外贸发展长期向好的基本面没有改变，与发达国家、发展中国家的产业互补优势没有改变，外贸结构调整和动力转换加快的趋势没有改变。

综合判断，2017年，中国外贸发展仍具有坚实基础，在全球价值链构建的过程中有望取得新的成绩。

参考文献

Branson，M. 2016，"The Digitalization of Finance：Opportunities and Risks from a Supervisory Perspective"，Speech at the DNB International Conference for Financial Sector Supervisors，Amsterdam，14 June 2016.

Davis，L.，& North，D.，1970，Institutional change and American economic growth：a first step towards a theory of institutional innovation. *The Journal of Economic History*，30（01），131—149.

Facundo Alvaredo，Lucas Chancel，Thomas Piketty，Emmanuel Saez，and Gabriel Zucman，2017，"Global Inequality Dynamics：New Findings from WID. world"，WID. world Working Paper.

Freeman，C. and L. Soete ，1997，*The Economics of Industrial Innovation*，Third Ed.，London：Pinter.

G.M. 格罗斯曼，E. 赫尔普曼：《全球经济中的创新与增长》，中国人民大学出版社 2002 年版。

Lewis W. Arthur，1954，"Economic Development with Unlimited Supplies of Labor，"Manchester School，22，155.

Ravallion Martin and Shaohua Chen，2007，"China's（Uneven）Progress Against Poverty"，*Journal of Development*，Vol.82（1）：1—42.

Ricardo J. Caballero，Takeo Hoshi and Anil K. Kashyap. Zombie Lending and Depressed Restructuring in Japan . *The American Economic Review*，Vol. 98，No. 5（Dec.，2008），pp. 1943—1977.

Schumpeter，J.，1934，*The Theory of Economic Development*，Cambridge，Mass：Harvard University Press。

Schumpeter，J.，1939，*Business Cycles：A Theoretical，Historical，and Statistical Analysis of the Capitalist Process*（2vol），New York：McGraw-Hill.

Shin-ichi Fukuda and Jun-ichi Nakamura. 2011, Why Did "Zombie" Firms Recover in Japan? *The World Economy*，1124—1137.

Sundrum R.M.1990，*Income Distribution in Less Developed Countries*，Routledge.

BCG 咨询报告研究组：《迈向 2035：4 亿数字经济就业的未来》，2017.01。

World Bank，2016，World Development Report 2016：Digital Dividends，Washington DC：World Bank，2016.

蔡昉：《人口转变、人口红利与刘易斯转折点》，《经济研究》2010 年第 4 期。

陈伟、涂有钊：《美国 P2P 网贷的发展、困境、监管及启示》，《西南金融》2017 年第 1 期。

陈英：《技术创新与经济增长》，《南开经济研究》2004 年第 5 期。

陈钊、陆铭：《首位城市该多大？——国家规模、全球化和城市化的影响》，《学术月刊》2014 年第 5 期。

邓智团、宁越敏：《要素集聚、技术进步与城市生产率——基于长三角 16 城市的实证研究（1978—2008）》，《南京社会科学》2011 年第 2 期。

巩亚宁：《国有"僵尸企业"清理的难点和对策》，《上海国资》2016 年第 8 期。

何帆、朱鹤：《应对僵尸企业的国际经验（二）——以日本住专为例》，《金融博览：财富》2016 年第 9 期。

焦晓云：《新型城镇化进程中农村就地城镇化的困境、重点与对策探析——"城市病"治理的另一种思路》，《城市发展研究》2015 年第 1 期。

杰里米·里夫金：《零边际成本社会》，中信出版社 2014 年版。

李凌：《公共服务均等化要求优化财政体制》，《社会科学报》2012 年 6 月 19 日。

李凌：《关于基尼系数的一种数值算法》，上海社会科学院经济研究所工作论文，2013 年。

李婷、李实：《中国收入分配改革：难题、挑战与出路》，《经济社会体制比较》2013 年第 5 期。

李一心：《当分类对待"僵尸企业"》，《上海国资》2016 年第 5 期。

廖岷：《全球金融科技监管的现状与未来》，中证网，2016 年 8 月 19 日。

陆铭等：《城市规模与包容性就业》，《中国社会科学》2012 年第 10 期。

聂辉华等：《我国僵尸企业的现状，原因与对策》，《宏观经济管理》2016 年第 9 期。

秦待见：《走中国特色城市化道路要充分发挥小城镇的作用》，《中国特色社会主义研究》2008 年第 3 期。

权衡：《包容性城镇化是城乡协调发展的实践形式》，《解放日报》2016 年 6 月 10 日。

权衡：《创新驱动是振兴实体经济的着力点》，《文汇报》2016 年 12 月 27 日。

汪丁丁：《制度创新的一般理论》，《经济研究》1992 年第 5 期。

武力：《1949—2006 年城乡关系演变的历史分析》，《中国经济史研究》2007 年第 1 期。

许涤新：《当代中国的人口》，中国社会科学出版社 1988 年版。

杨飞：《互联网金融专项整治风暴来袭：商业银行业务机会和潜在风险并存》，《中国银行业》2016 年第 7 期。

姚余栋、杨涛：《共享金融》，中信出版社 2016 年版。

岳希明、李实："我们更应该相信谁的基尼系数"，2013 年工作论文，www.ciidbnu.org/news/201301/20130123092800706.html。

张孝荣、孙怡：《中国分享经济全景解读报告》，腾讯研究院，2016 年 3 月。

赵俊超：《城镇化改革的突破口》，中国人民大学出版社 2015 年版。

赵晓旭：《"就地城镇化"还是"异地集聚发展"?》，中国城市网，第 42 期，2015 年，http：//www.urbanchina.org/n/2015/0424/c395018-26900385.html。

朱守银：《中国农村城镇化进程中的改革问题研究》，《经济研究参考》2011 年第 6 期。

朱太辉、陈璐：《Fintech 的潜在风险与监管应对研究》，《金融监管研究》2016 年第 7 期。

庄子银：《创新、企业家活动配置与长期经济增长》，《经济研究》2007 年第 8 期。

后 记

　　过去的一年，世界经济经历了一系列"黑天鹅事件"，也让全球经济增长增加了更多不确定性和复杂性。人们不仅对全球经济能否持续顺利复苏增长担忧，而且对于逆全球化思潮和全球化发展前景担忧。在此背景下，中国经济在五大发展新理念的引领下，深入推动供给侧结构性改革，新常态下的中国经济正在出现积极向好的发展趋势，创新转型和结构调整亮点多多，可谓精彩纷呈。

　　当然，冷静思考，我们仍然认为中国经济在转型过程中还存在一些潜在风险和问题。2017年，中国经济将继续深入推动供给侧结构性改革。中国经济发展将坚持稳中求进，处理好稳增长、促改革、调结构、防风险之间的内在关系，确保中国经济继续稳中向好，走向高质量、高效益的创新驱动型发展轨道。

　　也是带着这样的思考和使命，上海经济学界的同仁们，不忘初心，始终坚持问题导向和实事求是的探索精神，经常围拢在一起，就中国与上海经济发展的重大现实问题开展各种思想碰撞和头脑风暴，集中体现了海派经济学人的务实、求新的理念、精神与风格。

　　和往年一样，我们还是组织了一批知名的沪上经济学人，对2016—2017年中国经济进行深度分析和研究。本研究由上海市经济学会会长周振华研究员、上海市人民政府发展研究中心主任肖林教授、上海社会科学院世界经济所所长权衡研究员组织部分沪上知名学者进行研究和撰写。参与本书研究大纲讨论的专家学者有周振华、权衡、陈宪、张永岳、殷德生、张幼文、金芳、孙立行等。本书初稿写作分工如下：导论由周振华、肖林、权衡（上海市经济学会、上海市政府发展研究中心、上海社会科学院世界经济所）执笔；第1章由周大鹏（上海社会科学院世界经济研究所）执笔；第2章由孙立行（上海社会科学院世界经济研究所）执笔；第3章由殷德生（华东师范大学）执笔；第4章由张永岳、李然（华东师范大学、上海易居房地产研究院）执笔；第5章由刘江会、董雯、顾雪芹（上海师范大学商学院）执笔；第6章由余典范（上海财经大学）执笔；第 7 章由盛垒（上海社会科学院世界经济研究所）执笔；第 8 章由陈宪（上海交通大学）执笔；第 9 章由李凌（上海社会科学院）执笔；第 10 章由薛安伟（上海社会科学院世界经济研究所）执笔；第 11 章由周琢（上海社会科学院世界经济研究所）执笔。本报告在研究过程中，上海社会科学院世界经济研究所周大鹏助理研究员做了大量的协调和联系工作。

本书初稿写成以后，由周振华、肖林、权衡集中对全书进行了系统修改和完善，使得各章节思路更加突出主题，更加符合行文逻辑。今年，我们有意吸收了一批优秀的中青年专家学者加入我们的宏观经济分析队伍。我们希望通过这样的平台和方式，坚持不断，做到既能够出成果，又能够出人才。这也是我们之所以这么多年来能够坚持下来的初心所在。

由于时间短促，本分析报告中还有很多不足，敬请学界同仁批评指正。

周振华　肖林　权衡

2017 年 3 月

图书在版编目(CIP)数据

    风险防范与经济转型:中国经济分析:2016—2017/
周振华等著.—上海:格致出版社:上海人民出版社，
2017.3
    ISBN 978-7-5432-2752-1

    Ⅰ.①风… Ⅱ.①周… Ⅲ.①中国经济-经济分析-
2016-2017 Ⅳ.①F123.2

    中国版本图书馆 CIP 数据核字(2017)第 080527 号

责任编辑   忻雁翔
装帧设计   人马艺术设计·储平

风险防范与经济转型
——中国经济分析 2016—2017
周振华 肖林 权衡 等著

出 版	世纪出版股份有限公司　格致出版社 世纪出版集团　上海人民出版社 (200001　上海福建中路 193 号　www.ewen.co)	印 刷　上海商务联西印刷有限公司 开 本　787×1092　1/16 印 张　18.5
	编辑部热线　021-63914988 　市场部热线　021-63914081 　www.hibooks.cn	插 页　3 字 数　280,000 版 次　2017 年 3 月第 1 版
发 行	上海世纪出版股份有限公司发行中心	印 次　2017 年 3 月第 1 次印刷

ISBN 978-7-5432-2752-1/F·1028   定价:68.00 元